Ulrike Scheuermann

Innerlich frei

Was wir gewinnen,
wenn wir unsere
ungeliebten Seiten annehmen

Besuchen Sie uns im Internet:
www.knaur.de

Originalausgabe November 2016
© 2016 Knaur Verlag
Ein Imprint der Verlagsgruppe Droemer Knaur GmbH & Co. KG, München.
Alle Rechte vorbehalten. Das Werk darf – auch teilweise –
nur mit Genehmigung des Verlags wiedergegeben werden.
Redaktion: Ralf Lay
Covergestaltung: ZERO Werbeagentur, München
Coverabbildung: FinePic®, München / Shutterstock
Layout und Satz: Jasmin Pache
Abbildungen: Baumringe: MSSA / Shutterstock.com;
Blumen: Skorik Ekaterina / Shutterstock.com
Druck und Bindung: CPI books GmbH, Leck
ISBN 978-3-426-87742-5

2 4 5 3 1

Inhalt

Warum wir »unperfekt« stärker sind

Die Salbe roch wie frischer Bitumenbelag beim Straßenbau. »Halt still!«, rief meine Mutter morgens, noch zu Hause, und lachte, weil ich ihr voller Vorfreude auf den Wandertag ständig davonhopste. Ich mochte das Toben mit den Kindern aus meiner Klasse in den Berliner Wäldern, an Seen und Flussläufen entlang. Millimeterdick trug meine Mutter jetzt die entzündungshemmende schwarze Ichthyolsalbe auf die kaputte Haut meiner Beine auf und umwickelte sie mit Mullbinden.

Später rannte ich mit ein paar Jungs querfeldein, und da rutschte nach und nach der dicke Verband unter meiner Jeans tiefer, bis er sich über den Schuhen stapelte. David, den ich ziemlich nett fand, lief neben mir und sagte: »Es riecht hier nach Teer, was ist das bloß?« – »Ja«, sagte ich und runzelte die Stirn. »Wirklich komisch, ich rieche es auch.« Ich war so gut im Verbergen, dass ich mir fast selbst glaubte.

Dass mein Leben, dass mein Körper nicht so ist, wie ich ihn gern hätte, habe ich gründlich in den ersten 25 Jahren meines Lebens erfahren müssen. Heute, zwanzig Jahre später, kann ich erkennen, wie ich von dieser Lernerfahrung profitiert habe: Ich bin von klein auf vertraut mit dem unausweichlichen Wechsel zwischen Positivem und Negativem, in diesem Fall zwischen Gesund- und Kranksein. Eine immer noch rätselhafte chronische Hautkrankheit hat nämlich mein Kinderleben bestimmt: Neurodermitis. Die Symptome brechen oft ohne erkennbaren Grund aus und klingen wieder ab, bis zur nächsten Runde. Ich war ein »schwerer Fall«, wurde mit Antibiotika, Antiallergika und reichlich Cortison von oben bis unten behandelt. Und ich selbst suchte immer neue, kreative Lösungen für ein Problem, das in meiner Kindheit nicht lösbar war.

Ich bastelte mir zum Beispiel Gipsröhren, die ich vor dem Schlafengehen über meine Arme streifte. Über die Hände und die unteren Röhrenenden zog ich Frotteesocken, so dass das Ganze hielt. Ich legte mich auf den Rücken, biss die Zähne zusammen und hoffte, die Nacht über Ruhe vor mir selbst zu haben. Wenn ich Pech hatte, riss ich mir im Schlaf alles ab. Aber selbst bei glücklich überstandener Nacht holte ich morgens nach, was ich zuvor verhindert hatte. Der Juckreiz war stärker. Ich konnte den Kampf gegen die Krankheit nicht gewinnen.

Ich bin ohne die Illusion aufgewachsen, es gäbe gute ohne schlechte Zeiten. Alle paar Wochen oder Monate neu fand ich notgedrungen nach einigen Tagen Hadern immer wieder zu der Gewissheit: »Es ist, wie es ist.« Rückblickend betrachtet war diese Krankheit aber nicht nur das Leid meiner Kindheit, sondern auch das Lerngeschenk, das mir bis heute hilft, in anderen Lebensbereichen ebenfalls bereitwilliger alle Seiten anzunehmen.

Und noch etwas aus dieser Zeit ist wertvoll für mein heutiges Leben und meine Arbeit mit anderen Menschen: Ich kann bei ihnen sehr gut nachempfinden, wie es ist, aus Scham und aus Angst vor Ablehnung einen Teil seiner selbst zu verstecken. Gegenüber David tat ich damals so, als käme der Salbengeruch nicht von mir. Für den Schwimmunterricht fand ich immer kühnere Ausreden. Und in der Klasse klappte ich meinen Kragen über die zerfurchte Nackenhaut hoch als Sichtschutz gegen die Blicke der Mitschüler. Ich tat als Kind alles, um das vermeintlich Abstoßende an mir zu verstecken. Ich weiß also, wie das geht, wie man sich dabei fühlt – und wie massiv es schwächt, wenn man sich versteckt. Und ich weiß mittlerweile, wie sehr es stärkt, wenn man sich mit seinen ungeliebten Seiten annimmt.

Mein Entschluss, dieses Buch zu schreiben, entstand aus meiner Arbeit mit Klienten. Eine Frau Mitte fünfzig saß mir gegenüber und schaute stur auf das zerknüllte Taschentuch zwischen ihren Fingern. »Mein Mann ist seit anderthalb Jahren tot, und ich jammere hier immer noch rum. Ich schäme mich dafür. Die anderen können es auch schon nicht mehr hören.« Und dann fragte sie mich allen Ernstes, ob ich überhaupt noch mit ihr arbeiten wolle bei so viel »Klagerei«.

Immer wieder verurteilen sich Menschen selbst, weil sie nicht wirklich glücklich seien, weil sie immer noch Zeiten erlebten, in denen sie traurig oder wütend seien und an sich selbst zweifelten. Weil sie immer noch keine Traumbeziehung führten wie das Paar von nebenan, keine so coole Familie hätten wie etwa Brad Pitt und Angelina Jolie, nicht so lässig und selbstsicher Karriere machten wie diese Superkollegin – oder weil sie einfach nicht an diesen tollen Til Schweiger im Fernsehen herankämen …

Ein solches Streben nach Großartigkeit ist unrealistisch. Wir werden dadurch nicht größer, sondern machen uns klein, weil wir einen wesentlichen Teil von uns ablehnen – ebenso wie wir bei den vermeintlichen Vorbildern ja auch einen wesentlichen Teil von deren Realität erst gar nicht wahrnehmen. Aber den meisten ist nicht klar, wie sie sich anders ausrichten können. Nur vordergründig zu sagen: »Ich sch… auf den hohen Anspruch«, oder: »Ich bleib, wie ich bin«, bremst uns in unserer Entwicklung und hält außerdem nur höchstens bis zum nächsten Mal, wenn wir wieder Neid empfinden oder an unserem Selbstwert zweifeln. Gehen wir stattdessen tiefer: bis hin zu unseren eigenen Abgründen und ins Unbewusste, wo wir die Wurzeln unserer Ängste, Blockierungen und Unfreiheiten finden und dann im Idealfall auflösen können.

Und blicken wir auch über uns hinaus: Nicht alle Ansprüche unserer Gesellschaft und Kultur sind Werte an sich. Vor allem die teilweise unrealistischen Vorstellungen, die uns das einseitige Dauerglück versprechen, sind in der Regel interessengesteuert. Perfekt sollte das eigene Leben sein? In der Realität ist es das nie. Manche Menschen zerbrechen fast an dieser Diskrepanz.

Ich möchte Ihnen mit diesem Buch Impulse geben. Damit Sie nicht mehr glauben, immer weiterrennen zu müssen, damit Sie nichts mehr verstecken – weder vor sich selbst noch vor anderen – und so mehr »Ganzheit« im Sinne von »Vollständigkeit« entwickeln. Ich möchte Ihnen zeigen, dass Sie Ihr Wesentliches mit alledem leben können, was Sie ausmacht, ganz und gar statt nur mit dem makellosen, leicht vorzeigbaren Teil Ihrer selbst. Sie müssen nicht all Ihre Unzulänglichkeiten aus der Welt geschafft oder überwunden haben, um wertvoll und wichtig zu sein oder um sich weiterzuentwickeln. Im Gegenteil. Nur gemeinsam mit Ihren bisher ungeliebten Seiten geht Ihre Entwicklung wirklich weiter, Sie werden vollständiger und verstehen mehr. Sie nehmen Ihr Selbst liebevoller an. Und das gilt ebenso für uns als Gesellschaft und als Teil einer zusammengerückten Welt.

Wie wäre es also, wenn wir das vermeintlich Negative nicht mehr verdrängten, sondern es in unser Leben einließen? Wie wäre es, nicht kategorisch zu bewerten, bis Perfekt und Unperfekt, Gut und Schlecht, Hell und Dunkel – jedes an seinem Platz und im angemessenen Rahmen beachtet – »gleichwertig« nebeneinander bestehen könnten? Bei uns selbst, unseren Mitmenschen und in der ganzen Welt? Wie wäre es, beides zugleich zu sehen, zu leben und zu sein? Und dann auch andere und die Welt so sehen zu können? (Der Grafiker M. C. Escher hat seine Kunst dieser Sichtweise gewidmet. Blättern Sie mal ein Buch mit seinen Bildern durch:[1] Sie finden eine sichtbar gemachte Einheit unserer dualen Welt.)

So weit sind die meisten Menschen noch nicht. Stattdessen beherrscht vielfach das Ideal von ungetrübtem Glück und Perfektion ihre Vorstellung vom Leben. Wer die Formel für Glück, Erfolg, Liebe oder Reichtum kenne und genug an sich arbeite, könne dort ankommen – dieser Irrtum vom Glück ohne Unglück wird uns wie gesagt vielfach vorgegaukelt. Obwohl wir täglich sehen, dass es immer weiter Ungerechtigkeit, Armut, Gewalt und Leid in der Welt gibt. Und dieses Leid der Welt wird wohl weiterbestehen. Wir jedoch meinen, alles sogenannte Negative im Leben hindere uns nur am Glück, und bekämpfen es, anstatt das Leben mit diesem Negativen anzunehmen und es als sinnhaften Lernanlass für unsere Entwicklung zu erkennen.

Deshalb möchte ich Ihnen im ersten Teil dieses Buches – »Gefangen« – zeigen, welchem Irrtum wir mit einem einseitigen Glücksverständnis aufsitzen und wie es uns gefangen und im inneren Stillstand hält. Sie durchschauen die Mechanismen. Im zweiten Teil – »Frei« – erzähle ich, wie ein Weg zur inneren Freiheit aussehen kann. Wenn Sie innehalten, können Sie sich entspannen, auch im Miteinander. Und wenn das Vermeiden von Schmerzen kein alleiniges Kriterium für Ihre Lebensentscheidungen mehr ist, müssen Sie auch vor nichts mehr weglaufen. Im dritten Teil – »Erfüllt« – beschreibe ich, wie ein Leben sein kann, das Sie mit allen Seiten annehmen, in dem Sie andere Menschen in Liebe sein lassen und in dem Sie sinnerfüllt leben. Erst jenseits eines einseitigen Strebens nach Glück finden Sie zu Ihrem wahren Selbst und leben Ihr »Wozu« – zur zweiten Art von Glück.

Ein paar Sätze noch zu meinem Buchkonzept: Ich möchte Ihnen in erster Linie Denkanstöße für Ihre Haltung sich selbst und dem Leben gegenüber geben. Wenn wir uns intensiv mit etwas beschäftigen, verändern neue Gedanken und Ideen etwas in uns, sie wirken bis ins Unbewusste. Zugleich sind die Wege, um sich weiterzuentwickeln, sehr verschieden, auch beim Lesen.

Manche wünschen sich konkrete Anregungen für die Umsetzung im Alltag. Dafür finden Sie Impulse am Ende jedes Kapitels unter der Überschrift »Für den Alltag«. Meist sind es Fragen zum Bewusstmachen und zur Reflexion über sich selbst, auch mal ein Spiel oder eine Übung zu Veränderungen im Alltag. Ich gebe jedoch keine allgemeingültigen Tipps und Ratschläge, sie passen nicht zu meiner psychologischen Arbeit und wären Zufallstreffer, weil ich Sie ja nicht kenne. Die Menschen, mit denen ich arbeite, übernehmen selbst die Verantwortung für ihre Entwicklung.

Für dieses Buch habe ich viele Gespräche über innere Freiheit und ein erfülltes Leben geführt. Die Gespräche sind kostbar. Vier davon habe ich ausgewählt und erzähle von ihnen und den Menschen am Ende dieses Buches. Die dazugehörigen Videoaufzeichnungen der Gespräche sowie weitere Inspirationen finden Sie auf der Buch-Website www.innerlich-frei.de.

Wenn ich von Klienten, Seminarteilnehmenden oder anderen Menschen in diesem Buch erzähle, habe ich sie aus persönlichkeitsrechtlichen Gründen so anonymisiert, dass sie nicht mehr erkennbar sind. Die Fakten und die daraus abzuleitenden Reflexionen sind natürlich authentisch. Andere Gesprächspartner haben einer vollständigen Namensnennung zugestimmt.

Liebe Leserin, lieber Leser: Nur wenn wir unsere ungeliebten Seiten und die schwierigen Zeiten unseres Lebens annehmen, können wir uns ganzheitlich weiterentwickeln und innerlich frei, sinnvoll und erfüllt leben. Beide Seiten zusammen ergeben das schreckliche und schöne, das wilde und sanfte, das verrückte und herrliche Leben. Für dieses Leben, für Ihr Leben, habe ich das Buch geschrieben.

Ich wünsche Ihnen Freude beim Lesen.

Ihre Ulrike Scheuermann

Teil I:

Gefangen

Auch jetzt, genau in diesem Moment, fragen sich Millionen von Menschen: »Wie kann ich endlich glücklich werden?«
Präziser gesagt, je nach Vorliebe:
»Wie kann ich schön, jung, gesund, charismatisch und berühmt werden?«
»Wie kann ich mächtig und reich werden?«
»Wie kann ich endlich so erfolgreich werden wie die anderen?«
Wir wollen glücklich sein und glücklich leben.
Natürlich.
Spricht was dagegen?
Ja.

1. Die Verlockung – Fremden Zielen nachrennen

Etwas Kantiges drängt von innen gegen die Lippen der Mittvierzigerin. Sie hält gegen, indem sie die Muskulatur anspannt und die Lippen zu einem U formt. Dann lässt sie locker, und der Mund formt wieder ein E. U, E, U. Schließlich ist es nur mehr ein Lippenkräuseln. Ich starre auf das körnige Bild. Die Kamera fährt von ihrem Mund fort. Die Frau pflückt etwas zwischen Lippen und Zähnen hervor. In Großaufnahme sehe ich ein verzweigtes Gebilde aus starkem Draht, und während die Bestelldaten über den Bildschirm laufen, höre ich die mal unheilschwangere, mal triumphierende Stimme des Sprechers: »Ihre Falten von den Nasenflügeln zu den Mundwinkeln werden sich mit zunehmendem Alter immer mehr vertiefen. Die Folge von Lachen oder Gähnen sind Nasolabialfalten und absackende Wangen. Doch dem können Sie jetzt aktiv entgegenwirken. Mit dem Nasolabialfaltentrainer glätten Sie Ihre Falten wie von Zauberhand. Sie erhalten Ihr jugendliches Aussehen zurück und können wieder unbesorgt lachen.«

Der Zweifel ist gesät: Die Verunsicherung

Vor 25 Jahren saß ich in meiner WG mit anderen Medizinstudentinnen auf dem Sofa und starrte auf den flimmernden Röhrenbildschirm. Wir waren bester Laune und hatten uns durch die Fernsehprogramme gezappt, bis wir bei jenem amerikanischen Werbesender hängengeblieben waren, in dem für

Superstaubsauger und Supersilberohrringe geworben wurde. Nach dem Nasolabialfaltenfilm war uns das Lachen allerdings vergangen. »Was war denn das?«, fragte eine meiner Kommilitoninnen und strich sich über ihre Mundwinkel.

Es war nur ein Werbeclip. Aber er ist geeignet, um an einem leicht nachvollziehbaren Beispiel einmal zu demonstrieren, wie die Verlockung in immer ähnlicher Weise entstehen kann. Wir müssen sie erkennen, um aus dem Prozess aussteigen zu können. Dieser Ablauf sieht vereinfacht dargestellt etwa so aus:

- Dinge, die für uns selbstverständlich sind, werden plötzlich zu Defiziten erklärt. Zum Beispiel erfahre ich, dass Nasolabialfalten ein Schönheitsproblem sein sollen.
- Es gibt etwas zu optimieren. Ich höre etwa von dem Sprecher, dass geglättete Nasolabialfalten ein anzustrebendes Ziel für die Frau sind.
- Es besteht Hoffnung: Mit der passenden Maßnahme lässt sich dieses Ziel erreichen, ich kann es schaffen. Im Werbespot preist der Sprecher das Nasolabialfaltentrainingsgerät an.

So funktioniert die Verlockung beispielsweise in der Werbung: Ständig sind wir mit diesem Dreischritt konfrontiert – und werden verunsichert. Damals haben wir befremdet gekichert, doch zugleich tastete eine meiner Kommilitoninnen ihre Mundregion ab. Der Same der Verunsicherung war gesät. Und es gibt unzählige weitere Beispiele, wo wir von anderen erfahren, dass an uns angeblich etwas nicht stimmt. Der Fitnessstudio-Werbeaufsteller auf dem Bürgersteig will mir weismachen, dass ich zu dick bin, aber mein Fett abtrainieren kann. Jede zweite Frauenzeitschrift legt mir nahe, ich könnte mehr in mir ruhen, und stellt mir die neuesten »Meditationsquickies« in Aussicht. Und bei einem Workshop erklärte uns der Leiter eine unserer vielen problematischen Körperhaltungen – hängende Schultern – und machte uns das Ziel schmackhaft, während er seinen Brustkorb herausdrückte: »Mit der richtigen Körperhaltung strahlen Sie mehr Führungsstärke aus.«

Auch hier wieder der Dreischritt: Ich fühlte mich defizitär, weil ich auch manchmal die Schultern hängen lasse. Ich hörte, dass ich erfolgreicher führen würde, wenn ich die Schultern nach hinten zöge. Ich ließ mir versprechen, dass ich es schaffen könnte. Also drückte ich ein paar Wochen lang den Brustkorb raus, bis das Ganze irgendwann im Alltag wieder in Vergessenheit geriet. Zuvor hatte ich nämlich ohne Siegerkörpersprache auch schon ziemlich gut geführt. Es gab gar kein echtes Defizit, und es war auch kein wirklich wichtiges Ziel, das ich da verfolgt habe.

Diese und ähnliche Ansätze zur Selbstoptimierung sind keineswegs nur aus der Motivation entstanden, dass wir uns weiterentwickeln und etwas dazulernen. Wenn es nur darum ginge – wunderbar. Nein. Angebote zur Selbstoptimierung sind überwiegend interessengesteuert (meist wird ein Produkt oder eine entsprechende Dienstleistung angeboten): Firmen, die ihre Produkte an den Mann oder die Frau bringen wollten, Zeitungen, die ihre Auflage stärken möchten, oder Trainer, die um Teilnehmer werben, und so weiter. Sie suggerieren uns, dass wir Defizite haben, die es zu optimieren gilt. So sorgen sie auch dafür, dass wir uns vorerst einmal mehr oder weniger »defizitär« fühlen, also Probleme mit unserem Selbstwertgefühl bekommen.

Ohne es recht zu bemerken, lassen sich viele Menschen so steuern und eifern Zielen nach, die für sie unerreichbar sind oder gar nicht zu ihnen passen. Dann streben sie ein

utopisches Körpergewicht an, einen Job, der sie nicht erfüllt, oder eine unnötige Anhäufung von immer mehr Geld, was sie von sinnvollen Lebensaufgaben fernhält, oder ohne das Geld zu nutzen, um etwas zu bewirken. Vielleicht verausgaben sie sich dabei sogar völlig. Das passiert nämlich gerade dann, wenn etwas nicht das wirklich Eigene ist.

Doch all das zu erkennen ist nicht so leicht. Ich merke es ja an mir selbst, während ich mich beim Schreiben an diesen Nasolabialfaltenfilm erinnere. Die Sache geht mir durch den Kopf. Also betrachte auch ich mich reflexhaft mal kurz im Spiegel. Eigentlich habe ich nichts gegen Nasolabialfalten. Eigentlich. Wenn da nicht vor 25 Jahren dieser Film ... Ich öffne das Badezimmerschränkchen und suche die Antifaltencreme mit Hyaluronsäure. Im nächsten Moment habe ich mich selbst ertappt und schraube den Behälter wieder zu. Ich bin fast empört über mich: Muss ich denn auf das hören, was mir da erzählt wird?

Die Grenzen der Willenskraft

Als ich anfing, mehr auf solche Impulse zu achten, wurde ich nach und nach misstrauischer. Ich habe dann viel darüber gelesen und mich selbst beobachtet. Dabei wurde mir immer klarer, wie es mit unserer Willenskraft im Alltag aussieht, nämlich nicht so toll. Und das ist wichtig zu wissen, auch wenn es auf den ersten Blick ernüchternd sein mag. Erst wenn uns das bewusst ist, können wir umso genauer darauf achten, wo wir uns von fremden Einflüssen einfangen lassen und unsere Energie mit einer Selbstoptimierung verschwenden, die wir anders viel besser für unser wirklich Eigenes einsetzen könnten. Für Impulse, die aus unserem Inneren kommen. Für einen Eigensinn, der weder aus Trotz noch aus Anpassung erwachsen ist. Also, sehen wir mal genauer hin: Wie selbst- oder fremdbestimmt entscheiden wir eigentlich darüber, welche Richtung wir in unserem Leben verfolgen wollen?

Weil wir uns nicht ununterbrochen den Verlockungen widersetzen können, die uns jeden Tag aufs Neue regelrecht anspringen, handeln wir häufig fremdbestimmt. Sich zu widersetzen ist nämlich anstrengend: den Schokoriegel jetzt nicht kaufen, während der Arbeit nicht zwischendurch immer wieder mal in Social-Media-Plattformen herumklicken, das Kind nicht schon wieder daddeln lassen und so weiter. **Unsere Willenskraft ist begrenzt. Sie ermüdet wie ein Muskel im Laufe des Tages, bis wir womöglich sogar ganz aufgeben, so etwa bei Entscheidungen:** Kurz vor der Mittagspause oder am Ende eines arbeitsreichen Tages lassen viele die Dinge eher einfach laufen, als sie dies zu Tagesbeginn getan hätten. So mancher Richter zum Beispiel wägt gegen Dienstschluss weniger sorgfältig ab und tendiert zu gedanklich einfacheren Lösungen, die auch ein härteres Urteil bedeuten können.[2]

Wir lassen uns anstecken

Wir laufen aber nicht nur diesen Verlockungen nach, weil unsere Willenskraft infolge der Entscheidungsmüdigkeit bröckelt. Sondern auch, weil wir uns anstecken lassen. Von einem Tempo, einer Stimmung, einem Hype, die gar nicht zu uns passen. Wenn wir zum Beispiel von einem Aufenthalt auf dem Land in die Stadt zurückkehren, beschleunigen wir nach ein paar Stunden, spätestens Tagen unseren Rhythmus wie von selbst, weil das Leben in der Stadt einfach schneller abläuft. Und erst recht lassen wir uns im direkten Kontakt mit anderen Menschen anstecken. Wer kann sich dem entziehen? Niemand ist eine Insel, und niemand will eine Insel sein. Wenn jemand scheinbar grundlos lacht, kann ich auch nicht bierernst bleiben. Und wenn jemand total aufgedreht ist, spüre ich auch eine innere Unruhe.

Wie bei dem Treffen vor einiger Zeit mit einem Freund aus England. Ich hatte John zwei Jahre nicht gesehen. Nun sitzen wir im Freien auf gepolsterten Cafésesseln mit Decken um die Beine und halten die Gesichter in die frühe Aprilsonne. Ich zumindest. John wippt nervös mit seinem übergeschlagenen Bein und checkt beim Erzählen ständig nebenbei E-Mails. Er erzählt fünf Ideen in drei Minuten und hat beinah aufgegessen, bevor ich meine Tortellini mit Parmesan bestreut habe. Ich merke, wie ich selbst immer nervöser in meinem Sessel herumrutsche und meine innere Agenda dessen durchgehe, was ich heute Nachmittag noch erledigen muss. Und schon halte ich im Gespräch mit, spule die wichtigsten Fakten zu meinen beruflichen Erfolgen ab, nenne stakkatoartig die herausragenden Ereignisse meines Familienlebens und habe quasi unbemerkt meine Pasta verschlungen. Ich bin im selben Takt wie John angekommen. Und mir fehlt inzwischen fast alles, was für mich zu einem echten Gespräch gehört: Gedanken in Ruhe weiterverfolgen, Hinwendung zum anderen, gegenseitige Inspiration. Bald rufen wir den Kellner. Nach der Verabschiedung rennt er los. Ich auch.

Mehr oder weniger funktioniert die Ansteckung in ähnlicher Weise immer im Zusammensein mit anderen Menschen. Wenn wir empfänglicher sind, lassen wir uns mehr anstecken; wenn wir weniger offen sind, dann verspüren wir eine schwächere Resonanz.

Doch die Ursachen dafür, dass wir auf Verlockungen so stark reagieren, liegen nicht nur in der Psyche des Einzelnen. Die

Ursachen finden sich auch in der Entwicklung unserer Gesellschaft. Und für diese größere Perspektive möchte ich Ihnen die Allegorie der Rolltreppenfahrt vorstellen.

Die Beschleunigung der Welt

Ein Mann um die fünfzig befindet sich auf einer Rolltreppe. Doch was ist da los? Er bewegt sich in die falsche Richtung: Er schaut nach oben, steht aber auf der Abwärtstreppe, die ihn rückwärts nach unten trägt. Beinah ist er jetzt am Fuß der Rolltreppe angekommen. Da schreckt er auf, strafft die Schultern, rennt treppauf. Endlich ist er oben angekommen, reißt die Arme hoch, jubelt stumm. Im nächsten Moment schon verschwindet sein Lachen, denn die Rolltreppe trägt ihn wieder ein Stück abwärts. Er steigt nun mit schwerfälligeren Schritten treppauf, so dass er ungefähr auf derselben Höhe bleibt (er muss also auch die Gegenläufigkeit überwinden, um seine Position zu halten). Dann visiert er wieder das obere Ende der Rolltreppe an, beschleunigt seine Schritte, und der Ausstieg oben rückt näher.

Dieses Bild soll die Grundaussage der Beschleunigungstheorie[3] von Hartmut Rosa verdeutlichen, Professor für Soziologie an der Universität Jena. Und dabei geht es um nichts Geringeres als die Beschleunigung der Welt. In seinen Büchern schreibt er, wir unterlägen einem gesamtgesellschaftlichen Wachstumszwang, der dem eigenen Tempo entgegenstehe. Dieser Wachstumszwang übe seit Beginn der industriellen Revolution vor zweihundert Jahren Druck auf alle in unserer Gesellschaft aus. Das Problem sei weniger das Wachstum an sich als vielmehr die Steigerungslogik: Die Wachstumsraten lägen immer über den Beschleunigungsraten. Das klingt kompliziert. Wie meint er das? Ich nehme mal das Alltagsbeispiel »Briefeschreiben«, da sind Wachstums- und Beschleunigungsrate leicht zu erkennen.

Mal angenommen, jemand will etwas von Ihnen wissen. Er fragt schriftlich an. Vor zwanzig Jahren hätten Sie diese Anfrage wahrscheinlich mit einem Brief beantwortet und zur Post gebracht. Der Postweg dauerte mindestens einen ganzen Tag. Heute brauchen Sie für dieselbe Antwort per E-Mail nur wenige Minuten. Eine schöne, hohe Beschleunigungsrate. Nun kommt aber die Wachstumsrate dazu: Heute müssen Sie statt nur einer vielleicht dreißig Anfragen beantworten. Also beschleunigen Sie nochmals. Sie tippen rasend schnell, und ein paar E-Mails beantworten Sie beim Warten am Bahnhof. Sie schaffen die dreißig Antworten sogar, doch inzwischen ist die Anzahl der eingegangenen E-Mails noch gestiegen: Nun sind es schon 43 Anfragen.

Eigentlich eine dramatische Erkenntnis: **Wir müssen immer schneller und besser werden, um mit den immer höheren Wachstumsraten mitzuhalten.** Sorgt diese Beschleunigung zum Beispiel auch dafür, dass wir immer länger wach bleiben und immer früher aufwachen? Die durchschnittliche Schlafdauer der Deutschen hat sich in den letzten zwanzig Jahren um eine Dreiviertelstunde verkürzt: von acht auf nur noch sieben Stunden und vierzehn Minuten, den verlängerten Wochenend- und Urlaubsschlaf eingerechnet.[4] Wer pausiert, indem er schläft, fährt Richtung Rolltreppenfuß? Und jetzt kommt das wirklich Interessante, um das es hier ja vor allem geht: Was hat diese Beschleunigung mit dem Wachstum unser selbst zu tun?

Früher waren es Kühe und Grundbesitz, die sich vermehren sollten. Dann Fabriken und Maschinen. Danach waren es die Wirtschaft und der Wohlstand. **Heute verlagert sich das Interesse am Wachstum hin zur eigenen Person.** Das sagt Hartmut Rosa in einem Interview für das *Philosophie Magazin*.[5] Die Moderne, so erzählt er weiter, zwinge uns zum immer schnelleren Wachstum des Selbst, um als Berufstätiger, als Liebespartner, als Elternteil mithalten zu können. Das Selbst soll besser werden: fit, schön, jung. Wir sollen und wollen das Leben umfassend auskosten und möglichst viele Optionen aus der unendlichen Palette der Möglichkeiten realisieren, die uns die Welt eröffnet, auch wenn wir damit längst über das eigene Tempo hinweggingen.

Und wenn wir uns nicht ständig selbst verbessern? Dann fahren wir automatisch nach unten. Ins Defizit. Unten am Fuße der Rolltreppe meinen wir, verloren zu haben. Denn nur oben, am Kopf der Rolltreppe, wartet das perfekte Leben. Wir könnten es erreichen, wenn wir uns nur genügend selbst optimierten. Doch sobald wir diese Verlockung erreicht haben, ist sie schon von gestern. Die Rolltreppe trägt uns wieder abwärts, und wir müssen neu und weiter optimieren. »Tyrannei des Gelingens« nennt es der Freiburger Professor für Medizinethik Giovanni Maio in *Psychologie Heute*.[6] Und dann sagt er noch, das Paradoxe sei, dass viele Menschen diese Tyrannei durchaus wahrnehmen, zugleich aber immer noch glauben, sie könnten ihr Leben und ihr Glück selbstbestimmt managen.

Durch das Beispiel mit der Rolltreppe ist mir klargeworden, dass wir den Verlockungen eben nicht nur aus einer persönlichen »Ansteckung« oder Entscheidungsmüdigkeit nachrennen, sondern aufgrund einer gesellschaftlichen Entwicklung, der sich niemand einfach so entziehen kann. Wir sind weniger selbstbestimmt, als wir meinen. Aber ich frage mich dennoch: Könnten wir nicht trotz alldem, was uns antreibt, die Arme vor der Brust verschränken und gelassen auf der Rolltreppe nach unten fahren? Und vor allem: einfach unten bleiben?

Ja, aber je länger ich dazu nachforsche, desto deutlicher sehe ich, dass es wirklich nicht so einfach geht. Denn wenn wir am Fuß der Rolltreppe stehen, fühlen wir uns nicht am richtigen Platz. Vor allem mit unserer Psyche, die in den letzten Jahrzehnten mit ihrem Wachstumspotenzial in den Fokus gerückt ist. Denn auch der Anspruch an die »psychische Attraktivität« wächst.

Wie das »Noch nicht«-Stadium uns antreibt

Bei der Selbstoptimierung geht es neben der körperlichen Perfektionierung in erster Linie um die psychische Attraktivität. Wir alle wollen – je nach Wertesystem – gelassen, ausgeglichen, lebensfroh, reif, achtsam, charismatisch, fokussiert, humorvoll und selbstbewusst sein. Und wir hoffen, dies durch Arbeit an uns selbst zu erreichen.[7] Das funktioniert bei der psychischen Optimierung genauso wie beim Antinasolabialfaltentraining. Eine Seminarteilnehmerin hatte zum Beispiel eine Fernsehsendung über »Aufschieberitis« gesehen und meinte nun, dass dieses »Prokrastination« genannte Verhalten ihr psychisches Problem sei. Doch Katharina wirkt in meinem Seminar wie eine gestandene Macherin. Dennoch grübelt sie: »Warum schiebe ich immer noch manche To-dos auf? Warum kriege gerade ich das nicht hin?« Die anderen Seminarteilnehmer schauen sie groß an.

Es ist schon erstaunlich: Diese mit beiden Beinen auf dem Boden stehende berufstätige Frau und Mutter dreier Kinder findet sich durch die Fernsehsendung mit einem Mal im »Noch nicht«-Stadium wieder. Gegen dieses Empfinden ist grundsätzlich nichts einzuwenden. Wir alle fühlen uns immer wieder wie Anfänger, wenn wir am Beginn einer neuen Entwicklungsaufgabe stehen. Doch war es wirklich Katharinas eigenes Ziel, noch weniger aufzuschieben? Wie sich herausstellte, wohl eher nicht, denn im weiteren Seminarverlauf war es ihr egal geworden.

War Katharina zunächst der Verlockung psychischer Optimierung erlegen? Ich glaube, ja. Lassen wir an ihrem Beispiel einmal Revue passieren, wie so etwas genau abläuft:

- Wir erleben ein Gefühl der psychischen Unzulänglichkeit, bei Katharina: »Ich schiebe zu viel auf.«
- Es entsteht ein Wunsch: »Ich will die Sachen schneller anpacken.«
- Wir finden irgendwo ein Versprechen: »Du kannst es schaffen, nicht mehr aufzuschieben.«
- Wir probieren eine Selbstoptimierungsmethode aus.
- Doch dann merken wir: »Ich erreiche das Ziel nicht.«
- Es entsteht ein »Kater«, eine Ernüchterung: »Es funktioniert nicht bei mir.«
- Nun entwickeln sich – je nach Charakter – Ärger: »Was für eine blöde Methode.« Oder Schuldgefühle: »Ich bin unfähig, es zu schaffen.«
- Dabei kommt heraus, dass wir uns weiter optimieren sollten. Und damit sind wir schon wieder bei der ersten Stufe.

Sicher kommt Ihnen dieser Ablauf der psychischen Optimierung bekannt vor. Er ist eine der Grundlagen unseres Wirtschaftssystems, wie ich sie auch schon am Anfang dieses Buches angedeutet habe. Um wirtschaftliches Wachstum und immer mehr Umsatz zu erreichen, werden immer neue Wünsche erzeugt, die uns zum Kauf verlocken. Um uns diese Wünsche zu erfüllen, kaufen wir etwas, sind jedoch nach einer kurzen Belohnungsphase enttäuscht, wenn der Reiz des Neuen nachlässt. Der einsetzende Konsumkater führt zu neuen Wünschen aufgrund weiterer Verlockungen. Und so weiter.

Na toll, denke ich mir. Wie soll man da rauskommen? Konsum ist doch die Grundlage unserer Gesellschaft. Ich glaube, dass wir umso leichter aussteigen können, je mehr wir von den Mechanismen verstehen. Deshalb erzähle ich in diesem Kapitel und eigentlich im gesamten ersten Teil des Buches auch so beharrlich von diesen Mechanismen. **Wir können die Verlockungen für uns entkräften. Nicht mit einem einzigen Befreiungsschlag oder der neuesten Superdenkstrategie. Aber mit einer Nachdenklichkeit und einem Nachspüren, die uns dabei helfen, immer mehr von dem zu erkennen, was uns verlockt.**

Mal angenommen, die Nasolabialfalten sind weg, ich drücke meinen Brustkorb ständig raus für eine optimierte Körperhaltung, und Katharina schiebt nicht mehr auf. Würden die Verlockungen abflauen? Nein, denn auch die Einschätzung dessen, was als normal gilt, verändert sich.

Allen Frances zählt zu den einflussreichsten Psychiatern weltweit. Heute ist der amerikanische Professor pensioniert, und er wollte sich eigentlich um seine Enkel kümmern, antike Philosophen lesen und am Strand liegen. Daraus ist nichts geworden, denn er musste ein Buch als Antwort auf ein anderes Buch schreiben: 2013 ist nämlich in den USA das *DSM-5*[8] erschienen, die fünfte Ausgabe des *Diagnostischen und Statistischen Manuals Psychischer Störungen*. Das *DSM-5* gilt als die Diagnosebibel der Psychiatrie und beeinflusst weltweit die psychiatrische Diagnostik und Therapiepraxis sowie die Entscheidungen von Krankenkassen, Versicherungen und Gerichten. Ich erinnere mich noch daran, wie ich mit einer früheren Ausgabe des Wälzers für meine Diplomprüfung in Psychologie gebüffelt habe, der in der aktuellen Auflage nun doppelt so dick ist.

Allen Frances war selbst Mitautor der früheren *DSM*-Ausgaben. Heute ist er entsetzt über die Auswirkungen: Nach Erscheinen des *DSM-4* liege die Zahl der Diagnosen in den USA nun zwanzigmal höher als davor. 83 Prozent der Kinder hätten eine oder mehrere psychiatrische Diagnosen. In seinem Buch kritisiert er deren Inflation: Alltägliche und bisher als zum Leben gehörend akzeptierte Seelenzustände können inzwischen als »milde« Störung eingestuft werden,[9] häufige Wutausbrüche von Kindern etwa als »Stimmungsregulationsstörung«, die Tage vor den Tagen als »prämenstruelle dysphorische Störung«. Und das meines Erachtens schockierendste Beispiel für die Neudefinition des Normalen: Wenn der geliebte Partner stirbt, kann bereits nach zwei Wochen Verlusttrauer eine behandlungsbedürftige Depression diagnostiziert werden. Und das, obwohl die Trauerforschung einen ganz anderen Schluss nahelegt: Es gibt keinen normalen Verlauf von Trauer. Die Bandbreite der Reaktionen ist enorm, und die vielfältigen Trauersymptome überschneiden sich nur zu einem geringen Teil mit denen der Depression.[10]

Es ist offensichtlich eine Definitionsfrage, ob jemand als normal oder krank gilt. Und zurzeit gibt es eine Entwicklung, bei der immer mehr Menschen sich fragen müssen, inwieweit sie betroffen sind. Eine der Folgen ist, dass man überall in den Medien erfährt, die Zahl psychischer Störungen sei gestiegen und nähme weiter zu. Doch ist es wohl eher so, dass das Bewusstsein für psychische Probleme zugenommen und sich das Diagnoseverhalten verändert hat. Die Zahl der psychiatrischen Störungen hingegen liegt beispielsweise in Deutschland – bis auf einige Wellen und die Einwirkung demografischer Faktoren etwa bei Demenz – konstant bei 15 Prozent.[11]

Hier greift das gleiche Prinzip wie oben beschrieben: **Diese Diagnosen verunsichern. Und dadurch werden wir anfälliger für Verlockungen:** So kann es geschehen, dass die Witwe drei Monate nach dem Tod ihres Mannes lieber Antidepressiva schluckt, statt – wie es durchaus »normal« sein kann – ein, zwei Jahre um ihn zu trauern.

Nach einem Vortrag kam einmal ein alter Mann zu mir und erzählte von seiner acht Jahre zuvor verstorbenen Frau. Er würde in Gedanken immer mit ihr sprechen, und es wären schöne Gespräche, die ihn beglückten und zugleich traurig stimmten. Ist dieser »dauertrauernde« Mann nun bewunderns- oder bemitleidenswert? Ist er in Liebe mit seiner verstorbenen Frau verbunden oder depressiv? Ist er gesund oder krank? Vermutlich wird auch er wohl eher zu den Gesunden und »Normalen« gehören wollen. So wie wir alle. Und so wie Sabine.

»Ich bin durch mit der ständigen Rennerei und dem Perfektionismus. Ich mache nur noch mein eigenes Ding, egal, was die anderen denken.« Das sagte Sabine, eine Anfang fünfzigjährige Klientin, vor einem Jahr. Bevor Mara ihre Kollegin wurde. Vor drei Wochen sprach ich Sabine erneut, und sie erzählte mir, wie sie plötzlich wieder mittendrin war im Wettrennen mit der scheinbar besseren, perfekten Kollegin Mara. Während sie überaus anschaulich und detailreich erzählt, wird die Szene vor meinem inneren Auge lebendig, und ich bin fast mit dabei.

Sabine zupft ihre Bluse zurecht. Sie spürt, wie eine Stresswelle in ihrem Körper aufsteigt und sich auf ihrer Stirn und am Hals ein Schweißfilm bildet. Sie ahnt, dass er im Neonlicht des Büroflurs vor aller Augen glänzt. Maras linke Augenbraue hebt sich, und ein paar Sekunden stockt das Gespräch. Sabine registriert den missbilligenden Ausdruck, der über das Gesicht der jüngeren Kollegin huscht. Sie fühlt ihre Hände zittern, und sie weiß, dass Mara auch das sieht. Dann sprechen die beiden weiter über die Entwicklungen im Projekt; es geht um Kennzahlen, um Strategieziele. Mara lässt ihre Augenbraue wieder herunter. Und die eigene Unzulänglichkeit peinigt Sabine wieder einmal neu, wenn sie Mara so jederzeit ruhig, ausgeglichen und souverän erlebt.

Sabine hatte eine hormonell bedingte Hitzewallung, wie sie in den Wechseljahren um die 55 bei vielen Frauen auftreten. »Es ist zum Verzweifeln«, sagt sie zu mir. »Diese Mara geht wirklich entspannt in jedes Meeting. Sie ist immer cool und wirkt nie gestresst. Dann präsentiert sie auch noch total lässig vor den Abteilungsleitern.«

»Superwoman«, sage ich, und wir müssen lachen.

»Aber wart's ab«, ruft Sabine, »seit ein paar Wochen sieht die Lage wieder anders aus.« Es hat was Krimiartiges, als sie jetzt weitererzählt.

Sabine will gerade in Maras Büro treten und sieht Mara am Bücherregal stehen. Zwei Kapseln, eine weiße, eine ockerfarbene, liegen in ihrer Handfläche. In der anderen Hand hält sie ein Wasserglas. Jetzt wirft sie die Kapseln in den Mund, trinkt dazu das Wasser mit großen Schlucken und stellt das Glas ins Regal. Im nächsten Moment erst entdeckt sie Sabine, und eine leichte Röte weht über ihre makellose Gesichtshaut. Und da weiß Sabine ohne Worte, dass das in Maras Hand keine Magnesiumkapseln waren.

»Die Arme«, sage ich.

»Ja, einerseits schon«, sagt Sabine. »Sie hat mir dann auch kurz leidgetan. Aber nicht lange. Denn sie lebt ja anscheinend gut mit solchen Mitteln, was auch immer das ist. Und tut auch noch arrogant mir gegenüber.«

»Ich vermute, dass sie Neuro-Enhancement betreibt. Das machen inzwischen viele im Job, um besser zu funktionieren: Sie steigern ihre geistige Leistungsfähigkeit durch irgendwelche psychoaktiven Substanzen. Medikamente, Drogen, was auch immer.«

»Ja«, nickt Sabine. »Und mich entlastet es zu wissen, dass Maras Lässigkeit nicht von ungefähr kommt. Aber letztlich ist es mir dann auch wieder egal, woher sie das hat. Fakt ist, sie ist immer absolut souverän, alle anderen finden das toll, und ich bin total neidisch darauf. Weil ich es nicht hinkriege. Diese Sch…-Wechseljahre und diese Hormonschübe vermasseln mir alles.« Sabines Stimme klingt jetzt schrill, bevor sie kippt. Bei unserem nächsten Gespräch erzählt sie, dass sie am Abend mit ihrer Freundin telefoniert hat, die seit einiger Zeit ein Hormonpflaster auf die Innenseite ihres Arms klebt und sich damit einiges an hormonell bedingten seelischen Aufs und Abs erspart. Sabine hat die Telefonnummer der behandelnden Ärztin notiert und sich dort einen Termin geben lassen.

»Vielleicht nehme ich dann Hormone. Damit mache ich zwar so ungefähr dasselbe wie Mara, ist mir dann aber auch egal. Ich kann mir in dem Job halt keine Schwächen leisten. Ich muss einfach mithalten.«

Sabine lehnt sich im Sessel zurück. Sie wirkt erleichtert und schuldbewusst zugleich.

Was meinen Sie? Werden wir alle immer mehr Mittel einsetzen, um auf immer höherem Niveau als geistig fit, souverän, gelassen und normal zu gelten? Ich glaube, dieser Trend besteht aufgrund der besagten Anspruchsinflation: Durch den Vergleich mit anderen Selbstoptimierten wachsen die Anforderungen ständig weiter. Ganz normale Frauen wie Sabine mit ein paar der üblichen Wechseljahrssymptome oder anderen tolerablen Unzulänglichkeiten vergleichen sich mit immer perfekt wirkenden Frauen wie Mara – und wollen mithalten.

Wer als absolut normal galt, dann aber nicht nachbessert, wird auffällig. Bald werden es wohl noch leichtere Macken sein, die als pathologisch etikettiert werden. Wieder muss man mit immer ausgefeilteren Glücks- und »Klugheitspillen« oder anderen Mitteln nachjustieren, die immer besser, immer unauffälliger und immer gründlicher wirken. So wird das Niveau dessen, was als normal gilt, beständig erhöht. Allein in der Zeit von 2005 bis 2013 stieg die Zahl der verordneten Psychopharmaka um mehr als 50 Prozent an.[12] 5 Prozent der Arbeitnehmer schlucken bei der Arbeit leistungssteigernde Medikamente, die eigentlich für die Behandlung von Krankheiten entwickelt wurden, oder nehmen Aufputschmittel und andere Drogen. 5 Prozent? Rechnen Sie die Dunkelziffer hinzu, dann liegt die Prozentzahl wohl im zweistelligen Bereich. Oder Viagra: Das Medikament wird nicht nur bei tatsächlicher Potenzschwäche eingenommen, sondern vielfach auch, um dem Anspruch auf ständige Bereitschaft zum Sex zu genügen. Diese Anspruchsinflation wird dafür sorgen, dass in ein paar Jahren das, was jetzt noch als normal gilt, nicht mehr zu reichen scheint. **Die Anspruchsinflation treibt uns in immer höhere Sphären – egal, ob es nun um den perfekten Auftritt oder das perfekte Aussehen geht.**

Und ich? Ich beobachte mich natürlich selbst. Und das hat auch eine gewisse Komik: Während ich an diesem Kapitel schreibe, habe ich mir einen Nasolabialfaltentrainer im Internet bestellt. Er hat 29,95 Euro gekostet und heißt »U-Trainer«, weil man für das Training mit dem Mund ein »U« formt. Ich dachte mir, wenn ich schon darüber schreibe, will ich auch aus eigener Erfahrung wissen, wie er funktioniert. Doch jetzt frage ich mich: Habe ich ihn wirklich nur für die Recherche zum Buch bestellt? Wenn ich ganz ehrlich hinsehe, muss ich wohl eher antworten: Auch die Verlockung der muskelstraffen Mundregion hat mich dazu verleitet. Das kommt mir zwar albern vor, doch ich will es ernst nehmen. Denn Bewusstmachen ist der erste Schritt, um den Verlockungen zu widerstehen, auf die wir nicht eingehen wollen.

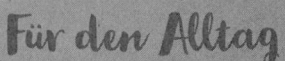

Für den Alltag

Nun können Sie das Gelesene mit Impulsen für den Alltag direkt für sich anwenden, ebenso gegen Ende jedes weiteren Kapitels. Es sind Fragen, Spiele und Übungen zum Bewusstmachen, zur Reflexion und für Veränderungen im Alltag. Ich notiere beispielhaft auch Aussagen von Menschen, mit denen ich gearbeitet habe. Das mag Sie zu eigenen Ideen anregen und eine Bandbreite des Möglichen aufzeigen.

Zuerst einmal können wir erforschen, wie Verlockung bei uns funktioniert. Denn Verlockungen sind uns meist nicht so präsent, sie flüstern uns im Hintergrund leise zu oder beeinflussen uns im Unbewussten – und wirken gerade deshalb viel stärker. Wir müssen aufmerksam hinhören, um sie nicht zu überhören. *Wenn wir sie wahrnehmen, ist das ein erster Schritt hin zu mehr innerer Freiheit.*

Im Folgenden kann es interessant sein, mit »Blitzantworten« zu ergänzen, was uns besonders verlockt. Blitzantworten sind Sätze oder Wörter, die uns als Erstes in den Sinn kommen. Wir können damit unsere Intuition und unser Unbewusstes zu Wort kommen lassen, bevor uns unser Bewusstsein den ersten Gedanken gleich wieder ausredet oder verfremdet.

Verlockungen

Was verlockt mich besonders?

Ich sollte .... werden/sein/wirken/aussehen.

Besser als andere sein. Schöner, fitter, schlanker, jugendlicher. Schneller. Berühmt sein. Toll aussehen. Wichtig sein: Chefin, Politiker, Autor, Vorsitzender, Präsidentin sein. Geld wie Heu haben. Eine Traumfamilie, ein Traumhaus, einen Traumjob haben. Den idealen Partner an meiner Seite haben. Glücklicher, gelassener, sorgenfreier durchs Leben gehen.

Wenn die Verlockungen klarer sind, an die wir im Alltag so leicht andocken, könnte es zur Gewohnheit werden, sich bei jeder Verlockung zu fragen, wie wichtig sie uns tatsächlich ist, ob das Leben dadurch wirklich erfüllter und wir selbst zufriedener werden.

Wenn es nun also Verlockungen gibt, die uns bei genauerem Hinsehen nicht wirklich wichtig sind, so heißt das oft noch lange nicht, dass uns ihre Wirkung im Alltag auffällt. Die folgende Frage lässt uns dahinterkommen, wann wir auf Verlockungen reagieren, denen wir besser nicht nachgehen.

Verlockungssignale

Welche Anzeichen gibt es bei mir dafür, dass ich auf Verlockungen von außen reagiere?

....

Ich fühle mich wie im Hamsterrad. Ich renne durch mein Leben. Ich vergleiche mich ständig mit anderen. Ich lasse mich leicht anstecken von den neuesten Trends und vom Lebenstempo anderer. Ich bin angepasst an »das Normale«. Ich bin wie ein Fähnchen im Wind ohne klaren Standpunkt. Ich optimiere mich selbst ständig rastlos weiter. Ich lebe mit einer Stimmung des »Es reicht nie«. Ich fühle mich orientierungslos, mutlos und überfordert.

Die genannten Beispiele oder Ähnliches erleben wir eher, wenn wir nicht unser eigenes Leben führen, sondern viel auf andere und anderes von außen achten. Umgekehrt erleben wir innere Ruhe, wenn wir unseren inneren Strebungen folgen. Die eigenen Verlockungssignale können uns im Alltag als Anzeiger dienen, dass wir gerade von etwas beeinflusst oder verlockt sind, was uns nicht entspricht. Wenn wir das erst einmal bemerkt haben, können wir uns bewusst davon distanzieren.

Die nächste Frage hilft, uns – statt auf Verlockungen – auf unsere eigenen Themen auszurichten.

Was dahinter wartet

Wann bin ich besonders anfällig für Verlockungen?

....

Wenn ich müde und erschöpft bin. Wenn mein Selbstwert im Keller ist. Wenn ich gerade nicht weiß, wie es weitergeht. Wenn ich ohnehin schon reizüberflutet bin. Wenn ich zu viel gearbeitet habe. Wenn ich einen Fehler gemacht habe. Bei Misserfolgen. In Krisenzeiten.

Wenn wir uns so fühlen oder in einer solchen Situation sind, können wir innehalten. Wenn wir gerade dann bei uns bleiben, statt uns zu irgendeiner Selbstoptimierung oder Ähnlichem verlocken zu lassen, haben wir besonders gute Chancen, uns dem zu nähern, was für uns wirklich zählt. Wir finden und erkennen uns selbst in schweren Zeiten.

Doch nicht nur Verlockungen entfernen uns vom Wesentlichen. Auch eine Frage hält uns gefangen. Sie schafft noch mehr Distanz zu uns selbst:

»Wie kann ich loswerden, was mich unglücklich macht?«

Wir wollen also Eigenschaften und bestimmte Umstände aus unserem Leben verbannen, weil sie uns negativ erscheinen.

2. Der Schnitt –
Die Verdrängung des Negativen

In der dritten Stunde beginnt der Physiklehrer Herr Rebel mit dem neuen Thema. »Jeder Magnet hat einen Nord- und einen Südpol. Zwischen den Polen zweier Magneten bestehen Kraftwirkungen. Gleichartige Pole stoßen sich ab.« Herr Rebel versucht mit seinen sommersprossigen Händen, die beiden grün lackierten Seiten zweier Stabmagneten aneinanderzuhalten, aber die Magneten weichen zurück, Herrn Rebels Hände ruckeln hin und her, und die Klasse kichert. »Verschiedenartige Pole ziehen sich an.« Er dreht einen der Magneten um. Klack. Die rote Seite haftet an der grünen fest.

Konstantin, der neben Elsa sitzt, muss grinsen. Er weiß, warum er nichts verpassen will bei diesem Lehrer mit den roten Kräuselhaaren, der kleiner ist als er selbst und den lustigsten Unterricht macht.

»So, jetzt probiert die drei Experimente aus dem Kapitel aus! Und am Freitag besprechen wir, was passiert, wenn man einen Magneten durchsägt. Mich interessiert eure Meinung.«

Zusammen mit Elsa holt Konstantin vier kleine Stabmagneten und eine Box mit Eisenspänen vom Lehrertisch. »Was meint der Rebel denn? Wenn man einen Magneten durchsägt, ist das grüne Ende halt weg«, sagt er zu Elsa. »Die rote Seite zieht dann die grüne Seite von einem anderen Magneten an. Was sonst?«

Elsa hält den Kopf schief. »Die Sache hat irgendeinen Haken. Der Rebel fragt so was nicht umsonst.« Sie hocken krumm auf ihren Stühlen.

»Weißt du was?« Konstantin kommt wieder in Schwung. »Wir probieren es einfach aus. Wir sägen einen Magneten in der Mitte durch. In dem Werkzeugkasten ist doch alles drin.« Als es zur Pause klingelt, holt Elsa unauffällig eine Metallsäge. Sie hören Herrn Rebel vor der Tür im Gang mit einem anderen Lehrer reden, und durch das offene Fenster dringt das Geschrei vom Schulhof.

Konstantin beginnt mit der mühsamen Arbeit. Seine Finger hinterlassen feuchte Abdrücke auf dem Magneten. Metallstaub sammelt sich um die Sägestelle und auf der Jeans. Im Flur beendet Herr Rebel schließlich das Gespräch mit dem anderen Lehrer. Konstantin sägt immer schneller.

»Pass auf, es darf kein grüner Rest dranbleiben.« Elsa klingt fachmännisch. Sie übernimmt die Säge. Ihr Gesicht glüht. Dann fällt die grüne Magnethälfte auf den Linoleumboden. Herr Rebel sagt draußen: »Tschüs«, und Konstantin kickt das Metallstück unter den Schrank. Elsa nimmt einen zweiten Magneten und hält mit zitternden Fingern die grün lackierte Seite an den roten Magnetstumpf. Die Magneten drängen auseinander.

»Was ist denn jetzt los?«, ruft Konstantin. »Wir haben die grüne Hälfte abgesägt! Jetzt ist nur noch die rote übrig, und die muss doch die grüne Seite vom anderen Magneten anziehen?«

Elsa starrt ihn an. Und dann lacht sie plötzlich los. Ein bisschen irre, findet Konstantin. »Das ist wie bei Star Wars«, kichert sie und macht eine Gruselgeste. »Die dunkle Seite der Macht kriegt man nicht weg.«

Wer physikalische Grundkenntnisse hat, weiß natürlich: Wenn man einen Magneten durchsägt, magnetisiert er sich neu. Er hat dann wieder zwei Pole. Bei der Persönlichkeit geht es im Grunde um ein ähnliches Prinzip. Wie zu Herrn

Rebels Magneten gehören zu unserer Person und zu unserem Leben beide Seiten. Es funktioniert nicht, wenn Menschen die negativen, unangenehmen, schmerzvollen Seiten ihrer selbst wie auch immer von sich »abtrennen« beziehungsweise eliminieren wollen. Und trotzdem versuchen viele es ständig. Wenn wir diese Zusammenhänge durchschauen, können wir damit aufhören und gelassener auch mit unseren weniger geliebten Wesensanteilen umgehen – und wer weiß, vielleicht sogar andere dazu inspirieren, es uns gleichzutun.

Arbeitssucht als Mittel, Gefühle zu verdrängen

Die Schatten unter Marcus' Augen sind dunkelgrau mit einem Stich ins Bläuliche. »Ich arbeite schon wieder zu viel.« Er presst die Lippen gegeneinander und grinst schief. Ich nicke und grinse zurück. Ich kann diesen Satz von ihm längst ab dem zweiten Wort mitsprechen. Hochtourig rast Marcus von Termin zu Termin, ein Erfolg überbietet den nächsten, und seine Firma könnte besser nicht laufen. Doch wir wissen beide, dass das Ganze einen Haken hat. Und das ist auch der Grund, weswegen er professionelle Hilfe sucht.

»Es geht über meine Kräfte. Aber ich mache trotzdem weiter. Ich kann nicht mehr aufhören. Ich arbeite und arbeite, sieben Tage die Woche, und es gibt immer noch so viel zu tun. Es hört nie auf.«

Er lehnt sich zurück in seinem Sessel, und endlich lockert sich seine Gesichtsmuskulatur ein wenig.

»Soll es denn aufhören?«, frage ich.

»Nein.«

Marcus kommt im Abstand von einigen Wochen regelmäßig zum Coaching. Im Vorgespräch am Telefon hat er gesagt:

»Beruflich läuft alles rund, aber persönlich … dafür sind Sie doch die Expertin.«

»Wenn Sie es so trennen wollen? Gut, dann beginnen wir hiermit ein Coaching fürs Persönliche.« Wir bleiben beide nicht ernst dabei.

Marcus führt ein kleines, hoch spezialisiertes IT-Unternehmen und arbeitet dafür ungefähr siebzig Stunden in der Woche. Er ist attraktiv, charmant, ernährt sich gesund, treibt Sport, segelt im Sommer auf den Berliner Seen und ist immer mal wieder für ein oder anderthalb Jahre in einer Beziehung. Oberflächlich betrachtet läuft alles perfekt in seinem Leben. Bis auf das, wofür er aufgrund seines Arbeitspensums keine Zeit hat: Es gab vor fünf Jahren eine große Liebe in seinem Leben, die seinen Worten nach ein »schwarzes Loch« in ihm hinterlassen habe. Das »Loch« füllt er mit Arbeit.

Nach und nach verstand ich dann mehr: Marcus hatte sich ein paar Jahre zuvor heftig verliebt. Es war alles anders als sonst. Als er Tanja während einer Fortbildung in einem Tagungshotel kennenlernte und am Abend ein erstes Gespräch mit ihr führte, hatte er gleich schon so eine gewisse Ahnung: »Ich wusste sofort, dass hier was Tieferes im Gange war als mit anderen Frauen. Es war einfach von Anfang an – wusch!« Es folgte eine euphorische verliebte Zeit. »Wir haben uns überall getroffen: München, Heidelberg, Jena, Düsseldorf. Es war mehr als Zufall, dass wir öfter in der Nähe voneinander gearbeitet haben. Es sollte so sein.« Nach anderthalb Jahren flaute die stürmische Verliebtheit ab, aber nicht, um in Ernüchterung zu münden. Stattdessen kam darunter eine Tiefe und Ernsthaftigkeit zum Vorschein, die Marcus so noch nie erlebt hatte und die ihn ängstigte, weil sie sein Leben durcheinanderwirbelte.

»Ich hätte jedes Mal heulen können, wenn wir uns nach einem

gemeinsam verbrachten Wochenende verabschiedet hatten«, sagt er und fixiert die Teppichkante zu seinen Füßen. Manchmal krümmte er sich danach im Bett vor Sehnsucht. »Ja, Tanja hat mich wohl geliebt. Aber sie liebte auch ihr unabhängiges Leben als Unternehmensberaterin und hatte nicht vor, etwas daran zu ändern«, sagt er leise. Immer öfter kamen ihm in dieser Zeit Zweifel, ob sie ihn wirklich liebe, und er empfand Wut und Ohnmacht zugleich. Einmal bat er sie dann, noch einen Tag länger mit ihm zusammenzubleiben und dafür einen Kundentermin abzusagen. Er bettelte wie ein kleines Kind. Morgens stieg sie trotzdem ins Auto und fuhr fort.

»Das war für mich eine Schlüsselsituation. Da stand ich in T-Shirt und Shorts auf der Veranda und sah ihr zu, wie sie ihr Ziel ins Navi eingab. Da ging bei mir eine Klappe zu.« Danach sei alles anders gewesen: Seine Gefühle für Tanja seien mit einem Mal erstorben.

Am nächsten Wochenende machte er Schluss mit ihr. »Sie konnte es zuerst gar nicht glauben«, erzählt Marcus, »und rief danach ständig an.« Er war wortkarg, rief nicht zurück, antwortete tagelang nicht auf ihre SMS. Er war über sich selbst erschrocken. Das Fenster der Offenheit und Gefühlsnähe, das er für Tanja so weit wie nie zuvor geöffnet hatte, war wieder geschlossen.

Das war der Zeitpunkt, an dem Marcus mit seiner Arbeit so richtig loslegte. So hatte er gar keine Zeit mehr für Gefühle, abends sank er todmüde ins Bett, viel zu früh saß er im Büro, ohne sich ein Frühstück gegönnt zu haben.

Wir arbeiteten zusammen daran, ihm einen Zugang zu seinem Schmerz zu ermöglichen. Marcus wurde klar, dass die Trennungsangst bei Tanja ihn an einen viel tieferen Schmerz erinnerte. Es war ein »schwarzes Loch« fundamentaler Einsamkeit, eine existenzielle Frage. Nach und nach verlor dieser

Schmerz, vor dem er so große Angst gehabt hatte, jedoch seinen Schrecken, und er konnte immer mehr Auslöser dafür erkennen und sie auflösen.

Marcus ist einer von unzähligen Menschen, die in ihrem Leben etwas Wichtiges verdrängen. Wie viele andere wusste er gar nicht genau, was es war, geschweige denn, wie man damit umgehen könnte. Wir verfolgten dann einen aufdeckenden Ansatz, bei dem es nicht darum geht, bessere Bewältigungsstrategien zu finden, um wieder zu funktionieren, sondern darum, die zugrundeliegenden Auslöser für ein Verhalten, für Gedanken oder Gefühle zu finden und sie aufzulösen.

Ich suche gemeinsam mit meinen Klienten nach dem, was sich im Hintergrund meldet und eigentlich bearbeitet werden will: eine tiefe Einsamkeit etwa oder quälende Erinnerungsbilder, ein destruktives Selbstgespräch, erschreckende Vorstellungen von der Zukunft, von dem, was passieren könnte – oder was auch immer. All diese meist erst nur halb oder unbewussten Inhalte sind oft mit schmerzlichen Gefühlen verbunden, die man lieber weiterhin verdrängen würde.

Verdrängung bedeutet ein Abschieben unangenehmer oder schmerzlicher Erfahrungen ins Unbewusste, also in den Teil des Selbst, der nur schwer zugänglich ist. Dieses Verdrängen geschieht in der Regel ebenfalls unbewusst, zuweilen aber auch durchaus bewusst.[13] Verdrängung ist ein Abwehrmechanismus, der uns einerseits beim seelischen Überleben hilft, denn wir halten damit bedrohliche oder tabuisierte Vorstellungen und Erfahrungen aus unserer Wahrnehmung fern, die uns unter Umständen lähmen könnten. Andererseits kann permanentes Verdrängen auch schaden. Beispielsweise indem sich die Probleme als Krankheitssymptome Gehör verschaffen wollen oder so wie bei Marcus, bei dem die Verdrängung nur um den Preis von siebzig Wochenstunden Arbeit möglich war, was ebenfalls auf Dauer nicht gesundheitsfördernd ist. Wenn also die Inhalte aus dem Unbewussten so stark wirken, dass sie uns in unserem Alltag behindern, müssen wir sie uns genauer ansehen.

Sehr viele Menschen wählen wie Marcus als Verdrängungsmittel den Weg des vielen Arbeitens. Zum Beispiel beschreibt die Philosophin und Literaturkritikerin Svenja Flaßpöhler in ihrem Sachbuch *Wir Genussarbeiter*, dass viele moderne Leistungsträger nur noch beim Arbeiten »genießen« können und hyperaktiv bis zum Burn-out ackern, weil sie das Nichtstun mit dem, womit sie dabei konfrontiert werden, nicht auszuhalten glauben.[14] Workaholismus scheint perfekt dazu geeignet zu sein, um die inneren Abgründe, Schmerzen und Ängste zu ignorieren, ohne dass man Gefahr läuft, gesellschaftlich nicht akzeptiert zu werden.

Bekanntlich gibt es noch viele weitere Wege der Schmerzverdrängung: Wie wir wissen, wählen manche den Alkohol oder Drogen, andere das Glücksspiel oder exzessive Sexualität, nicht wenige vermeiden konsequent jeden Konflikt, wieder andere müssen immer unter Menschen sein, treiben übertrieben Sport, lagern vor dem Fernseher bis zum Einschlafen, surfen ständig im Netz oder kommunizieren pausenlos über Facebook. Und manche kleben als Paar dauersymbiotisch aneinander.

Wenn die gewohnten Verdrängungsstrategien nicht mehr funktionieren, ist es bei uns eher üblich, sich wiederum selbst zu optimieren. Wenn Marcus so weitergemacht hätte, dann hätte er zwar gelernt, seine Trennungsängste besser im Griff zu haben, etwa Yoga und Atemübungen zu machen, sich bald eine neue Partnerin zu suchen und nicht an vergangene Zeiten zu denken. Das hätte vielleicht auch funktioniert. Doch gutes Funktionieren war noch nie Marcus' Problem, das konnte er ja schon. Er hätte damit seine Ablenkungsstrategien noch mehr perfektioniert und das zugrundeliegende Problem weiter zugedeckt. Genau deshalb wäre er damit nicht in seiner Entwicklung vorangekommen Er wollte das nicht mehr, weil er ahnte, dass er an etwas Tieferem dran war, dem er sich öffnen wollte.

Marcus brachte mich zum Nachdenken: Er war so reflektiert, klug und weitsichtig – er hätte doch schon Jahre vorher längst erkennen können, dass er so nicht immer weiter durchs Leben gehen könnte. Liegt es also vielleicht daran, dass nicht nur Marcus, sondern der überwiegende Teil unserer Gesellschaft denkt, es könne ein Leben ohne Schmerzen geben?

Schmerzvermeidung als Motivation der Verdrängung

Ja. Wir glauben tatsächlich, es könne irgendwie gelingen, einen Schnitt zu machen und das Unliebsame, Schmerzhafte, Traurige dauerhaft aus unserem Leben zu verbannen. Es gibt unzählige Menschen, die viel zu große Angst vor Schmerzen haben, um sich überhaupt einmal mit dem Thema auseinanderzusetzen. **Sie vermeiden reflexhaft alles Schmerzhafte und bringen sich dadurch um einen bedeutsamen Reifungsprozess.** Bei Marcus war es die Arbeit, die seine Trennungsschmerzen ausblenden sollte. Eine Mutter verhätschelt ihren Teenagersohn in der Hoffnung, sich so die Schmerzen des pubertären Ablösungsprozesses zu ersparen. Ein Politiker macht ans Absurde grenzende Versprechungen, um den Schmerz einer niedrigen Wählergunst zu vermeiden.

Wir werden irgendwann nicht mehr so kräftig, elastisch und strahlend sein wie mit zwanzig oder dreißig. Das empfinden wir als schmerzlich. Eigentlich sind auch natürlich gealterte

Menschen schön. Aber Schönheit ist bei uns so fest an die Vorstellung von Jugend gekoppelt, dass wir lieber Antifaltencreme auftragen, täglich walken, antioxidative Lebensmittel essen und uns liften lassen.

Und wir tabuisieren immer noch das Thema »Tod und Sterben«, um uns den Schmerz bei der Auseinandersetzung mit der eigenen Endlichkeit zu ersparen.

Viele Menschen vermeiden schmerzhafte Konflikte mit Kollegen, mit dem Partner, dem Kind oder dem herrischen Vorgesetzten. Sie wollen lieber alles oberflächlich harmonisch halten, selbst wenn eine faire und offene Auseinandersetzung zur Klärung angezeigt wäre, um eine unhaltbare Situation zu verbessern oder zu beenden. Manche Liebespartner wollen auch nie den Schmerz der Erkenntnis spüren, dass sie nicht perfekt sind und dass der andere sie nicht ständig nur toll findet. Das passiert allerspätestens nach einer gewissen Zeit, wenn die gegenseitige Idealisierung der ersten Verliebtheit nachlässt. Dann halten viele sofort nach einem neuen Partner Ausschau, der sie wiederum uneingeschränkt zu bewundern scheint und erst mal nur die strahlende Seite sieht.

Auch kollektiv versuchen wir, wichtige Erkenntnisse zu vermeiden, die zu schmerzvoll sind. Die Misere der Flüchtlinge aus Syrien ein paar Häuser weiter wird von vielen verdrängt, denn auch Mitleid kann zu schmerzvoll sein, um es erleben zu wollen. Ebenso kann die Vorstellung, ein ähnliches Schicksal zu erleiden, Angst, traumatische Erinnerungen und Schmerzen auslösen. Das ist vielleicht nicht der hauptsächliche, aber sicher einer der Gründe für mangelndes Mitgefühl mit Fremden, Armen und Bedürftigen. Da sehen viele lieber weg oder bekämpfen schlimmstenfalls diejenigen, die sie als Verursacher ihres drohenden Schmerzes ausgemacht zu haben glauben: die Fremden, Armen und Bedürftigen selbst. Bei alldem frage ich mich immer wieder: Warum kommen wir überhaupt auf die Idee, wir könnten Unliebsames einfach eliminieren? Und warum sind wir so schnell und so erfolgreich darin? Die Antwort auf beide Fragen ist dieselbe: **weil es heute so leicht geht.** Das fällt mir zum Beispiel auf, wenn ich unsere Möglichkeiten mit der Situation vergleiche, wie sie auch hierzulande noch vor etwa siebzig Jahren bestand.

Warum wir heute besser vermeiden können als je zuvor

1945: Auf den Schwarzweißfotos aus der Zeit sehe ich einen vom Krieg verwüsteten Trümmerhaufen, der meine Heimatstadt Berlin sein soll. In meinem Geschichtsbuch stand die Zahl, die bei mir jetzt noch Übelkeit hervorruft: rund sechs Millionen ermordete Juden. Und auch die geschätzten sechzig bis siebzig Millionen im Zweiten Weltkrieg gestorbenen Menschen kann ich mir bis heute schwer vorstellen. Nur vage ahne ich, wie es wohl sein mag, wenn ständig in der unmittelbaren Umgebung jemand eines unnatürlichen Todes stirbt.

Unser Alltag hat sich im Vergleich zu jener schrecklichen Zeit in den letzten siebzig Jahren grundlegend geändert. Wir haben seitdem, allerdings nur auf einem vergleichsweise kleinen Areal des Globus, die Möglichkeit, einen Schnitt machen und wirklich viel von dem vermeiden oder ausblenden zu können, was wir nicht haben, nicht sehen, nicht erleiden wollen: hier in unserer vermeintlich sicheren, freien, wohlhabenden, technologisch hochgerüsteten Welt. Das ist ein großer Segen und erweitert unsere Potenziale enorm. Doch zugleich gibt es eine Kehrseite dieses Segens: Wir maßen uns vielfach an zu meinen, wir müssten *alles* Unliebsame beseitigen können.

Wir können immer mehr Krankheiten erfolgreich bekämpfen, Herzen, Nieren, Lebern austauschen. Das Buch *Leben ohne Krankheit*[15] ist ein Bestseller. Wird bei einem ungeborenen Kind eine Behinderung pränatal diagnostiziert, entscheidet sich die überwältigende Mehrheit der Eltern für eine Abtreibung. Gegen unliebsame psychische Zustände nehmen wir Psychopharmaka, Johanniskraut oder positive Affirmationen. Gegen den Nachbarn mit der lauten Musik kann man vor Gericht ziehen, und bei unbequemen Meinungen kann man einen Shitstorm lostreten. Auch das geht mit moderner Technik leichter als jemals zuvor.

Das sind alles große Fortschritte, wir entwickeln uns weiter. Ja, es sind Geschenke, die eine Erweiterung der Lebensmöglichkeiten, einen Gewinn an Gestaltungsmöglichkeiten und persönliche Freiheit bedeuten können. Früher war bestimmt nicht »alles besser«. Nein. Früher war vieles begrenzter. Durch den Fortschritt drohen wir allerdings mit einer wichtigen Fähigkeit aus der Übung zu kommen: dem Annehmen dessen, was ist. Denn wir dürfen uns dadurch, dass wir vieles vermögen, nicht glauben, wir müssten alles Unangenehme aus unserem Leben bannen können. Und selbst wenn etwas Missliches von der Oberfläche verschwunden ist, heißt es noch lange nicht, dass es nicht noch irgendwo unbemerkt weitergärt und wir uns irgendwann wieder mit ihm konfrontieren müssen.

Der Körper als reparaturbedürftiges Defizitmodell

Besonders deutlich wird das beim Umgang mit unserem Körper. Heute lassen sich eine halbe Million Deutsche schönheitschirurgisch behandeln, um nicht mehr die knubbelige Nase und die Tränensäcke vorzeigen, schmallippig lächeln und das

Muttermal am Kinn zur Schau stellen zu müssen. Die beliebtesten Eingriffe sind Brustvergrößerung, Fettabsaugung und Lidstraffung.[16] Und die Zahl der Maßnahmen wächst jährlich um gut zehn Prozent. **Der Körper ist zum Medium der Selbstdarstellung und zum »Rohling« geworden, den man mit ständiger Mühe in Form trainiert, isst oder schneidet.** Und er wird zum reparaturbedürftigen Defizitmodell, das man sogar vorsorglich entsprechend bearbeitet.

Nachdem die Schauspielerin, Filmregisseurin und -produzentin Angelina Jolie erfahren hatte, dass sie ein erhöhtes individuelles Risiko habe, an Brustkrebs (87 Prozent) und Eierstockkrebs (50 Prozent) zu erkranken, ließ sie sich im Jahr 2013 vorbeugend ihre Brüste entfernen; zwei Jahre später prophylaktisch auch beide Eierstöcke und die Eileiter. In ihrem Beitrag »My Medical Choice«[17] schrieb sie in der *New York Times:* »Ich kann meinen Kindern sagen, dass sie keine Angst haben müssen, mich durch Brustkrebs zu verlieren.« Sie schrieb den Beitrag, um andere Frauen im Falle eines erhöhten Krebsrisikos zu vorbeugenden Maßnahmen zu ermutigen. Und tatsächlich – die Berichterstattung bewirkte den sogenannten Jolie-Effekt:[18] Weltweit interessierten sich Frauen vermehrt für Brustkrebs-Diagnostik und genetische Beratung, in Deutschland verzeichneten Kliniken bis zu zehnmal mehr Anfragen. Angelina Jolie hat als Vorbild für Menschen auf der ganzen Welt eine starke Botschaft vermittelt: »Ich allein entscheide, wie mein Leben verläuft. Nicht das Schicksal, nicht das Leben, nicht mein Körper.«

Was für eine Freiheit! **Andererseits sollten wir hinsehen, was das alles sonst noch so mit uns macht.** Heben wir irgendwann ab? Verlieren wir das Maß? Denn natürlich lässt sich das Risiko, zu erkranken und zu sterben, nicht auslöschen. Bis wir die Unsterblichkeit erreicht haben – und da sind wir wohl noch lange nicht –, wird jeder von uns sterben. Früher oder später. Und auch das Risiko einer Erkrankung können wir nicht endgültig durch eine Operation bannen. Was, wenn die Krebsdisposition auch andere Organe beträfe? Wiederum operieren? Und was ist, wenn es gar nicht um eine lebensbedrohliche Krankheit, sondern um eine Behinderung geht? Sind wir es so gewohnt, alles »wegzumachen«, was uns negativ erscheint, dass es immer selbstverständlicher wird?

Bei der inzwischen üblichen Nackenfaltendiagnostik im dritten Schwangerschaftsmonat etwa sollen werdende Mütter, wenn die Nackenfalte ihres Babys verdickt ist, eine Entscheidung treffen, deren Folgen so unsicher und weitreichend sind, dass sie sie eigentlich gar nicht absehen können. Nach der Down-Syndrom-Diagnose brechen 90 Prozent der Frauen die Schwangerschaft ab. Auch die Zahl der Spätabbrüche nach der 22. Schwangerschaftswoche, zu einer Zeit, zu der viele Fehlbildungen und Behinderungen erst diagnostiziert werden können, hat sich in den letzten zehn Jahren mehr als verdoppelt.[19] Wenn es die Möglichkeiten gibt, nutzen wir sie, das Anspruchsniveau steigt, und längst ist es bei uns nicht mehr normal, ein Baby mit Down-Syndrom zu bekommen. Mit der Folge, dass die betroffenen Eltern Gefahr laufen, ob ihrer vermeintlichen »Verantwortungslosigkeit« diskriminiert zu werden.

Doch nicht nur beim Alterungsprozess, bei körperlichen Defiziten, möglichen Krankheiten oder Behinderungen stehen die Zeichen auf »Wegmachen«. Auch bei einem viel größeren Thema verdrängen wir wie gesagt immer noch, was das Zeug hält: bei einer der Grundängste des Menschen, der Angst vor dem Tod.

Gelitten und gestorben wird heute in Kliniken, Hospizen und Pflegeheimen fernab von unserem Alltag. Einen Toten haben viele außer in Filmen noch nie gesehen, der Verstorbene verschwindet im Sarg und im Grab. Dank unserer medizinischen Bestversorgung und dem heimlichen Sterben in den Krankenhäusern leben wir mit einem Fühl-Tabu beim Thema »Tod«. Das eigene Ende scheint aufgeschoben bis in die Neunziger des Lebens. Wir denken und fühlen Leben und Sterben nicht als zusammengehörend. Eine Studie zeigt, warum das so ist: Die meisten Deutschen meinen, die Beschäftigung mit Sterben und Tod würde die »Freude am Leben« beeinträchtigen. Nur knapp ein Drittel räumt ein, des Öfteren über den Tod nachzudenken. Selbst im Alter nimmt die Bereitschaft kaum zu, sich mit dem Tod auseinanderzusetzen. Jeder Zweite über Siebzigjährige blendet das Thema aus.[20]

Und der bisherige Höhepunkt der Todesverdrängung klingt nach Science-Fiction. Doch die »Posthumanisten« zum Beispiel erforschen jetzt schon die Möglichkeit, den biologischen Körper ganz abzuschaffen, damit das Bewusstsein im Virtuellen weiterexistieren könne und das ewige Leben möglich werde. In den USA und anderen Ländern warten bereits mehrere hundert eingefrorene Leichname darauf, in fortschrittlicheren Zeiten wiederaufzuerstehen. Das klingt ziemlich abwegig, aber es belegt doch ein weiteres Mal, wie stark die Motivation ist, das Negative zu verdrängen.

Wir könnten stattdessen ein Bewusstsein für die natürlichen »Unzulänglichkeiten« und vor allem für die Endlichkeit des individuellen Lebens auf Erden nutzen, um uns mehr auf das Wesentliche zu fokussieren.[21] Dabei geht es eher um das Fühlen, weniger um das Wissen vom natürlichen

Rhythmus des Wachsens und Vergehens. Das wäre eine Einstellung, die auch in unserer Zeit der scheinbar unbegrenzten Möglichkeiten helfen kann, das zu erkennen, was für uns wirklich zählt.

Die deutsch-jüdische Dichterin Rose Ausländer hat ein Gedicht mit dem Titel »Verläßlich« zu dieser Lebenshaltung des täglichen Gewahrseins der Vergänglichkeit geschrieben, das ich gern zitiere:

> Ich trage meine Urne
> verläßliche Uhr
> die meine Zeit
> von Tag zu Tag
> kürzt.[22]

Auch Rainer Maria Rilke hat sich stets mit dem Sterben und Abschiednehmen beschäftigt. Es war Teil seines Lebens. Er schreibt in den *Duineser Elegien:* »... so leben wir und nehmen immer Abschied.«[23] Mit diesem Bewusstsein können wir zu der Folgerung gelangen: Der Tod ist die unausweichliche Grenze unseres Lebens, und er kann uns täglich ereilen. Also bemühen wir uns doch, vor allem das Wesentliche zu tun, und lassen wir das Unwichtige und zum Teil Kontraproduktive – wie all die Ablenkungen, äußerlichen Ziele und Verdrängungsmechanismen – nicht unser Leben dominieren!

Für den Alltag

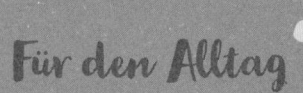

An jedem Tag gibt es Gelegenheiten, bei denen wir uns darum kümmern können, unsere ungeliebten Seiten nicht mehr abzulehnen, abzuwerten und zu verdrängen. Dazu ist es sinnvoll, sie erst einmal sorgfältig zu betrachten, ja, sogar aufzulisten. Bei den meisten Menschen wächst da schnell eine lange Liste. Das ist normal und darf sein. Erst wenn wir uns die Eigenschaften unerschrocken ansehen, können sie ihre Kraft verlieren, weil wir sie nicht mehr bekämpfen.

Ungeliebte Seiten

Was mag ich an mir nicht? Was »soll weg«?

(In Bezug auf den Körper, auf Emotionen, Verhalten und Gedanken. Ein Hinweis: Bei unseren ungeliebten Seiten ist oft das Wörtchen »zu« vorangestellt.)

....

Zu langsam. Zu dick. Zu unsicher, schüchtern, langweilig. Zu wenig erfolgreich. Zu zimperlich, empfindlich. Zu weinerlich. Zu oft schlechte Laune. Zu viele negative Gedanken, pessimistisch, depressiv. Zu träge, immer auf dem Sofa. Tränensäcke, Schlupflider, Haarausfall, Bauchspeck, X-Beine. Langeweile, Mittelmäßigkeit, Nutzlosigkeit, Albernheit.

- Wenn wir uns mit einem Ideal vergleichen, schneiden wir zwangsläufig schlecht ab. Alle Bewertungen mit dem Wörtchen »zu« und abwertende Formulierungen lassen unsere Eigen- und Besonderheiten als defizitär, negativ und verbesserungswürdig erscheinen. Wir können das schon mal als Anlass nehmen, uns daran zu erinnern, dass wir in unserer Einzigartigkeit nicht vergleichbar sind und dass das, was uns ausmacht, niemand anders hat.
- Alles, was wir bekämpfen, dem geben wir Macht, und es wird letztlich stärker. Alles, was wir sein lassen, annehmen und als Teil unser selbst integrieren, verliert an Kraft.

Mit den folgenden Übungen – einzeln oder als Abfolge – können wir unsere ungeliebten Seiten und damit uns selbst nach und nach liebevoller annehmen, weniger nach anderen sehen und mehr bei uns selbst bleiben. Wir erreichen einen wohlwollenden Ton und fühlen uns selbstverständlich richtig und ganz, statt unsere Energie weiterhin ins Verstecken, Verdrängen und Abtrennen zu investieren.

Defizite annehmen

Entdecken – erzählen – zeigen – beobachten – verstehen

- Jede Gelegenheit nutzen, ungeliebte Seiten an sich selbst zu **entdecken**: Gerade die Zeiten in schlechter Stimmung sind da sehr fruchtbar.
- Anderen davon **erzählen**: So können wir Scham abbauen und Normalität erzeugen. Unsere Defizite sind nicht mehr so abwegig, wenn wir sie – vielleicht zum ersten Mal – ausgesprochen haben. Wie oft hören wir etwas, was jemand ankündigt mit: »Du bist der Erste, dem ich das erzähle.« Nur um dann etwas für uns vollkommen Unspektaluläres zu vernehmen. Oft lachen alle Beteiligten später darüber, und ein Teil der ungeliebten Seite ist integriert.
- Sich **zeigen** mit den ungeliebten Seiten, indem man sie »umweltverträglich« ausprobiert: »Umweltverträglich« meine ich wörtlich. Es geht nicht darum, seine Wut auf die Welt endlich mal auszuleben und dafür die alte Dame im Supermarkt zusammenzubrüllen, die sich unauffällig vordrängeln wollte. Aber beispielsweise einen Lehrer sehr nachdrücklich und meinetwegen lauter als gewöhnlich dazu aufzufordern, keine Kinder mehr vor der Klasse zu beschämen – das wäre sogar eine sehr sinnvolle Art, ungeliebte Seiten (wie das Bedürfnis, Kritik zu üben) zu integrieren.
- **Beobachten**, was passiert und wie andere darauf reagieren.
- **Verstehen**, warum diese Seiten an uns zu »ungeliebten« wurden: Wir können nachforschen, ob wir bestraft wurden. Vielleicht wurden wir belächelt, abgewertet, geschnitten oder anders »sanktioniert«, wenn wir eine heute ungeliebte Seite ge-

lebt haben. Manchmal reicht es auch, wenn wir andere dabei beobachtet haben, wie sie wegen ihrer vermeintlichen Defizite bestraft wurden. Kinder haben hier äußerst sensible Antennen.

Ungeliebte Seiten anzunehmen ist der eine Weg, um ganz zu werden. Der andere führt über das Entwickeln von Bescheidenheit. Auch bei den positiven Seiten ist es mal genug – wir müssen nicht immer noch mehr wollen.

Gut genug

Was ist bereits gut genug bei mir?

....

Ich bin erfolgreich genug: Ich habe doch in meinem Leben schon so einiges, wenn auch bestimmt nicht alles erreicht. Ich bin schön genug, auch wenn es definitiv hübschere Menschen gibt. Meine Haare und meine dunklen Augen gefallen mir. Und so wichtig ist das nun auch nicht: Ich werde auch durch ein Facelifting nicht mehr geliebt werden. Ich kann mit meiner Schüchternheit leben, sie muss eigentlich gar nicht überwunden werden. Manchmal finde ich mich damit sogar selbst ganz sympathisch. Man könnte mich auch »zurückhaltend« und »unaufdringlich« nennen. Es reicht mir inzwischen, wenn ich meine Arbeit gut und gewissenhaft ausführe, dabei aber »nur« die Zweit- oder Drittbeste im Team bin; ich muss nicht immer »die Beste« sein.

- Jede Verlockung, der wir nachstreben, kostet unsere Aufmerksamkeit und Energie sowie unsere begrenzte Lebenszeit. Wir investieren, und woanders fehlt uns diese Energie. Es ist eine Entscheidung: Wir haben nur einen bestimmten Vorrat an Energie und Zeit zur Verfügung – investieren wir ihn bewusst und sehr besonnen in wirklich wichtige Dinge!

Wenn wir nur das Glück haben und das Unglück eliminieren wollen, erleben wir nicht etwa mehr Ruhe, mehr Sicherheit, mehr Zufriedenheit oder mehr Glück – sondern das Gegenteil tritt ein: meist noch mehr Stress, Unzufriedenheit und Aktionismus bis zur völligen Erschöpfung.

Entwicklung wird nun mal auch über Krisen und leidvolle Zeiten ermöglicht. Wenn die ausgeklammert werden sollen, herrscht im Inneren – Stillstand.

Und Stillstand bedeutet Leiden.

Was man ja vermeiden wollte.

3. Der Preis—
Einseitiges Glücksstreben

In der Nacht auf den 5. August 1962 starb Norma Jeane Baker in ihrem Haus am 12305 Fifth Helena Drive, Brentwood, Los Angeles. Am selben Tag stellte der Pathologe bei der Autopsie als Todesursache eine Überdosis des Barbiturats Nembutal in Verbindung mit dem Schlafmittel Chloralhydrat fest. Die Obduktion der Leiche ergab, dass die Tote eine dem Alter entsprechend gesunde Frau war.

»Niemand sieht mich, wie ich bin«

Norma Jeane Baker alias Marilyn Monroe war 36 Jahre alt, als sie starb: Sie hatte nur eine Seite ihrer Person leben dürfen. Sie verkörperte von Beginn ihrer Schauspielkarriere an den Typ der naiven, lasziven Blondine, mit dem sie ihren Erfolg begründete. Als Sexsymbol des 20. Jahrhunderts war sie die bekannteste und meistfotografierte Frau der Welt. Zugleich haderte sie mit dieser Rolle. Sie litt darunter, allein als verführerisch-kurvige Schönheit gesehen und nicht als engagierte Schauspielerin ernst genommen zu werden. Erst nach ihrem Tod wurde die Reduzierung ihrer Person auf das »dumme Blondchen« revidiert und ihre künstlerische Arbeit anerkannt und gewürdigt. Ihre Selbstzweifel und ihre Depression versuchte sie gegen Ende ihres Lebens immer stärker mit Psychopharmaka zu bekämpfen. Außerdem trank sie zu viel Alkohol und sah zeitweise zweimal täglich ihren Psychoanalytiker. Bezahlte Marilyn Monroe den Preis für die Reduzierung ihrer Person mit dem Tod? Starb sie, weil sie in der Öffentlichkeit nur mit einem viel zu kleinen Ausschnitt ihrer Gesamtpersönlichkeit gesehen wurde? Reduziert auf ein Kunstbild, das sie zugleich nicht von sich weisen konnte, weil sie abhängig von der ständigen Aufmerksamkeit und der Bewunderung als Filmstar war. Das bleibt Spekulation. Alles, was über sie erzählt und geschrieben wird, ist nur der Blick von außen. Ich kenne Marilyn Monroe natürlich nicht. Und Depression ist ein hochkomplexes Geschehen mit einem ebenso vielschichtigen Ursachengefüge. Dennoch: Ihr Beispiel kann zeigen, was passieren mag, wenn Menschen ein perfektes Bild ihrer selbst kreieren oder übergestülpt bekommen, das andere, weniger erwünschte Seiten vollständig negiert. Irgendwann zahlen sie den Preis dafür.

Das ist wie mit dem Beipackzettel bei Medikamenten: Wir holen das Medikament aus dem Karton und werfen den Beipackzettel mit den viel zu klein gedruckten Nebenwirkungen ungelesen in den Papiermüll. **Aber auch wenn der Zettel im Recylingcontainer landet, sind die Nebenwirkungen bei uns trotzdem da.** Ich erlebe bei mir selbst wie auch bei anderen oft, dass genau das, was verdrängt werden soll, letztlich doch irgendwann wieder zum Vorschein kommt – und wenn auch nur durch die Hintertür.

Der Preis des Verdrängens

Ich habe zum Beispiel einige Zeit mit Achim, Mitte dreißig, gearbeitet. Vom ersten Kennenlernen an irritierte mich seine Körpersprache. Seine Gesten wirkten irgendwie hölzern. Hatte er die ausladenden Armbewegungen vor dem Spiegel geübt? Auch seine Sprechweise wirkte angelernt: Er artiku-

lierte überdeutlich und sprach jedes »t« bei einem »nicht«
oder »schlecht« sorgfältigst mit. Mir fehlte das Gefühl, wirklich in Kontakt mit ihm zu sein. Ich versuchte, ihn als Person
hinter dieser optimierten Fassade zu erkennen. Es gelang mir
nicht.

Also sprach ich ihn darauf an: »Mir kommt es so vor, als ob
ich kaum etwas von Ihnen kenne, obwohl wir schon eine
Weile zusammen arbeiten. Das fehlt mir. Ich fühle mich fast
ein wenig einsam, wenn wir miteinander sprechen.«

Er stutzte. Dann lehnte er sich im Sessel zurück und pustete
Luft durch die Lippen. »Was Sie sagen, habe ich so ähnlich
schon ein paarmal gehört.«

»Ich würde gern von Ihnen erfahren, was Sie wirklich bewegt,
was Sie denken, wovor Sie Angst haben, was Ihnen Freude
macht«, sagte ich. Und dann durfte ich ihn nach und nach ein
wenig besser kennenlernen.

Achims größte Angst war, andere würden seine eher introver-
tierten, sensiblen und zögerlichen Eigenschaften merkwürdig
finden. Also versuchte er mit allen Mitteln, ein perfektes
Scheinbild zu präsentieren, das so ziemlich das Gegenteil seiner selbst war, um von anderen respektiert zu werden: schnei-
dig, extravertiert und laut. Auch in seiner Rolle als Vorgesetz-
ter hatte er ein Bild kreiert, das überhaupt nicht zu ihm passte: immer motiviert, nie müde, nie zweifelnd, dafür allwissend
und immer mit einer Lösung in petto – natürlich der richtigen. Er war noch nie darauf gekommen, seine Mitarbeiter um
ihre Meinung zu fragen. Längst zu verkrampft, hatte er ihnen
nichts mehr zu geben. Und bald begann er, wie schon bei früheren Arbeitsstellen, den Preis für seine Selbstverleugnung zu
zahlen. Er kam morgens kaum aus dem Bett. Abends sah er
fern und aß Tortilla-Chips. Seine Mitarbeiter arbeiteten immer lustloser und orientierten sich an anderen Personen im

Betrieb. Zwei von ihnen wechselten intern die Stelle. Sie sprachen mit seinem Vorgesetzten, und er erfuhr als Letzter, wie unzufrieden sie mit ihm waren. Das war der Anlass für ihn gewesen, sich von jemandem helfen zu lassen.

Bei unserem dritten Coachingtermin erzählte er mir unter großen Mühen: »Ich glaube, meine Mitarbeiter und viele Kollegen nehmen mich nicht ernst. Sie tratschen wohl über mich, vor allem einer von ihnen.«

»Haben Sie ihn denn gefragt, was los ist?«

»Er hat von sich aus gesagt, dass ihm der ›Spirit‹ in der Abteilung fehle. Mehr wollte er nicht sagen.«

Inzwischen stand Achim vollkommen isoliert da und hatte durch seine Selbstverleugnung genau das erreicht, was er zu vermeiden versuchte: Er wurde auf breiter Front abgelehnt.

Achim ist mit dieser Entwicklung kein Einzelfall. Unzählige Menschen trachten danach, perfekt und unfehlbar zu wirken. Und geraten damit in eine Sackgasse. Denn zugleich scheinen sie dadurch unerreichbar zu sein und werden einsam, obwohl sie mit ihrem Streben nach Perfektion doch gerade Zugehörigkeit, Liebe und Wertschätzung gewinnen wollten. Das ist ein dramatischer Trugschluss. **Denn wir empfinden Nähe und Verbundenheit, wenn wir einen anderen Menschen so erkennen, wie er wirklich ist, und zwar auch mit seinen Makeln und Schwächen.**

Eine perfekte Erscheinung macht einen Menschen nicht sympathisch. Allerhöchstes erntet so jemand Respekt. Achim gelang nicht einmal das. Wer auf Perfektion setzt, bewegt sich auf unsicherem Terrain, denn ständig kann die perfekte Fassade bröckeln und dahinter die abgelehnten Seiten zum Vorschein kommen lassen.

Dann fehlt oft die Verbindung zu anderen Menschen, die das auffangen und verzeihen würden. Ähnlich wie bei Mara, von der ich im ersten Kapitel erzählt habe, dieser allzeit »toughen« jungen Kollegin von Sabine, die sich ihren coolen Auftritt mit süchtig machenden Medikamenten erkaufte. Mara zahlt auch noch auf andere Weise ihren Preis dafür, dass sie einen Teil von sich verdrängt und immer perfekt sein will: Ihre Kollegin Sabine konkurriert mit ihr, denn Sabine fühlt sich neben der perfekten Mara schlecht. Sie wird Mara bestimmt nicht sonderlich unterstützen, wenn's mal drauf ankommt.

Ziemlich ernüchternd all das, oder? Aber wir sollten uns die Mechanismen so genau wie möglich ansehen, die uns unfrei machen und uns an unserer persönlichen Entwicklung und einem erfüllten Leben hindern. Solange wir uns ihrer nicht bewusst sind, bleiben wir mittendrin. Wie in dem Sinnbild von den Fischen, die auf die Frage, wie denn das Wasser heute so sei, antworten würden: »Wasser? Welches Wasser?«

Fahren wir also fort. Dauerlächelnde Menschen etwa zahlen den Preis für das Verdrängen ihrer echten Gefühle. Dieter Zapf und Melanie Holz von der Universität Frankfurt untersuchten 4000 Dauerlächler – diese waren besonders Burn-out-gefährdet und anfällig für Depressionen. Menschen in »lächelnden Berufen« waren besonders gefährdet: Flugbegleiterinnen, Verkäufer und Mitarbeiterinnen von Call-Centern.[24] Wenn wir also lächeln, ohne dass dies von innen kommt – weil uns eigentlich eher danach zumute ist, »emotionslos«, ernst, traurig oder wütend dreinzuschaun –, dann schaden wir uns emotional. Unsere Gefühle, unsere Stimmungen, unser So-Sein dauerhaft nicht aufrichtig zeigen zu können macht uns depressiv.

Aber auch die Folgen anderer Formen des Verdrängens können uns teuer zu stehen kommen. Wer etwa seinen beruflichen Lebenstraum jahrzehntelang ignoriert und an seinem

Wesen vorbeilebt, hat vielleicht weiter seinen sicheren und gut bezahlten Job, aber das Leben fühlt sich für ihn sicher irgendwann sinnlos an, und das kann ein sehr leidvolles Los sein. Bei dieser Thematik verleugnen wir meist zweierlei: zum einen, wie wichtig es ist, eigene Lebensträume ernst zu nehmen. Ein sinnvoll gelebtes Leben, in dem wir uns immer klarer darüber werden, worin unsere Aufgabe in diesem Erdendasein liegen könnte und wie wir sie verwirklichen sollten, ist ein grundlegendes Bedürfnis. Zum anderen wollen Menschen Angst und andere problematische Gefühle meiden, die zu der Frage nach den eigenen Lebensträumen selbstverständlich dazugehört. Sie meinen, es müsse alles ohne Angst und Phasen des Zweifels gehen. Emanuel Koch[25] plädiert in seinem Buch über Lebensträume dafür, diese Angst als Teil des Entwicklungsprozesses zu nutzen, statt zu erwarten, dass sich Lebensträume ohne Furcht und Probleme verwirklichen lassen sollten, und deshalb im Altgewohnten zu verharren. **Erst wenn wir uns unseren Ängsten stellen und sie ergründen, kommen wir weiter.**

Und es gibt noch ein drittes Beispiel für den Preis des Verdrängens: Es geht auch um den Selbstwert. Viele Menschen mit schwachem Selbstwert versuchen, ihr Minderwertigkeitsgefühl möglichst rasch zuzudecken, sobald es auftaucht. Zum Beispiel indem sie sich das Gefühl auszureden versuchen oder indem sie nach Bewunderung streben. Doch gerade dieses Wegdrängen der Minderwertigkeitsgefühle und die Bemühungen um einen besseren Selbstwert durch Anerkennung von außen führen wider Erwarten zu einer Selbstwertschwächung. Wir entrichten genau den Preis, den wir vermeiden wollten.

Dieses scheinbare Paradoxon der Selbstwertschwächung durch außenorientierte Selbstwertstärkung ist ein wichtiges

Thema, denn der Selbstwert spielt eine bedeutende Rolle in unser aller Leben. Minderwertigkeitsgefühle und ihr Umgang damit können das gesamte Dasein bestimmen. Und es gibt fatale Fehlannahmen darüber, wie sich der Selbstwert stärken lässt.

Ich durfte vor einiger Zeit über diese Zusammenhänge mit Hannah sprechen. Hannah ist eine recht bekannte deutsche Schauspielerin, deren Namen ich hier natürlich geändert habe. Als sie zur Tür des Cafés hereintrat, in dem wir uns zum Gespräch verabredet hatten, zog sie mit ihrer Präsenz, ihrer anmutigen Gesamterscheinung und ihrem klangvollen Lachen sofort die Blicke der meisten Cafégäste auf sich. Während wir zusammensaßen, wurde sie dann immer nachdenklicher und leiser. Sie erzählte, ich hörte zu.

Auch Schönheit macht nicht wertvoller

Hannah hatte vor ein paar Jahren die Hauptrolle in einem Spielfilm ergattert, der mit großem Erfolg ausgestrahlt wurde. Seitdem landete eine Anfrage nach der anderen in ihrem Postfach, Interviews wurden Routine, und sie plauderte in TV-Talkshows. Hannah bekam endlich all das, worauf sie fünfzehn Jahre lang hingearbeitet hatte. »Glückskind«, sagten ihre Freunde. Doch sie fühlte sich immer mehr wie eine Marilyn Monroe. **Die Schere zwischen Fremd- und Selbstwahrnehmung wurde größer, und sie konnte mit der Bewunderung und Anerkennung innerlich nicht mithalten.**

»Ich fühle mich einfach nicht so toll, wie ich anscheinend auf meine Mitmenschen wirke«, sagt sie nun. »Aber schon damals stieg bei mir der Druck immer weiter, dem zu entsprechen, was andere von mir erwarteten. Die wollten halt die tolle Hannah sehen.«

Ich kann Hannah gut verstehen. Und ich überlege, wie sie sich damals hätte einstellen können. Ich glaube, Hannah hatte zu diesem Zeitpunkt zwei Möglichkeiten: Sie hätte sich auf dem neuen Entwicklungsniveau anders ausrichten können und das, was ihr dort begegnete, als Chance mit folgender Fragestellung nutzen können: »Was bedeutet es für mich, von vielen Menschen gesehen zu werden? Was kann ich aus meiner jetzigen Situation lernen? Woher rührte mein ursprünglicher Wunsch, und passt er zu dem, wie es jetzt ist? Was bedeutet mir Berühmtheit, nachdem ich sie erreicht habe? Wohin will ich von nun an?« Und damit wäre sie mittendrin in wichtigen Sinnfragen gewesen: »Wie kann ich meine neue Rolle nutzen, um anderen Menschen etwas zu geben?« Vermutlich hätte das ihren Selbstwert von innen stabilisiert. Sie hätte sich persönlich weiterentwickelt.

Oder die andere Möglichkeit – und diesen Weg hatte Hannah eingeschlagen –: Sie hielt an dem Schein des strahlenden Berühmtseins fest, weil es einst ihr großes Ziel gewesen war, und versuchte mit allen Mitteln, äußerlich zu glänzen. Obwohl dieses Bild nach einer gewissen Zeit nicht mehr zu ihrem inneren Zustand passte. Hannah hatte diese Möglichkeit auch deshalb gewählt, weil ihr die entwicklungsorientierte erste Möglichkeit gar nicht in den Sinn gekommen war. Dabei kam sie sogar noch auf die Idee, ihrer Schönheit nachzuhelfen.

Nach der ersten Behandlung mit Botox und kleineren Eingriffen der plastischen Chirurgie freute sie sich bei jedem morgendlichen Blick in den Spiegel über die geglättete Zornesfalte und die angehobenen Mundwinkel. Sie stellte sich die bewundernden Blicke der anderen vor und war glücklich. Das ging so über mehrere Wochen. Aber dann, so erzählt sie mir jetzt, veränderte sich etwas. Sie blickt mich dabei kaum an, und ihr anfängliches Strahlen ist plötzlich verschwunden. Sie wirkt sogar irgendwie müde und abgekämpft.

»Wenn ich mich mit jemandem unterhalten habe, wartete ich nebenbei ständig darauf, dass der so was sagt wie: ›Mensch, Hannah, du siehst ja ganz toll aus! Kommst du aus dem Urlaub?‹ Weißt du, ich wollte mindestens Komplimente und Bewunderung ernten, aber eigentlich den begeisterten Aufschrei hören. Doch der kam natürlich nicht.«

»Das muss ja frustrierend gewesen sein.«

»Ja«, ruft Hannah und beugt sich zu mir. »Ulrike, das klingt so bekloppt, wenn ich dir das hier erzähle. Aber ich habe die ganze Behandlung letztlich für diesen ultimativen Aufschrei gemacht!«

Ich nicke. »Damit stehst du nun wirklich nicht allein da, Hannah. Wir alle tun ständig Dinge, die wir nicht für uns tun, sondern um anderen zu gefallen.«

Hannah lacht auf, und es klingt freudlos. Sie erzählt von einem zweiten Effekt nach der Behandlung. »Nach ein paar Wochen hatte ich mich schon an mein neues Aussehen gewöhnt. Es ist mir ehrlich gesagt kaum noch aufgefallen, dass irgendwas glatter war. Stattdessen geschah aber was viel Blöderes. Ich habe vor dem Spiegel gestanden und jede Pore an der Nase und jedes Minifältchen an der Oberlippe untersucht, ob nicht noch etwas verbessert werden könnte. Und hier, mein Schneidezahn oben links steht ja etwas vor. Vielleicht gehe ich zu einer Kiefernorthopädin, die diese unsichtbaren Zahnspangen anbietet.«

Hannah lässt sich in den Sessel zurückfallen und schaut ratlos drein. Und mir wird einmal mehr die Ausweglosigkeit solcher Maßnahmen zur Selbstwertstärkung durch Bestätigung von außen deutlich, während sie erzählt.

Hannahs Schönheitsempfinden blieb sozusagen immer auf demselben Niveau: Andere, neue vermeintliche Schönheitsmakel machten wieder zunichte, was sie etwa durch die Gesichtsstraffung aufgeholt hatte. Und sie bekam das Gefühl, immer so weitermachen zu müssen. Mit immer neuen Korrekturen. Auch die finanzielle Seite spielte bald eine Rolle. Es entstand ein Kreislauf, bei dem auf jede Behandlung und jedes Stimmungshoch ein Absturz in Zweifel folgte und ein anschließendes Kalkulieren, wie viel die nächste Behandlung sie wohl kosten würde. Sie nahm noch den einen oder anderen Auftrag zusätzlich an, um die Behandlungen finanzieren zu können. Irgendwann wurden ihre Tränensäcke das Ziel der nächsten Behandlung. Und so ging es weiter. Das Ganze drohte ihr schließlich über den Kopf zu wachsen.

»Ich will eigentlich nicht mehr. Mir wird das zu viel. Aber wie soll ich jetzt aussteigen? Wenn ich aufhöre, sehe ich in einem halben Jahr fünf Jahre älter aus. Das fällt anderen bestimmt auf«, überlegt sie.

Da sitze ich mit Hannah seit anderthalb Stunden und höre ihr zu, und jetzt ist es still an unserem Tisch. Es gibt gerade nichts zu sagen. Soll ich ihr sagen, dass ich fest davon überzeugt bin, dass uns ein verdrängtes Entwicklungsthema immer wieder begegnet, bis wir es ansehen und auflösen? Dass sie sich diesen Kreislauf möglicherweise hätte ersparen können, wenn sie ihren uralten Wunsch nach Bewunderung und Schön-gefunden-Werden ergründet hätte?

Es ist nicht nötig. Sie erkennt selbst, dass das Vorhaben, ihren Selbstwert durch Bewunderung anderer aufzubessern, gründlich danebengegangen ist.

Bei Hannah sind wir beim Thema »Schönheit und Bewunderung«. Bei Mara und Sabine waren wir beim »souveränen Auftritt«. Bei Achim ging es um »Perfektionismus« als Mittel, um Anerkennung zu erhalten. Letztlich sind das alles Spielarten mangelnden Selbstwerts.

Das Paradox der Selbstwertschwächung durch Selbstwertstärkung

Die Strategie, eine Selbstwertstärkung durch Bestätigung von außen anzustreben, ist naheliegend, aber sie funktioniert nur kurzfristig. Und sie ist aufreibend. Wenn wir immer nur so viel wert wären wie unser Erfolg, müssten wir ständig weiterkämpfen, weil das Selbstwertgefühl morgen schon bröckeln könnte.

Ein Selbstwertgefühl, das von äußeren Erfolgen und damit auch von unbeeinflussbaren Faktoren und Zufällen abhängt, heißt in der psychologischen Fachsprache »kontingent«. Es ist begrenzt. Man fühlt sich wertvoll, weil man etwas darstellt oder etwas erreicht hat: »Ich bin etwas wert, weil ich in so jungen Jahren schon Abteilungsleiterin bin«, »Ich bin wertvoll, weil ich viel Geld habe«, »Ich bin etwas wert, weil ich eine toll aussehende Frau an meiner Seite habe« …
Ein kontingentes Selbstwertgefühl können wir nur schwer kontrollieren und nicht sicher bewahren: Der Mittfünfziger fährt das zurzeit noch aktuelle Modell einer imageträchtigen Automarke und sonnt sich in der Bewunderung seines Nachbarn. Aber im nächsten Monat kommt das neue – wird er dann noch ebenso bewundert werden? Und der hoch geschätzte Manager kann schon morgen die Kündigung auf dem Tisch haben, einfach weil dem neuen Chef seine Nase nicht passt. Die Bewertung von außen hängt davon ab, was

gerade in Mode und bei anderen gut angesehen ist. Und das bestimmen eben nicht wir selbst.

Deshalb sehnen sich viele nach immer neuer Bestätigung, am besten täglich, stündlich. Vom Chef, von den Kunden, vom Smalltalk-Partner. Von den Facebook-Freunden, Twitter-Followern und YouTube-Abonnenten. Gerade im Netz stellt man sich dann strahlender dar, als die Realität ist. Viele entwerfen ein perfektes Idealbild ihrer selbst. Es funktioniert trotzdem nicht. Denn die Idee des Perfektseins fordert, dass Kehrseiten, Durchhänger und Makel nicht vorkommen dürfen. Da aber wie eh und je »Nobody is perfect« gilt, überfordert man sich damit permanent. Irgendwann ist man so erschöpft, dass das Ganze über einem zusammenzubrechen droht: Am Ende ihrer Kräfte, zweifeln viele nur noch umso mehr an sich. Sie sind psychisch und körperlich ausgebrannt. Der Selbstwert ist nun völlig im Keller.

Ebenso wenig wirkt eine andere Strategie der Selbstwertsteigerung: Selbstbekräftigung und positive Selbstgespräche. Rein gedankliche Selbstaffirmationen wie »Ich bin wertvoll und schön« funktionieren nicht, sondern frustrieren auf Dauer. Weil man sich selbst die Affirmationen nicht glauben kann, wenn das Gefühl einem etwas anderes erzählt. Die Bewertung wirkt zudem nur kurzfristig. Lob, Anerkennung, Komplimente, Erfolge und Selbstbekräftigungen sind insbesondere bei Selbstwertschwachen kontraproduktiv, sie fühlen sich danach noch schlechter als zuvor, ja regelrecht als Versager. Bald schon kommt der »Selbstwertkater«: Weil die Bestärkung so extrem vom eigenen negativen Selbstbild abweicht, wird die Kluft zwischen Wunschbild und gefühlter Realität nur noch deutlicher.

Alle neueren Forschungsergebnisse sprechen dafür, dass wir ein geringes Selbstwertgefühl weder durch Willenskraft und

Selbstbestätigung noch über Bestätigungen von außen auf-
bauen können und dass ein starkes Selbstwertgefühl ohnehin
nicht zwangsläufig zu einem besseren Leben führt. Daraus
ergibt sich der Grundsatz »*Less hoping, more coping*« – weniger hoffen, dass man sein Selbstwertgefühl grundlegend wird
verändern können, mehr Sinnvolles anstreben, zum Beispiel
indem man anderen hilft und einen wichtigen Beitrag zum
allgemeinen Wohl leistet.[26]

Mara, Sabine, Achim, Hannah: Sie alle zahlen den Preis dafür,
dass sie den Weg der außenorientierten Selbstwertstärkung
eingeschlagen haben, der in einer Sackgasse enden musste,
weil er nicht an einem inneren Selbstwertgefühl orientiert
war. Viele Höchstleister werden oder sind Workaholics und
Perfektionisten und werden dabei immer müder. Und schließlich – selbstwertschwächer.

Den Blick von außen finde ich dabei besonders bemerkens-
wert. Wenn wir zum Beispiel im Spiegel unser Aussehen über-
kritisch prüfen, weil wir keinen Kontakt zu einem attraktiven
inneren Selbstwertgefühl haben, so degradieren wir uns selbst
damit zum Objekt. Genauso, wenn wir von außen auf unsere
schlechten Umsatzzahlen oder unsere nicht erfüllten Jahres-
ziele blicken. Das heißt in der psychologischen Fachsprache
»Selbstobjektifizierung«. Ich habe mich selbst auch viele Jahre
meines Lebens mit dem Blick der anderen gesehen.

Wie gesagt hatte ich als Kind und als Jugendliche Neurodermitis. Manchmal war es für mich wie ein Spießrutenlaufen,
wenn ich meine Schulkameraden sagen hörte: »Mama, ist das
ansteckend?«, »Ih, was hast du denn da im Gesicht?«, »Ach,
die Arme« – und so weiter. Beim Sport sollte mir Anja Wall
Hilfestellung am Barren leisten. Dafür war es erforderlich, die
kranke Haut meiner nackten Arme anzufassen. Ich habe genau gesehen, wie sie ihren Ekel überwinden musste. Manchmal fühlte ich mich wie eine Aussätzige. Damals war Neurodermitis noch nicht so bekannt wie heute, und viele meinten,
es könne ansteckend sein. Ständig habe ich also geprüft: Was
sehen andere? Empfinden sie mich als abstoßend? Wie kann
ich die kranke Haut verbergen?
Ich habe schon als Kind gelernt, mich mit den Augen anderer
Menschen zu sehen und zu kontrollieren, wie ich auf sie wirke. Das brachte mich von mir selbst weg. Ich habe mich nicht
von innen wahrgenommen. In der Schule übte ich lässige
Gesten, um doch mal von Jungs schön gefunden zu werden.
Ich setzte auf Anerkennung durch Leistung, gewann »Jugend
musiziert«-Wettbewerbe, hatte Bestnoten in der Schule und
studierte Medizin, später Psychologie. Jahrzehnte habe ich
gebraucht, um überhaupt zu verstehen, was ein innenorientiertes Selbstwertgefühl ist.
Heute bin ich ganz woanders, aber das Geschehen bleibt ein
Prozess. Kommt doch mal ein Tief, kann ich die mittlerweile
gewonnenen Erfahrungen nutzen. Denn ich weiß: Ich falle
vor allem dann aus meinem inzwischen von innen gewachse-
nen, stabilen Selbstwertgefühl heraus, wenn ich irgendetwas
tue, was mir nicht entspricht oder was nicht stimmig für mich
ist – dann fungiert es wie ein Sensor für mich.

Es gilt also einmal mehr: Bewusstmachen ist der erste Schritt zur positiven Veränderung. Der zweite Schritt ist dann, sich zu fragen, was man daraus lernen kann. **Wenn ich die Auslöser für einen Selbstwerteinbruch suche, finde und auflöse, bringt mich das weiter** als ein Verhalten, bei dem ich die (vermeintlichen) Defizite verdränge und auf schnelle Selbstwertstärkung setze.

Ich bin wertvoll, weil ich existiere

Ein stabiles, innenorientiertes Selbstwertgefühl kann jenseits von äußeren Erfolgen auf ganz anderen Werten ruhen. Wenn wir in gutem Kontakt mit uns selbst und anderen Menschen stehen, wenn wir hilfsbereit sind, menschlich handeln, anderen vertrauen und uns selbst vertrauensvoll verhalten, wenn wir nachsichtig mit uns selbst sind und uns in unserem eigenen Tempo und an unseren eigenen Themen orientiert weiterentwickeln, schaffen wir viel bessere Voraussetzungen, um uns selbst wertzuschätzen. Dazu müssen wir aber erst einmal innehalten und herausfinden, was uns im Innersten bewegt. Künstler beispielsweise machen genau das.

Prinzipiell tun kreative Künstler, was sie innerlich bewegt. Sie sind im guten Kontakt mit sich selbst und schaffen etwas aus sich heraus. Das ist ihr Antrieb. Wenn sie mit ihrer Arbeit Geld verdienen müssen, dann leiden viele von ihnen darunter, wenn die Außenwelt den Wert ihres Schaffens nicht sieht und in Form von finanziellen Zuwendungen wertschätzt. Das scheint erst einmal ein Nachteil und ein Grund zum Hadern zu sein. Zugleich bietet es aber günstige Bedingungen, um ein stabiles und außenunabhängiges Selbstwertgefühl aufzubauen. Ständig mit mangelnder Wertschätzung von anderen konfrontiert, entwickeln nicht wenig Künstler sich weiter, indem sie immer besser ihren Wert selbst bestimmen. Solch ein Entwicklungsanlass begegnet anderen nicht so offensichtlich, wenn sie bessere Bedingungen haben, um stromlinienförmig im Mainstream mitzuschwimmen. Wir könnten uns also mehr wie Künstler fühlen.

Der amerikanische Psychologe Albert Ellis geht noch weiter: Selbstwert sollte noch nicht einmal an innere Werte geknüpft sein, sondern an gar keine Bedingungen außer einer: die eigene Existenz. Daraus folgt der Satz: *»Ich bin wertvoll, weil ich existiere.«* Solch ein vollkommen innenorientiertes Selbstwertgefühl besteht relativ konstant. Es kann stabiler sein, weil es aus einem guten Kontakt mit sich selbst entsteht. Und dieser gute Kontakt ist eben dann vorhanden, wenn wir auch die schwierigen Zeiten, die quälenden Selbstzweifel, das Infragestellen willkommen heißen oder zumindest ihre Existenz akzeptieren. Auch dies klingt wieder paradox: **Gerade wenn wir aushalten, uns nicht wertvoll zu fühlen, können wir uns wieder wertvoll fühlen.** Der Weg geht mitten durchs Tal, nicht am Rand entlang.

Dabei gilt immer ähnlich das bereits mehrfach angesprochene Prinzip: Wer nur das Positive haben will, bekommt das Negative trotzdem – spätestens, wenn es einen überraschend durch die Hintertür erwischt. Wir können uns deshalb immer wieder neu fragen: Wo verdrängen wir etwas – und zahlen unseren Preis dafür? Und dabei fragen wir uns am besten immer in beide Richtungen: Was ist das Schlechte im Guten? Was ist das Gute im Schlechten? Alles ist eins, und wir finden in jedem das andere.

Das gilt auch im Großen. Denn wir sind in ein Weltgeschehen eingebunden, in dem die gleichen Mechanismen herrschen. Auch dort gibt es zu allem stets die Kehrseite.

Meist beziehe ich hier die Dinge auf unsere einigermaßen friedliche, gut organisierte und sichere Alltagswelt. Da sind wir eben fast ausschließlich mit uns selbst und unserem direkten Umfeld beschäftigt. Doch allein an sich zu denken ist eine Haltung, die ich mehr und mehr überholt finde. Wir können und sollten auch größer denken – »weltdenken« –, und immer mehr Menschen tun das längt. Wenn wir »weltdenken«, gehen wir über den persönlichen Bezugsrahmen hinaus, und das kann uns zur guten Gewohnheit werden.

Angekommen im Weltdenken, sehen wir dann, dass stets jemand einen Preis für eine Verdrängung zahlt, wenn ihn auch nicht immer diejenigen entrichten müssen, die die Verdrängung betrieben haben. Länder, die ungefähr auf Meeresspiegelhöhe leben, zahlen zuerst den Preis für die Leugnung des Klimawandels durch Länder in weit entfernten, sichereren Regionen. Auch häuft sich in bestimmten Ländern immer mehr Müll an, der ganz woanders produziert wurde. Und massiv unterbezahlte Fabrikarbeiterinnen oder Kinder in sogenannten Drittweltländern zahlen außerhalb unseres direkten Sichtfelds den Preis dafür, dass wir nur ein paar Euro für eine Hose zahlen und viele noch daran mitverdienen wollen.

Teil dieser Welt sind auch Gewalt und Terror, die längst unsere vermeintlich heile Welt immer mehr infiltrieren. Während ich dieses Buch schreibe, trifft uns die menschenverachtende Brutalität der Terroristen in Paris und Brüssel mit voller Wucht. Natürlich gibt es für Terrorismus keine Rechtfertigung, wohl aber Ursachen. Und da habe ich den Eindruck, dass wir leicht verdrängen, welche Samen wir selbst durch unsere Politik und unsere Wirtschaft gesät haben und noch säen. Was wird der Preis dafür sein, und wer wird ihn zahlen?

Mein Fazit zu diesem vielleicht etwas düster wirkenden Kapitel: **Nicht die ungeliebten Seiten unserer eigenen Person und die schwierigen Zeiten im Leben sind das Problem, sondern der Kampf gegen sie.** Denn solange wir glücklich sein wollen, indem wir Unglück verdrängen, bleiben wir unglücklich. Solange wir die Kehrseiten unserer Lebensweise verdrängen, zahlen andere und irgendwann auch wir selbst den Preis.

Warum wir dennoch an unseren Verdrängungsstrategien festhalten? Dass wir mit Irrtümern aufwachsen – Irrtümern über das Glück –, könnte da mit hineinspielen.

Für den Alltag

Gute Zeiten, schlechte Zeiten. Gute Seiten, schlechte Seiten. Ich habe dazu ein Spiel für den Alltag, das hilft, beide Seiten der Münze zu sehen oder jedenfalls die Münze ganz selbstverständlich immer hin und her zu wenden.

Spiel des Lebens: Die zwei Pole

Ziel des Spiels: beide Seiten wahrnehmen und annehmen sowie ganzheitlicher denken.

Anzahl Spieler: ab 1.

Spielablauf: Jeder Spieler führt sich zuerst sein Leben beziehungsweise seine eigene Person vor Augen mit der Frage: Welche positiven und negativen Aspekte meines Lebens und meiner Person will ich näher betrachten?

Jeder Spieler zeichnet auf Papier oder im Geiste eine senkrechte Mittellinie auf eine leere Fläche. Auf der einen Seite ist der negative Pol, auf der anderen Seite der positive Pol des Lebens und der eigenen Person.

Nach und nach plaziert jeder Spieler nun die positiven und negativen Aspekte seines Lebens beziehungsweise seiner Person mit einem Punkt und einer Notiz auf seiner Fläche, näher oder entfernter von der Mittellinie, je nachdem, wie ausgeprägt der Aspekt empfunden wird.

»Britta hat sich von mir getrennt, das war extrem schmerzlich für mich«
wäre zum Beispiel weit auf der negativen Seite plaziert.

»Ich bin ein lustiger Typ«
kommt dagegen auf die positive Seite.

Nun wird bei jedem Aspekt eine waagerechte Linie auf die gegenüberliegende Seite gezogen und mit einem zweiten Punkt markiert. Wie nah oder weit entfernt von der Mittellinie, entscheidet jeder Spieler nach Gefühl. Leitfragen sind:

Was ist jeweils die Kehrseite? Was kann dies jeweils Gegensätzliches in meinem Leben bewirken?

Der zweite Pol wird ebenfalls beschriftet.

»Die Trennung von Britta war die Voraussetzung, um Friederike kennenzulernen, mit der sich nun eine sehr schöne Beziehung entwickelt«
könnte ein positiver Gegenpol zu der Trennung von Britta sein.

»Wenn es um ernste Angelegenheiten geht, gehe ich anderen mit meinen Witzen auf die Nerven«
wäre ein negativer Gegenpol zum »lustigen Typ«.

Gewinner: Wem es gelingt, im Alltag immer in beide Richtungen zu denken, hat das Spiel gewonnen. Es kann mehrere Gewinner geben.

Spielende: Das Spiel ist nie zu Ende.

- Wenn wir es uns zur Gewohnheit machen, dieses Spiel im Alltag zu spielen und uns beharrlich zu fragen: »Was ist das Schlechte im Guten?«, und: »Was ist das Gute im Schlechten?«, bewerten wir mit der Zeit immer weniger als »nur negativ« und »nur positiv«. Wir können bei uns, bei anderen sowie im Leben beide Seiten sehen und diese erst einmal so stehen lassen. Wir finden in jedem das andere, und schließlich ist alles Teil des Ganzen, der Einheit von allem.

Diese beiden Pole können wir auch auf die ganze Welt übertragen. Das ist wichtig, denn oftmals sehen wir im Alltag nicht über unseren Tellerrand hinaus, sondern wollen es einfach hier so gut wie möglich haben. Doch andere haben es vielleicht gerade deswegen schlecht. Es ist so leicht, das große Ganze aus dem Blick zu verlieren.

Global denken

Was bewirken mein Denken und Handeln woanders?

Wenn ich ...., bedeutet das für andere: ....

Wenn ich mir ein T-Shirt für 1,50 Euro kaufe, trage ich sicher dazu bei, dass Kinderarbeit und miserable Arbeitsbedingungen im Produktionsland bestehen bleiben. Wenn ich ein Steak aus Übersee esse, trage ich dazu bei, dass Regenwald vernichtet wird. Wenn ich immer reicher werden will, ohne mein Geld mit Hilfsbedürftigen zu teilen, lasse ich Leid bestehen, das verringert werden könnte.

- Wenn wir mitdenken, welchen Preis andere für unseren Gewinn zahlen, üben wir uns darin, nicht nur den eigenen Vorteil zu verfolgen, sondern uns verbundener mit allen Menschen, mit der Welt, mit dem Ganzen zu fühlen.

Im ersten Kapitel habe ich davon erzählt, wie wir uns verlocken lassen und mithalten wollen in einer sich beschleunigenden Welt. Im zweiten, wie wir zu beseitigen trachten, was wir nicht haben wollen. Im dritten, welchen Preis wir dafür bezahlen.

Für das folgende Kapitel frage ich weiter: Warum bloß sind wir so anfällig für Verlockungen und wollen alles vermeintlich Negative so gründlich abtrennen? Warum bloß machen wir da mit?

Da ist noch mehr.

4. Der Irrtum –
Glück in unserer Zeit und Kultur

Einfach »sein eigenes Ding durchziehen«? Schön wär's, wenn das mal so leicht ginge. Diesen Rat höre und lese ich zwar oft. Aber wir sind keine isolierten Wesen. Wir sind geprägt von der Kultur, in der wir leben. Wir sind beeinflusst von unseren Eltern, Geschwistern, Großeltern und Lehrern. Und diese wurden wiederum von ihrem Umfeld geformt. Das hat sich über Jahrhunderte und Jahrtausende entwickelt. Mein Sohn lernt gerade im Geschichtsunterricht etwas über das Mittelalter. Erst im Laufe vieler Jahrhunderte wurde Europa christianisiert. Dass man seinen Nächsten lieben kann, dass jeder einzelne Mensch gleich wertvoll ist, ob arm oder reich – diese vergleichsweise neuen Gedanken haben sich erst nach und nach immer mehr durchgesetzt.

Auch bei uns reicht nicht der einfache Vorsatz, ab heute nur noch das Glas Wasser an sich zu sehen, um tatsächlich wertneutral auf die Dinge zu sehen, die geschehen. Wenn wir in einer Familie aufgewachsen sind, in der es nur halb leere oder nur halb volle Gläser Wasser gab, müssen wir intensiver einsteigen. Erfahrungsgemäß werden wir erst innerlich freier, wenn wir die eigene Lebensgeschichte und die Wurzeln unserer Kultur erkennen, verstehen und transformieren. Also müssen wir genauer hinsehen, was unsere Zeit und Kultur dazu beiträgt, dass wir immer noch denken, jenseits unseres normalen Lebens mit all seinen Höhen und Tiefen würde irgendwo die vollkommene Welt darauf warten, dass wir sie erreichen. Und während ich das ergründe, erkenne ich: Dieser Gedanke ist mindestens schon ein paar Jahrtausende alt.

Schule, elfte Klasse. Frau Schliep hat uns ein gräuliches Recyclingpapier ausgeteilt. Wir sehen darauf gezeichnete Figuren, die in einer Höhle sitzen. Sie sind gefesselt und blicken auf die gegenüberliegende Höhlenwand. Hinter ihnen ist ein großes Feuer, das ihre Schatten an die Höhlenwand wirft. Hinter den Gefesselten sehen wir weiter oben eine zweite Welt, in der Menschen frei herumlaufen. Wir schauen ratlos drein. Jetzt erzählt uns Frau Schliep, dass die Gefangenen nichts anderes sehen können als die Schatten an der Höhlenwand, die sie für die Wahrheit halten. Würde jemand losgebunden und aus der Höhle aufsteigen, würde er die echte Welt erkennen und bald nicht mehr zurückkehren wollen. Frau Schliep sagt: »Stellt euch vor: In dieser Höhle, der sogenannten Sinnenwelt, ist alles vergänglich. Erst dahinter, außerhalb der Höhle, da ist die eigentliche Welt: die Ideenwelt.«

In der Klasse sind ausnahmsweise alle interessiert. Alexander erzählt, dass er manchmal Déjà-vus habe und sich frage, ob sein ganzes Leben eine Kopie sei. Und Anja sagt: »Ich denke sowieso ständig: Das hier kann's ja wohl nicht gewesen sein.« Wir steigern uns hinein in die Idee »Da gibt es noch was Besseres«. Dieses »Höhlengleichnis« ist über zweitausend Jahre alt. Eine der einflussreichsten Persönlichkeiten unserer Geistesgeschichte, Platon, hat es um 400 v. Chr. formuliert, und es zählt zu den bekanntesten Allegorien der Antike.

Im Unterricht war mir zum ersten Mal bewusst die Idee von einer besseren Welt als der unseren begegnet. Auch ich stellte mir als Sechzehnjährige vor, wie es in dieser Ideenwelt aussähe. Ich wäre hübscher, ohne Brille auf der Nase, ohne kranke Haut, dafür mit einem tollen Freund. Ich hätte mindestens zwei Kurzgeschichtenbände veröffentlicht, die Menschen wären freundlicher, und es gäbe überall Hundertwasser-Häuser. Das Phantasieren machte mir Spaß, und die Ideenwelt wurde immer schöner, die echte Welt immer grauer und höhlenartiger.

Dieser griechische Philosoph, der mir als Jugendliche sozusagen eine ideale Welt in den Kopf gesetzt hat, ist nicht der Einzige, der in unseren Gehirnen am Werke ist. Die Idee von der besseren Welt, vom Paradies jenseits unserer profanen, leiddurchsetzten Welt, erzählen uns große Denker unserer Kultur ebenso wie Religionsführer, Heilsverkünder und Gurus heute wie seit Jahrtausenden. Und wir sind immer wieder verlockt, diese Ideen zu glauben. **Wir lieben die schönen Visionen, die uns das bessere Leben versprechen. Sonst müssten wir ja akzeptieren, dass unser unvollkommenes Dasein immer bleiben wird, was es ist: unvollkommen. Wir müssten ankommen im Jetzt und uns zufriedengeben mit dem, was ist.**

Denken Sie jetzt: »Irgendwelche alten Philosophen oder die Religion spielen für mich keine Rolle«? Ja, das mag so sein. Mir schienen diese Bezüge auf den ersten Blick auch etwas weit hergeholt. Aber als ich mich mit ihnen beschäftigte, fand ich immer mehr Ideen aus neuerer Zeit, die alle fast das Gleiche erzählen und die definitiv stark auf uns einwirken. Wir haben zum Beispiel eine Illusion aus dem Land der unbegrenzten Möglichkeiten importiert, die unsere Kultur wesentlich beeinflusst.

Tellerwäscher werden Millionäre?

Ich stelle mir immer einen Mann mit fleckiger Schürze und weißem Käppi vor. Gerade knallt wieder die Flügeltür, und eine Kellnerin wuchtet einen Tellerstapel auf den Tisch. Der Mann versenkt den Stapel im Spülbecken, aus dem Dampf emporsteigt. Seine Haut ist gerötet, und Schweiß läuft an seinen Schläfen hinunter. Schnitt. Ein paar Jahre später: Der ehemalige Tellerwäscher steigt die geschwungene Treppe auf einem roten Teppich hinab, und an seiner Seite schwebt eine Frau mit wallendem Blondhaar. An seinen Fingern prangt Gold, das vor seinem dunklen Anzug glitzert. Sogar in seinen Augen leuchtet ein goldener Schein. Er hat es geschafft. Mit harter Arbeit. Mit einem guten Geist. Im Schweiße seines Angesichts.

Ich bin aufgewachsen mit diesem Bild des Tellerwäschers, der zum Millionär wird, weil er sein Glück selbst schmiedet. Mein Vater hat mir davon erzählt. Das Schema greifen die Menschen auf, die sich selbst und anderen ihre Erfolgsstory erzählen: »Wir waren bettelarm. Später war mein Leben ein Desaster. Doch ich habe mich aus eigener Kraft da rausgearbeitet. Heute bin ich reich, erfolgreich und glücklich.« Die Botschaft lautet: »Ich habe es geschafft, du kannst es schaffen, jeder kann es schaffen. Denke anders, schmiede Pläne, folge deinen Zielen, dann wirst du sie erreichen.«

Die Botschaft stimmt so nicht uneingeschränkt. Weder kann man aus Erfolgsgeschichten von Menschen Verhaltensregeln für andere ableiten. Noch sind die Erfolgreichen dieser Welt ausschließlich aus sich selbst heraus erfolgreich geworden. Margarete Steiff und Mahatma Gandhi, Bill Gates und Angela Merkel waren oder sind neben ihren persönlichen Fähigkeiten auch deshalb so erfolgreich, weil sie zur richtigen Zeit am richtigen Ort waren, weil sie gefördert wurden oder andere glückliche Bedingungen vorfanden.

Damit sind wir nicht mehr bei Platon, nicht mehr in den USA, sondern im eigenen Alltag angekommen. Und da taucht ein großes Problem auf, das durch diese Tellerwäscher-Erfolgsgeschichten »Du schaffst es, wenn du nur willst« entsteht: die zirkuläre Falle.

Manchmal ist es zum Haareraufen: Zu mir kommen immer wieder Menschen – in diesem Fall meist Frauen –, die zerknirscht ihre kleinen Schwächen als großes Scheitern erleben. So wie Katharina, die Seminarteilnehmerin, von der im ersten Kapitel die Rede war. Diese gestandene berufstätige Frau und Mutter, die sich einreden ließ, alle anderen bekämen ihr Leben besser in den Griff als sie. Nachdem sie über Jahre alles Mögliche ausprobiert und immer noch ihre Probleme hatte, fühlte sie sich zunehmend unzulänglich. Dass manche Ansätze zur Selbstoptimierung lediglich eine vom Zeitgeist geprägte Mode oder eine kluge Marketingstrategie sind und dass Katharina mitten in einem Zeitgeist des Selbstoptimierungswahns lebte, konnte sie nicht erkennen.

Ihr Gedankengang klang so: »Wenn ich nur richtig an mir arbeiten würde, könnte ich meine ›Aufschieberitis‹ überwinden.« Und genau das versprechen ja die unzähligen Selbstoptimierungsansätze: »Wenn du dies und jenes tust, kommst du irgendwann im Dauerglück an.« Verschiedenste medizinische, therapeutische, soziale und andere professionelle Angebote versprechen uns Hochleistung, Gelassenheit, Erfolg, Selbstbewusstsein, Angstfreiheit. Sie versprechen das, selbst wenn es wissenschaftlichen Erkenntnissen und der Lebenserfahrung widerspricht. So lassen sich tiefsitzende Ängste nicht durch einen Tag im Klettergarten oder einen Gang durchs Feuer auflösen. Und auch das Selbstwertgefühl lässt sich durch ein zweitägiges Motivationsseminar höchstens kurzfristig, aber nicht nachhaltig verbessern. Doch die Angebote suggerieren: Wer weiterhin unglücklich ist, hat eben nicht genug oder nicht richtig an sich gearbeitet. Das System ist in sich geschlossen.

So entsteht eine zirkuläre Falle, wie es der Augsburger Professor für Psychologie Oswald Neuberger nennt. Wer in der zirkulären Falle sitzt, fühlt sich allein schuldig, wenn er sein Leben trotz Selbstoptimierungsbemühungen nicht auf die Reihe bekommt. Die Optimierungsmethode selbst erhebt einen Unfehlbarkeitsanspruch.

Und diese Schuldzuweisung belastet und treibt an, wenn auch oft nur sehr subtil. Die Moderne schaffe lauter »schuldige Subjekte«,[27] schreibt der bereits erwähnte Hartmut Rosa. Das Leben im Allgemeinen mit seinem unerschöpflichen Vorrat an Leid und Ungerechtigkeit sowie das Wirtschafts- und Gesellschaftssystem geraten dabei gar nicht erst ins Sichtfeld.

Das mag nun ziemlich pessimistisch klingen, aber nur auf den ersten Blick. Auf den zweiten Blick helfen uns gerade diese Erkenntnisse, aus der zirkulären Falle auszusteigen. Zum Beispiel Folgendes: Viele Selbstoptimierungsansätze, die jeweils mit Nachdruck und über Jahrzehnte propagiert wurden, sind irgendwann widerlegt worden. Nach der ersten Euphorie folgte die Ernüchterung, weil man im Selbstversuch oder in wissenschaftlichen Studien festgestellt hat, dass es doch nicht so gut funktioniert wie erhofft. Manche Ansätze stellen sich dann endgültig als wirkungslos heraus und geraten schließlich in Vergessenheit. Eines der populärsten Beispiele dafür ist der Ansatz des positiven Denkens.

Positives Denken ist der Inbegriff für psychische Selbstoptimierung durch Verhinderung der sogenannten negativen Gedanken. Generationen von Optimierungswilligen haben versucht, sich durch Denkformeln wie »Ich bin zufrieden und glücklich« oder »Mir gelingt alles« ihre Selbstzweifel auszureden oder sich mit »Ich bin reich«-Formeln wohlhabend zu denken. Alles sei für jeden erreichbar, solange man nur positiv genug denke, vermittelt der Ansatz. Hier heißt die zirkuläre

Falle: »Wenn du deine Ziele nicht erreichst, hast du eben nicht positiv genug gedacht.«

Und wenn die Realität und eine der bekanntesten Formeln für positives Denken – »Es geht mir von Tag zu Tag immer besser« – offensichtlich nicht zusammenpassen? Dann kann es sogar gefährlich werden. Etwa wenn sich jemand seine Intuition ausredet, dass mit seiner Lunge etwas nicht in Ordnung sein könnte, und deshalb nicht zum Arzt geht. Oder es wird zynisch, wenn zu einer schwer krebskranken Frau gesagt wird, eine negative Denkweise gefährde die Heilung. Inzwischen widerlegen viele großangelegte wissenschaftliche Studien und Metastudien die angepriesene Wirkung des positiven Denkens.[28] **Das positive Denken basierte immer nur auf dem Irrtum, um den es in diesem Kapitel geht: den Wünschen der Menschen, alles solle gut sein.**

Auch Meditation ist nicht der Garant fürs Glück

Sogar beim Thema »Meditation« gibt es Parallelen, und ich bin mir bewusst, dass ich mich damit mitten im Meditationshype unserer Zeit in so ziemlich alle Nesseln setze, die ich mir vorstellen kann. Wenngleich Psychologen und Meditationsbegeisterte seit vierzig Jahren die Meditation einseitig als positiv für jeden Menschen anpreisen, hat das Meditieren in der Realität auch negative Auswirkungen. Je nach Persönlichkeit und Situation kann es zu gravierenden Problemen wie Ängsten, starker innerer Unruhe, Schlaflosigkeit, depressiven Gedanken oder Suizidalität führen oder eine Psychose auslösen.[29] Kurz gesagt: **Meditation ist nicht für jeden geeignet.** Doch die Idee, Meditation könne die Lösung für alle Probleme sein, scheint fast unumstößlich zu gelten. So unumstößlich, dass bisher kaum ein Wissenschaftler die »Nebenwirkungen« erforscht hat. Erst jetzt läuft eine großangelegte Studie an der amerikanischen Brown University. Die Haltung »Meditation ist gut« wirkt sogar so stark, dass wir sie glauben, selbst wenn unser Körper uns etwas anderes erzählt.

Es gibt da nämlich eine interessante Studie zu den potenziellen Nebenwirkungen der Meditation: Den Versuchsteilnehmern wurde vor und nach dem Meditieren eine Speichelprobe entnommen. Die Werte des Hormons Cortisol waren nach dem Meditieren erhöht. Das allein ist schon überraschend, denn Cortisol wird vom Körper vermehrt freigesetzt, wenn wir unter Stress stehen. Doch die zweite Erkenntnis finde ich noch interessanter: Obwohl die Cortisolwerte etwas anderes erzählten, berichteten die Teilnehmenden nach dem Meditieren, sie seien deutlich entspannt. Wirkt die Idee »Meditation ist immer und für jeden gut« so stark, dass wir uns gar nicht erlauben, etwas anderes zu empfinden? Sorgen genau solche Mechanismen dafür, dass wir uns selbst aus dem Auge verlieren?

Hauptsache, ein Ziel – egal welches

Ziele sind in Mode. Fast jeder erzählt uns heute, dass wir unsere Ziele kennen und definieren müssen. Und mehr noch: Ziele werden in Teilziele zerlegt: »Formulieren Sie Ihre Ziele SMART: *s*pezifisch, *m*essbar, *a*kzeptiert, *r*ealistisch und *ter*miniert; außerdem positiv, detailliert und im Präsens.« Wir sollen unsere Ziele als Wünsche visualisieren: »Finden Sie innere Bilder für Ihre Wünsche, dann werden sie wahr.« Und es stimmt ja: All das hilft, sich zu fokussieren und dem eigenen roten Faden zu folgen. Dennoch: Wir überschätzen die Bedeutung von Zielen, übersehen den Schaden, den sie anrichten können, und geben ihnen mehr Raum, als uns guttut.

Aber was ist denn gegen smarte Ziele einzuwenden? Zwei Dinge. Zum einen sind Ziele immer im Jetzt erdacht. **Doch wer weiß, was die Zukunft bringt? Warum sollten unsere Ziele von heute zu den Herausforderungen von morgen passen?** Möglicherweise brauchten wir etwas ganz anderes als das unbeirrte Zusteuern auf das Ziel von gestern.

Und damit bin ich auch schon beim zweiten Einwand gegen feste Ziele. Wenn wir feste Ziele verfolgen, vernachlässigen wir umso leichter den Gegenspieler zum Durchhalten: das Aufgeben. Die psychologische Forschung zeigt eindeutig: Für entwicklungsfördernde Prozesse sollten wir Ziele, die sich als falsch herausstellen, auch wieder fallenlassen können.[30] Zielfixierte Menschen neigen jedoch dazu, nur noch selektiv diejenigen Informationen wahrzunehmen, die sie bei der Zielerreichung unterstützen. Entmutigende Fakten blenden sie aus. Das bedeutet: Zielfixierung und Durchhalten können sinnvoll sein, wenn aber längst alles gegen das Ziel spricht, hindert beides uns daran, dass wir uns flexibel umstellen.

Dabei spielt ein interessantes psychologisches Phänomen eine Rolle, der sogenannte »Sunk Cost Effect«: Wenn man bereits viel investiert hat – Geld, Mühen, Zeit –, hält man an einem längst ungünstig verlaufenden Projekt eher fest.[31] Hinzu kommt noch, dass gerade in Deutschland das Aufgeben als Misserfolg gilt. Doch warum wollen überhaupt so viele Menschen unbedingt irgendein Ziel haben?

Wer ein festes Ziel hat, muss weniger zweifeln. Zweifel bewirken Unsicherheit, und um Unsicherheit, Widersprüche und Unklarheiten auszuhalten, braucht man eine Fähigkeit, die in der Psychologie »Ambiguitätstoleranz« heißt. Das Wort lässt sich ungefähr mit »Ungewissheitstoleranz« übersetzen. **Wenn wir ambiguitätstolerant sind, leben wir mit den Widersprüchen des Lebens, ohne auf Biegen und Brechen eine Klarheit zu erzeugen, die das Leben eigentlich nicht hergibt.** Wenn etwa jemand eine neue Stelle antritt und noch nicht weiß, ob dieser Job wirklich der richtige für ihn ist, dann befindet er sich im Vorteil, sofern er die Unsicherheit ambiguitätstolerant auszuhalten vermag. Er kann dann in Ruhe alle Informationen und Erfahrungen sammeln, um eine besonnene Entscheidung zu treffen, statt sich von vornherein festzulegen. Das ist viel sinnvoller, als so schnell wie möglich wieder Sicherheit herzustellen und sich dafür möglicherweise mit falschen Antworten zufriedenzugeben. Ambiguitätstolerant zu sein ist nicht unbedingt leicht, denn Unsicherheit macht vielen Menschen Angst. Dabei wäre es so wichtig, sie besser und länger ertragen zu können.

Am ehesten funktioniert die Zielerreichung nämlich nachgewiesenermaßen mit Hilfe des evolutionären Prinzips von Versuch und Irrtum *(trial and error)*. Etwas auszuprobieren ist zwar weniger populär, als zielstrebig auf etwas zuzusteuern, aber dennoch die erfolgreichste Strategie, um voranzukommen: Neues versuchen, in kleinen Schritten vorangehen, die eigene Fehlbarkeit im Auge behalten, auf Irrtümer reagieren, irreversible Entscheidungen vermeiden, die Kosten einer falschen Wahl überschaubar halten und aus Fehlern lernen.[32] Doch selbst mit der besten *Trial and error*-Strategie wird niemand unter Garantie seine Ziele erreichen. Denn die Zukunft ist ungewiss und wird es immer bleiben. Niemand kann sie vorhersagen und seine Ziele sicher planen. Eine berühmte Studie belegt dies einmal mehr und besonders eindrücklich. Der amerikanische Psychologe Philip Tetlock hatte 1984 knapp 300 ausgewiesene Experten aus Wissenschaft, Wirtschaft und Politik zu ihrer Einschätzung befragt, wie sich verschiedene politische und wirtschaftliche Szenarien entwickeln würden. Zwei Jahrzehnte später verglich er die Vorhersagen mit der Realität. Sein Fazit: **Experten können über künftige Entwicklungen nichts Genaueres oder Richtigeres sagen als Laien.**[33] Das ist eine fundamentale Erkenntnis, die allerdings weitgehend standhaft ignoriert wird. Wir wollen wohl weiterhin glauben, dass wir mit Hilfe von Vorwissen Vorhersagen über die Zukunft treffen können. Zum Beispiel, wenn es um Erfolgsregeln geht.

Wir leiten besonders gern Erfolgsregeln für die Zukunft aus den Biographien erfolgreicher Menschen ab. Wir lesen über Sheryl Sandberg oder Steve Jobs und hoffen, darin Muster zu finden, die wir auf unser Leben übertragen können. Doch wie schon angedeutet basiert auch das auf verschiedenen Denkfehlern, die zu dem Irrtum gehören, Erfolg sei planbar.

Erfolg lässt sich nicht nachahmen

Wie ist es bloß »Harry Potter«-Erfinderin Joanne K. Rowling gelungen, diesen phänomenalen Bucherfolg zu erreichen? Was hat Nelson Mandela gemacht, um der erste schwarze Präsident Südafrikas zu werden? Wie hat Microsoft-Inhaber Bill Gates es angestellt, um zeitweise zum reichsten Menschen der Welt zu werden? Nun, selbst wenn wir alles genauso machen würden und ebenso intelligent, genial, weltgewandt und gewitzt wären: All diese Erfolgsgeheimnisse funktionieren bei anderen Menschen nur bedingt. Ursachen für herausragende Erfolge lassen sich im Nachhinein einfach erklären, voraussagen konnte man sie nicht. Dennoch denken wir so. Verschiedene Fehler verzerren dabei unser Denken.

Der erste Denkfehler: Wir verallgemeinern ausgehend vom Einzelfall. Das beschreibt zum Beispiel der Wissenschaftler und Finanzmathematiker Nassim Nicholas Taleb in seinem Buch *Der Schwarze Schwan: Die Macht höchst unwahrscheinlicher Ereignisse*:[34] Um Erfolgsregeln aus dem Rückblick abzuleiten, fehlt bei solchen Geschichten meist das Entscheidende – der Vergleich mit anderen Fällen. Genau diesen Vergleich brauchte man jedoch, um zu verallgemeinerbaren Aussagen zu gelangen. Ein Einzelfall ist immer nur *ein* Beispiel. Untersucht man die Biographien Erfolgreicher nach wissenschaftlichen Kriterien, stellt man fest, dass Erfolgsfaktoren wie Talent, Disziplin und Durchhaltevermögen nicht nur bei den Erfolgreichen, sondern ebenso bei vielen mäßig Erfolgreichen bestehen. Die herausragend Erfolgreichen haben keineswegs mehr oder eine bessere Kombination dieser guten Eigenschaften. Wenn Gurus Ihnen den ultimativen Weg erzählen, wie Sie garantiert genauso erfolgreich werden können wie die Gurus selbst, und zwar auf demselben Weg wie diese: Glauben Sie ihnen einfach nicht.

Ein zweiter Denkfehler: Wir meinen, wir allein wären für unseren Erfolg verantwortlich – vom Tellerwäscher zum Millionär, darüber habe ich ja schon geschrieben. In einem reichen Land, in dem fast jeder Zugang zu Bildung und Förderung erhält und in dem seit siebzig Jahren Frieden herrscht, können wir die Vorstellung entwickeln, der Einzelne würde über seine Zukunft selbst bestimmen. Doch neben allen persönlichen Leistungen und Begabungen spielen zwei weitere banal anmutende Faktoren eine entscheidende Rolle: Glück und Pech.

Glück und Pech wiegen mehr als die eigene Leistung

Ausschlaggebend für den Erfolg der Erfolgreichen sind auch glückliche Umstände: günstige Herkunft, optimale Förderung, vorteilhafte Kontakte und beste zeitliche und örtliche Bedingungen. Malcolm Gladwell etwa beschreibt in seinem Buch *Überflieger. Warum manche Menschen erfolgreich sind – und andere nicht,* wie männliche Babys, die um das Jahr 1955 in den USA geboren wurden, später beste Chancen hatten, supererfolgreich im IT-Geschäft zu werden. [35] Sie fanden im richtigen Land als computerbegeisterte Jugendliche in den siebziger Jahren optimale Bedingungen für den Eintritt ins Zeitalter des Personalcomputers vor: Steve Jobs, Bill Gates, Steve Ballmer (ehemaliger Microsoft-CEO), Eric Schmidt (Executive Chairman und ehemaliger CEO von Google) – sie alle waren besonders intelligent, begabt und lernfreudig, aber eben auch zur richtigen Zeit im richtigen Land am richtigen Ort.

Mein ehemaliger Klient Frank ist Manager in einem großen mittelständischen Unternehmen, und ich begleitete ihn durch eine krisenhafte Entwicklung bei seiner Arbeit. Er ist ein Überfliegertyp: sozial kompetent, klug, zielstrebig, sympathisch, führungsstark, loyal. Im Unternehmen war er hoch angesehen und wechselte in immer verantwortungsvollere Positionen. Es gab zwar einen Konkurrenten, Michèl, aber der war weniger begabt, kommunikativ und fokussiert als

Frank. Dann ging Franks CEO nach China, und ein neuer kam. Der kannte und mochte Franks Konkurrenten aus der Schulzeit, förderte ihn, wo er nur konnte, und so rauschte Michèl an Frank vorbei auf der Karriereleiter nach oben. Heute ist er dort angekommen, wo Frank immer hinwollte. Glück für Michèl. Pech für Frank.

Und der dritte Denkfehler? Das ist die »narrative Verzerrung«: Wir lieben schlüssige Erfolgsgeschichten so sehr, dass wir sie im Rückblick erzählen, als ob Ereignisse plausibel zusammenhingen und den Erfolg bedingten. Wir kreieren nachträglich Kausalzusammenhänge, wo gar keine waren. Aus der Biographieforschung ist bekannt, wie konsequent wir beim rückblickenden Erzählen die Einflüsse von Glück und Pech übersehen und nachträglich einen Sinn konstruieren. Wir alle tun das ständig, wenn wir auf unser Leben zurückblicken.

Das Bedürfnis, die Zukunft selbst in der Hand zu haben

Warum viele an diesen Denkfehlern festhalten? Die Antwort ist schlicht, aber nicht so banal, wie sie auf den ersten Blick scheint: Wir wollen lieber glauben, dass wir die einzigen Akteure im Spiel unseres Daseins sind und dass Glück oder Pech keine Rolle spielen, denn dann meinen wir, wir hätten die Kontrolle über unser Leben. Das fühlt sich besser, sicherer, verlässlicher an. Wir wollen glauben, dass wir unsere Ziele allein aus uns selbst heraus erreichen können. Wir wollen glauben, dass wir uns mit Medikamenten und Trainingsprogrammen, Therapien und Methoden mit nahezu vollkommener Sicherheit psychisch optimieren und vor den seelischen Abgründen bewahren können. Dies zu glauben bewahrt uns vor der bodenlosen Angst, das Schicksal könne stärker sein als unsere Pläne, sie gar durchkreuzen, und wir wären ihm mitunter gar ausgeliefert.

Ist der Gedanke nicht beruhigend, gesunde Ernährung und dreimal pro Woche Walking würden uns vor einer Krebserkrankung bewahren? Schläft der Chef nicht ruhiger, wenn er meint, die aus den bisherigen Erfahrungen abgeleitete Geschäftsstrategie würde seine Firma sicher zum Erfolg führen? Kann die Wissenschaftlerin nicht mit der nächsten befristeten Stelle sicher rechnen, wenn sie sich nie über die unbezahlten Überstunden beschwert und ihrem Vorgesetzten immer brav zuarbeitet? Sich so einzustellen ist nur zu verständlich. Doch noch einmal: **Die Realität sieht anders aus.** Wir können unser Leben gestalten, und zugleich gibt es das Schicksal, das uns bei allem Möglichen einen Strich durch unsere Rechnung machen kann – oder uns ein viel größeres Glück schenken kann, als wir uns jemals hätten ausmalen können.

Und damit kommen wir wieder auf das Thema »Glück« zurück, das Ausgangspunkt dieses Kapitels war.

Glück – Ein Konstrukt, das uns nicht weit bringt

Wilhelm Schmid ist einer der einflussreichsten zeitgenössischen Philosophen. Er kritisiert in seinem Buch *Unglücklich sein: Eine Ermutigung*[36] den Anspruch, ständig glücklich sein zu müssen. Für ihn ist ein Leben schon dann zufriedenstellend, wenn man es halbwegs gut bewältigt und damit weit entfernt von einem Leben im Dauerglück ist. Die Bedeutung von Glück für unser Leben ist im Lauf der Zeit höchst veränderlich. Ganz anders als noch Mitte der neunziger Jahre hat das Thema und mit ihm die Sehnsucht nach dem Glück seit Anfang des Jahrtausends Hochkonjunktur. Ich denke, zurzeit könnte ein Wendepunkt eintreten. So mehren sich die Stimmen – zum Beispiel in Sachbüchern als Spiegel des Zeitgeistes –, die gegen den Zwang zum Glück sprechen, die dafür plädieren, Glück und Perfektion dort zu lassen, wo sie hingehören: in die Sternstunden des Lebens, nicht aber in den Alltag mit seinen Bergen und Tälern. Glück ist kein objektiv gegebener Zustand, es ist ein Konstrukt, das vor allem in unserer Zeit und Kultur wieder »angesagt« ist. Wir sollten uns nicht dazu verleiten lassen, ausschließlich dem Glück nachzustreben. Es gibt Wichtigeres.

Die wirkliche Welt ist manchmal schöner, manchmal tragischer. Widersprüchlicher, oft schmerzvoller. Und wir selbst darin: verletzlich und stark, unperfekt und großartig. Vergänglich.

Die Einheit: Das Leben und wir selbst tragen alles in uns

Das Denken in einer Einheit, die all dies mit einschließt, ist eine Herausforderung. Worte reichen nicht aus, um sie angemessen zu beschreiben. Sie lässt sich eher erfahren, fühlen, umfassend wahrnehmen. Dennoch können wir sagen: **Wir haben und wir sind immer beides. Wir haben Glück, und wir haben Unglück. Wir lieben und wir leiden. Wir sind gut und böse, groß und klein. Mal steht das eine, mal das andere mehr im Vordergrund. Doch das jeweils Gegenteilige ist trotzdem immer da.** Wie gesagt: Das Gute ist im Schlechten, und das Böse ist im Guten. Beides gehört zusammen. Wenn wir das wirklich in der Tiefe erkennen, können wir zu einer Einheit finden, die jenseits von vermeintlichen Sicherheiten, Trennungsversuchen und Ordnungen immer präsent ist.

In dieser Einheit zu denken ist auch deshalb so schwierig, weil wir westlichen Menschen in einer Welt leben, in der Positives und Negatives besonders streng getrennt wird. Wir wachsen sozusagen nach dem »Star Wars«-Prinzip auf: Wir wollen natürlich immer auf der guten Seite stehen. Die dunkle, die sollen andere darstellen. Wir lernen, zu diskutieren, unsere Meinung zu verteidigen, für das eine und gegen das andere zu argumentieren. Für oder gegen Tierversuche? Für oder gegen Sterbehilfe?

Wir können weiterkommen, wenn wir aus diesem Muster aussteigen und anerkennen, dass die eine Seite ohne die andere immer nur die halbe Wahrheit ist. Es hängt von unseren Wertvorstellungen, aber auch von allen möglichen weiteren Bedingungen ab, auf welche Seite wir uns stellen können. Und im besten Fall sind wir uns nach einer getroffenen Entscheidung bewusst, dass auch eine andere Wahl unter anderen Umständen richtig gewesen wäre. Die ethischen Fragen von Gut und Böse, Richtig und Falsch helfen uns, diese Einheit zu erkennen: Tierversuche dienen dem medizinischen Fortschritt und können dem Menschen Qualen erleichtern, was gut ist; dadurch werden aber Tiere gequält, was böse ist. Bei einem Krieg sterben unschuldige Menschen, was böse ist; dadurch kann man aber möglicherweise Schlimmeres in viel größerem Ausmaß verhindern, wie es wohl beim Krieg gegen Nazideutschland der Fall war. Sterbehilfe kann Mord und Gnade sein. Und der Frankfurter Ex-Vizechef des Polizeipräsidiums Wolfgang Daschner hat sich nach juristischen Regeln falsch verhalten, als er dem Entführer des elfjährigen Jakob von Metzler Folter androhen ließ; aber er hoffte, damit – wenn auch tragischerweise vergeblich – den Jungen noch vor dem Tod zu retten. Was ist richtig, was ist falsch? Es gibt oft keine eindeutigen Antworten.

Zusammenfassend lässt sich sagen, dass das Streben nach dem Positiven ein Hype unserer Zeit und Kultur ist. Diese »Erfindung« prägt uns allerdings seit Jahrtausenden. Wir sollten uns von dieser Illusion lösen. Denn nur ohne den Anspruch auf das große Glück können wir uns weiterentwickeln. Innerhalb dieses Anspruchs haben wir weitgehend alle Möglichkeiten ausgereizt: Ein bisschen mehr Selbstoptimierung, Schönheitskorrektur, Effizienz und Perfektion mögen wohl immer noch drin sein. Dann ist aber irgendwann Schluss. Der Weg muss jenseits dieses Konzepts weitergehen.

Und auf diesem Weg lernen wir, uns wieder besser auch in den dunklen Zuständen der Seele und des Lebens zu orientieren, um unsere Angst vor ihnen zu verlieren. Erst die Bereitschaft, sich neben der eigenen Größe auch den Kehrseiten der eigenen Person, den leidvollen Zeiten und der Uneindeutigkeit des Lebens zu stellen, macht uns innerlich freier und führt in ein voll und ganz gelebtes Leben. Erst aus dem vollständig gelebten Leben erwächst eine Tiefe und Erfüllung, die uns fehlt, wenn wir nur auf der hellen Seite sein wollen. Und erst wenn wir vor nichts mehr wegrennen müssen, können wir innerlich frei und erfüllt leben.

Für den Alltag

Der Irrtum, wir könnten irgendwann ganz sicher in einem selbstgeschaffenen Leben voller Glück und Erfolg ankommen, prägt uns seit Generationen. Die folgenden Fragen helfen dabei, sich so mit der Welt auseinanderzusetzen, wie sie ist, und nicht länger irrtümlich zu glauben, es läge alles allein in unserer Macht.

Allmacht relativieren

Welche meiner Ziele sind so eingetreten wie gewünscht?

....

Ich habe endlich einen Bestseller geschrieben!
Innerhalb von fünf Jahren ist meine Methode, die ich entwickelt habe, international bekannt und gefragt geworden.

Welche günstigen Bedingungen haben dabei eine Rolle gespielt?

....

Der Zeitgeist war entsprechend, und das hat dafür gesorgt, dass das Buch auf großes Interesse stieß; zwei Jahre vorher hätte das nicht geklappt. Ohne die Möglichkeiten des Internets hätte ich zwanzig Jahre gebraucht, um meine Methode bekannt zu machen.

Welche meiner Ziele sind nicht eingetreten?

....

Mein Auftritt wurde so peinlich! Ich wollte damit den großen· Durchbruch als Sängerin schaffen, aber ich hatte »einen Frosch im Hals« und musste mehrmals unterbrechen. Das Orchester fand den Einsatz erst nicht wieder. Das Publikum reagierte unnachsichtig, die Kritiken waren vernichtend.
Es interessieren sich nicht genug Firmen für mein Produkt trotz unserer Marktanalyse nach allen Regeln der Kunst.

Welche ungünstigen Bedingungen haben eine Rolle gespielt?

....

Beginnende Erkältung, unsicheres Orchester, strenges Publikum. Gleichzeitig mit mir ist ein viel größerer Konkurrent gestartet, der genau auf die gleiche Geschäftsidee gekommen ist und mir große Marktanteile genommen hat. Pech, das konnten wir nicht absehen.

- Wenn wir erkennen, dass wir nicht allein unseres Glückes Schmied sind, werden wir erwachsener, anstatt in kindlichen Allmachtsphantasien zu verharren. Wir verurteilen uns auch weniger für Misserfolge und können unrealistische oder unrealistisch gewordene Ziele leichter loslassen, wenn sie sich als unpassend herausstellen.

Das folgende Glücksspiel hilft dabei, innerlich frei davon zu werden, das eigene Glück an günstige Bedingungen zu knüpfen, die entweder noch nicht erfüllt sind oder morgen schon wieder obsolet sein können.

Glücksspiel: Bedingungslos sein

Ziel des Spiels: unser Glück nicht mehr an Bedingungen knüpfen.

Anzahl Spieler: ab 1.

Spielvorbereitung: Jeder Spieler überlegt, was er oder sie alles braucht, um glücklich zu sein – äußere Bedingungen, innere Zustände, Menschen, Tiere, Gegenstände, Orte und so weiter:

....

Mein eigenes Zimmer. Meine Familie. Meine Partnerin. Meine geliebte Katze. Gesund sein. Schönheit, Fitness. Meinen schnellen, störungsfrei funktionierenden Computer, mein Smartphone. Dreimal pro Woche Jogging. Natur, Urlaube. Musikhören.

Diese Bedingungen für Glück können auf Karten geschrieben oder im Geiste gesammelt werden.

Jeder Spieler schreibt oder denkt sich eine weitere Karte, mit »Ich« beschriftet, und legt diese zuerst auf dem Boden oder in der Vorstellung aus. Dann legt er auch die anderen Karten dorthin, wo sie im Verhältnis zur »Ich«-Karte intuitiv hingehören.

Spielablauf: Jeder Spieler stellt sich auf seine »Ich«-Karte und untersucht von dort aus:

»Welche der Bedingungen für mein Glück ist für mich die wichtigste?«

....

Schönheit.

Bei dieser Karte beginnen:

Was wäre, wenn genau dies nicht mehr vorhanden wäre?

....

Wenn ich nicht mehr schön wäre, würde ich mich alt fühlen, niemand würde mich mehr interessiert ansehen, ich wäre nicht mehr attraktiv für einen potenziellen Partner. Es wäre schrecklich und traurig, mit einem Gefühl, als ob mein Leben nun zu Ende gehen würde.

Wie könnte ich mich anders ein- und neu ausrichten?

....

Ich würde das Klischee des Schönseins irgendwann abschreiben und mich damit trösten, dass andere auch älter werden. Ich würde wohl beginnen, auch bei älteren Menschen mit Falten und so weiter eine neue Art von Schönheit zu entdecken.

Wäre ich wirklich weniger glücklich? Oder welche neuen Perspektiven würden sich ergeben?

....

Letztlich ginge es auch ohne das Streben nach äußerlicher »Schönheit«. Es würde wohl sogar eine gewisse Freiheit bedeuten: Ich müsste nicht mehr so viel wie jetzt vorm Spiegel kleben und jede Veränderung misstrauisch beäugen. Ich würde mindestens anderthalb Stunden »Aufbrezeln« am Tag sparen. Ja, ich hätte viel mehr Zeit!

Wie kann ich diese Bedingung für mein Glück jetzt schon loslassen?

....

Weniger in den Spiegel schauen. Auch bei anderen weniger auf deren Aussehen achten. Mehr Zeit und Energie für anderes investieren.

Bei Bedarf kann der Ablauf mit den weiteren Karten wiederholt werden.

Spielende: Das Spiel ist zu Ende, wenn die Spieler ihr Glück irgendwann nicht mehr an äußere oder innere Bedingungen knüpfen ...

Teil II

Frei

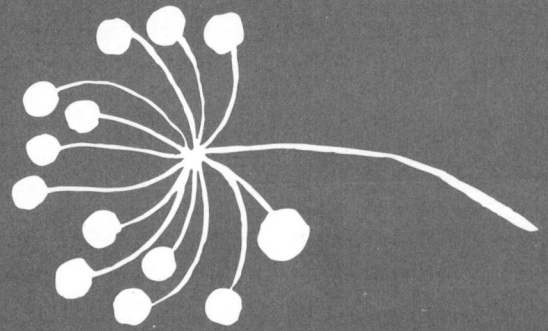

»Ja, spinnt die denn?«

»Sieht der bescheuert aus!«

Wir sind schnell dabei, uns über andere und anderes aufzuregen. Es ginge auch anders.

Im nächsten Kapitel geht es um eine erste Voraussetzung für innere Freiheit: das Innehalten oder den »Einhalt«.

Das Innehalten lässt uns als Einzelne und als Gesellschaft reifen.

Und das brauchen wir dringend.

5. Der Einhalt –
Bei uns selbst ankommen

Plateauschuhe. Miniröckchen. Gleichmäßige Solariumbräune. Auf dem Foto sieht man an einer Stelle weiße Strahlen, wo ein Ohrstecker das Blitzlicht reflektiert hat. Die beiden halten die Köpfe nebeneinander und strahlen in die Kamera. Ich will weiterscrollen, aber jetzt springen mir die riesigen Lippen ins Auge. Wow! Ich sehe zum ersten Mal Schlauchbootlippen in Extremform. Aber da ist noch mehr: fast gleich geschnittene Katzenaugen. Gleiche Nasen. Die beiden sehen aus wie geklont. Ein Gruseln überkommt mich.

Ich überfliege ein paar Kommentare unter dem Foto: »Wie tief muss man gesunken sein?«, schreibt eine Facebook-Nutzerin. »Das soll ›Schönheits‹chirurgie sein?«, fragt eine. »… wohl eher ›Hässlichkeits‹chirurgie«, antwortet eine andere. »Wie kann man nur?«, schreibt die Nächste. So geht es weiter: »fies«, »eklig« … Für alle Kommentare gibt es viele, viele Likes. Ein Mann ist auch dabei: »Da war wohl Photoshop am Werk.« Ich stutze kurz. Kaum Likes für ihn. Doch schon kommt der nächste Kommentar: »Abschreckend.« Es gibt Hunderte Kommentare.

Der Ereiferungsreflex schadet uns selbst am meisten

Stunden später geistern mir das Foto und die Kommentare weiter im Kopf herum. Vor allem die hämischen, die sich so blitzartig vermehrt hatten. Sie kleben an mir. »Was ist los?«, frage ich mich. Vorhin hatte ich noch mitgemischt dabei, lässig schnell mal was in die Tasten zu tippen. Jetzt irritiert es mich. Ja, die Lippen sahen fies aus, aber der Mann mit dem Photoshop-Kommentar könnte richtigliegen: Vielleicht war das Foto für die optimale Schockwirkung digital nachbearbeitet worden. Und mir fällt ein, wie unglücklich und verloren die Frauen auf dem Foto aussahen. Plötzlich finde ich die Häme für die beiden, die sich aus welchem Grund auch immer künstlich formen lassen, überhaupt nicht mehr unterhaltsam.

Hätten Sie das Foto auch kommentiert? Zumindest in Gedanken? Was hätten Sie geschrieben, gesagt? Ich denke darüber nach, warum ich nicht nach dem ersten Blick auf das Foto weggeklickt habe. Die Schönheits-OPs wildfremder Partygängerinnen interessieren mich doch eigentlich gar nicht. Ich und Hunderte anderer Frauen haben nicht weggeklickt. Warum nicht? Weil das Foto so angelegt war, dass man mit dem Blick daran hängenbleiben musste. Unnatürlich große Lippen wirken eben schockierend. Und fast jeder will wissen, was es damit auf sich hat. Und mit dem Kommentieren ging es erst so richtig los. **Ab diesem Moment war eine Serie von Reflexen initiiert, die ständig ausgelöst werden, wenn massenhaft Menschen zu einem Geschehen fast unwillkürlich und augenblicklich ihre Meinung kundtun.** Sie ereifern sich unhinterfragt, und es tritt ein sogenannter Ereiferungsreflex auf.

Wir finden den Ereiferungsreflex in allen möglichen Varianten: als Lästerreflex (»Was will der denn mit dieser Frau?«), als Empörungsreflex (»Das kann doch nicht wahr sein, dass der so viel Steuern hinterzogen hat!«), als Deutsche-Bahn-Reflex (»Neulich stand ich tatsächlich mal wieder anderthalb Stunden auf einem Bahnhof in der Pampa rum!«), als Jammerreflex (»Das ist einfach nicht fair«), als Moralreflex (»Du isst tote Tiere?«), als Neidreflex (»Wie der wohl zu seinen Millionen gekommen ist …?«) und so weiter, aber auch als Schwärmreflex (»Sie ist einfach vollkommen«). Der Ereiferungsreflex heizt die sogenannten Shitstorms in den sozialen Medien an. Er vermarktet die Chef-, Politiker- und Lehrerbashing-Bücher. Er frisst unsere kostbare Zeit.

Dieser Reflex funktioniert so einfach. Tratschen, mäkeln, schwärmen, lästern. Auch mein Kommentar ging mir leicht von der Hand. Ich hätte in diesem Modus bleiben können. Dann wäre ich im Reflex steckengeblieben. Stattdessen hatte ich Glück: Am Abend warteten noch ganz andere Gedanken, Gefühle, Stimmungen hinter dem Reflex. Wie eine zweite Schicht. Um ihr näherzukommen, bleibe ich vorerst bei dem Facebook-Beispiel. Es taugt so gut wie jeder andere Ereiferungsanlass, um mehr darüber herauszufinden, was bei dem Reflex vor sich geht.

Ich gehe gedanklich zurück. Die Facebook-Timeline. Das Foto der beiden Frauen. Der Schreck: »Wie sehen die denn aus? Wie wäre es, wenn ich mir die Lippen dermaßen aufspritzen lassen würde, dass ich damit auch nur noch gequält lachen könnte?« Irgendwelche früheren Erfahrungen in meinen Gedanken und Gefühlen schwangen mit, ausgelöst durch das Foto – den Trigger. Nur deshalb habe ich weiter hingeschaut. Also, erste Stufe des Reflexes: angetriggert sein.

Dann die Kommentare: »Hässlich!«, »Wie kann man nur!« und so weiter. Ich empfand dann selbst diese »Wie kann man nur!«-Empörung. Und ich war bestimmt nicht die Einzige, die sich anstecken ließ. Dazu waren es zu viele einheitliche Kommentare; und dazu weiß ich zu viel darüber, wie andere Menschen ständig unsere Impulse mitprägen. Ich denke da beispielsweise an die nicht nur in Fachkreisen berühmten Konformitätsexperimente von Solomon Asch aus den Fünfzigern,[37] die später immer wieder bestätigt wurden: Der Pionier der Sozialpsychologie wies nach, wie stark Menschen durch Gruppendruck mit der Mehrheitsmeinung konform gehen. Umso mehr, je größer die Gruppe und je einheitlicher die Meinung ist. Überwältigende drei Viertel schließen sich trotz offensichtlicher Fehlentscheidung einer falschen Gruppenantwort an; ohne Gruppendruck antworten 95 Prozent richtig. Und neuere Studien, etwa des Neurowissenschaftlers Gregory Berns,[38] zeigen noch beeindruckender – oder erschreckender –: **Der Konformitätsdruck funktioniert sogar, ohne dass wir ihn bemerken.** Wir passen uns an fremde Meinungen an, indem wir unsere Wahrnehmung verändern und dann glauben, wir wären selbst darauf gekommen. Bei unserem Facebook-Beispiel funktioniert das etwa so: Ich finde es dann falsch, die Lippen künstlich zu verändern, auch wenn ich ohne Kenntnis der Gruppenmeinung vielleicht ganz anders darüber hätte denken können.

Gefühlsäußerungen wirken ansteckend auf uns: Lachen, Angst, Freude oder Ekel – man lacht, ängstigt, freut oder ekelt sich automatisch mit. Das ist die zweite Stufe des Reflexes. Spätestens wenn ich bei Facebook zum fünften Mal »abschreckend« lese, schrecken mich die Gesichter tatsächlich ab.

Doch die Facebook-Sache ging ja noch weiter. In diesen »Wie kann man nur!«-Gedanken mischte sich bei mir nach einiger Zeit eine weitere Note. Sie klang ungefähr so: »Ich würde so etwas nie tun! Das habe ich nicht nötig.« Was ist denn das nun wieder? Jetzt wird es mir klarer: Hier geht es um Selbsterhöhung. Funktioniert einwandfrei, indem man andere abwertet – »Die sehen echt schlimm aus!« – und sich selbst dadurch automatisch besser fühlt. Das ist ebenfalls ein ganz normaler psychologischer Mechanismus. Ständig vergleichen sich Menschen mit anderen, die sie in welcher Form auch immer niedriger als sich selbst einstufen. Der Sozialpsychologe Leon Festinger hat das in seiner einflussreichen Theorie[39] den »abwärts gerichteten [sozialen] Vergleich« genannt: Wenn Menschen ihr Selbstwertgefühl stärken wollen, vergleichen sie sich mit anderen, die sie als unterlegen einschätzen. Dritte Stufe des Reflexes ist also, die gleiche Augenhöhe mit anderen Menschen zu verlassen. Somit hat der Ereiferungsreflex drei Teile, zumindest in diesem Facebook-Beispiel: angetriggert sein, angesteckt sein, sich selbst erhöhen.

Und dann? Neue Posts tauchten in der Timeline auf, ich klicke weiter, das Foto gerät aus meinem Blick. Auch das scheint normal zu sein. Solange wir auf jemand anders zeigen, kommen wir nicht über dieses Empörungsverhalten hinaus. Ereiferung, und dann geschieht nichts weiter.

Ereiferungsreflexe lenken von viel Interessanterem ab

Nichts weiter? Ja, der Ereiferungsreflex ist tatsächlich ein Ablenkungsmanöver. Denn hinter der ganzen Angelegenheit steckt etwas anderes, was wir vor lauter Eifer nicht sehen. Etwas Kostbares. Ein vielfach unerkundeter Bereich. **Wenn wir fragen, welche Hintergründe ein beobachtetes Geschehen haben könnte, lernen wir uns selbst und die anderen besser kennen, über die man sich eben noch ereifert hat.** Aber nicht nur das: Wir werden vollständiger, denn wir integrieren eine neue Facette unser selbst. Mal angenommen, wir würden diese Frauen auf dem Bild zunächst erst einmal ernst nehmen mit ihrem vermutlich verzweifelten Drang, schön zu sein. Damit wären wir schon über den Ereiferungsreflex hinaus. Dafür brauchten wir Verlangsamung, Ruhe, eine Pause. Wir würden innehalten. »Einhalt« nenne ich das.

Wir könnten uns anlässlich eines solchen Fotos zum Beispiel fragen: »Wo finde ich mich selbst nicht schön? Was hätte ich lieber anders an mir?« Mag sein, dass das vor allem ein Frauenthema ist. Aber Männer holen in den letzten Jahren auf, was den selbstkritischen Blick auf den eigenen Körper betrifft. Viele, sehr viele Menschen machen sich vor dem Spiegel routinemäßig runter. Der Ganzkörperspiegel wird am Morgen zum feindlichen Mäkler. Nur jeder vierte Mann und nur jede sechste Frau im deutschsprachigen Raum würde sich optisch mit einer glatten Eins beurteilen.[40] Rund 60 Prozent sind mit ihrem Gewicht unzufrieden.[41]

Wir könnten uns also stattdessen fragen: »Habe ich es nötig, diesem absurden Schlankheitsideal hinterherzulaufen, das forciert wird, um Unzufriedenheit und Verlangen zu erzeugen?« Oder auch: »Für wen muss ich denn anders sein, als ich bin? Wer findet mich auch mit dreifachem Speckröllchen schön? Und was wäre, wenn ich selbst mich mit alldem schön fände, einfach weil es zu mir gehört?«

Haben Sie Lust dazu, einzuhalten, um sich solche Fragen zu stellen? Nun, ich glaube, das Innehalten ist auf den ersten Blick nicht sonderlich verlockend. Aus verschiedenen Gründen scheuen die meisten davor zurück.

Mit Bedächtigkeit von der Oberfläche in die Tiefe

Wie finden Sie Menschen, die bedächtig, langsam, zögerlich sind? Das Ideal in unserer Gesellschaft ist immer noch die schnelle Reaktion. Mir fällt ein Interview ein, das ich mal im ZDF gesehen habe. Das Fell um das Mikrofon flatterte im Wind, der Journalist zog die Schultern in seiner Winterjacke hoch, und der Politiker sollte antworten. Doch er tat nicht, was er sollte, sondern sagte mit einem verlegenen Lächeln: »Darüber muss ich erst mal in Ruhe nachdenken. Bisher fehlen mir noch die Informationen.« Der Journalist ließ bedröppelt sein Fellmikro sinken.

»Warum sagt der nichts?«, dachte ich damals ein wenig abschätzig. Heute hingegen denke ich: »Was ist daran so schlimm, auf eine Frage nicht sofort zu antworten? Vermutlich wusste er, dass er mit einer schnellen Antwort nur heiße Luft hätte verbreiten können.« Wir können entscheiden, wem wir zuhören wollen: einem unsicher wirkenden, aber ehrlichen Politiker, der nicht gleich antwortet, dafür ernsthaft der Frage nachgeht und schließlich zu einer fundierten Antwort findet. Oder einem, der mit souveräner Geste sofort »redet, aber nichts sagt«. Früher habe ich mich von souveränem Auftreten blenden lassen, weil ich das unsichere Gefühl nicht mochte, mit dem ich ohne Antworten zurückblieb. Heute ist mir statt des vorschnellen Phrasendreschers der bedächtige Ehrliche lieber. Mal angenommen, dieser Einhalt sei die Lücke zwischen Reiz und Reaktion. Ein Spalt. Und angenommen, dieser Spalt sei normalerweise mit Ablenkungen gefüllt – etwa von Ereiferungsreflexen. Dann entsteht durch den Einhalt eine Leere. Darin ist erst einmal nichts. Ist das angenehm, Leere in sich wahrzunehmen? Oder ist es beunruhigend, weil wir ahnen, dass nach einer Weile nicht mehr nur »nichts« dort wäre, sondern die schwierigen Fragen auftauchten? Zum Beispiel die vor dem Spiegel, die tiefer in die eigenen Abgründe führen. Wozu bloß sollte man sich immer wieder in seinen eigenen Schlamassel stürzen? Zieht das nicht runter, und macht das nicht unglücklich?

Und noch etwas scheint auf den ersten Blick gegen den Einhalt zu sprechen: Sollte man nicht für eine bessere Welt kämpfen, indem man aktiv wird, etwas tut? Beim Facebook-Beispiel etwa wäre es denkbar, andere Frauen und sich selbst zu stärken: »Lasst sie doch machen, was sie wollen. Es ist ihre freie Entscheidung, und sie finden das schön.« Oder an die Vernunft zu appellieren: »Überlegt euch, was diese Schönheitskorrekturen mit euch machen und wie ihr damit in zwanzig Jahren ausseht!« Oder zu kämpfen: »Wir müssen gegen die genormten Bilder des weiblichen Körpers angehen, denn darin zeigt sich die jahrtausendelange Unterdrückung der Frau.«

Ja, das wären schon mal starke Alternativen zur einfachen Empörung. Doch sobald wir uns da hineinsteigern, wäre auch das wieder ein Ereiferungsreflex. Und solange in unserem Innern Motive des Widerspruchs wohnen, wird es uns nicht gelingen, die Welt freier, friedlicher, besser zu machen. Stattdessen müssten wir auch hier wieder beide Pole ins Leben integrieren. Dann, innerlich geklärt, können wir uns immer noch für eine Sache im Außen stark machen und auch die Gegenposition verstehen, mehr Menschlichkeit und Liebe in die Welt bringen. Zu haben ist diese Ganzheit nur um den Preis der ehrlichen Selbstauseinandersetzung. Und die beginnt eben mit dem Einhalt.

Manch einer mag nun denken, dass das Facebook-Beispiel vollkommen unspektakulär ist und einen außerdem gar nicht betrifft. Wie aber wäre es mit einem Fall, bei dem sich Millionen ereifert haben – am Stammtisch, vor der Kita, in der Kantine, vor den Bildschirmen? Wann empören sich bei uns Millionen? Nun, immer wenn's ums Geld und »die da oben« geht. Da fällt mir ein Beispiel ein, bei dem wir uns wohl sicher an die eigene Nase fassen können. Außerdem hat es mittlerweile auch rein zeitlich den richtigen Abstand: nicht zu nah dran, nicht zu weit weg. Also, hier kommt das Beispiel.

ZDF und ARD interviewen gemeinsam einen Mann. Beide öffentlich-rechtlichen Sender ziehen an einem Strang, allein das zeigt schon die Brisanz. Der Interviewte erklärt in gut 20 Minuten detailliert, was zu seinem Verhalten geführt hat, das ihm jetzt von der kompletten Nation vorgeworfen wird. Offensichtlich um Verständnis bemüht, beantwortet er alle zunehmend detaillierten Fragen, während gefühlt die halbe Republik vor dem Fernseher sitzt und auf große Enthüllungen wartet. Hinterher sind alle enttäuscht und noch ärgerlicher: kein Drama, sachlicher Grundton, kein großes Kino.

Der Mann ist Christian Wulff am 4. Januar 2012 im Interview mit zwei Journalisten. Gerade war ein Empörungsreflex enormen gesellschaftlichen Ausmaßes auf einem Gipfel angelangt. Die Enthüllungen über den damaligen Bundespräsidenten hatten sich zur Staatsaffäre mit immer neuen Vorwürfen ausgewachsen: Vetternwirtschaft, Bestechlichkeit, Vorteilsannahme. Zwischen Reiz (»Korruption«) und Reaktion (»Wieder so ein Betrüger«) war überhaupt kein Spalt mehr. Dann kam dieses Interview. Erinnern Sie sich noch, wie Sie damals reagiert haben? Waren Sie auch empört? Ich war es. Was den Umgang mit Informationen durch die Medien geht, bin ich in der ersten Reaktion durchschnittlich, ich lasse mich manchmal zu leicht mitreißen.

»Wenn er Vorteile annimmt und das dann runterspielt, kann er doch nicht Bundespräsident bleiben!« Ich sprang vom Sofa auf.

»Wer weiß, was da wirklich los war?« Mein Mann klickte die weitere Berichterstattung vom Bildschirm fort und lehnte sich zurück.

»Aber er hat anscheinend sogar gelogen!«

»Ach, wart doch erst mal ab.«

Na gut. Ich setzte mich wieder.

Im Nachhinein betrachtet lag mein Mann, der meist viel besonnener reagiert als ich, genau richtig: Der Fall war über die Maßen aufgebauscht. Christian Wulff musste im Februar 2012 zurücktreten. Die öffentliche Empörungswelle ebbte ab. Zweieinhalb Jahre später sprach das Landgericht Hannover den früheren Bundespräsidenten im Korruptionsprozess frei. Er habe sich in seinen Ämtern »rechtlich stets korrekt verhalten«. Wulff ist juristisch rehabilitiert.

Doch das wusste ich damals noch nicht. Immerhin half mir das »Warte erst mal ab« zu einem gewissen Einhalt. Ich kam runter von meiner Empörung über seine angebliche Unehrlichkeit, von der ich ja nur aus den Medien wusste. Und dann fielen mir einige Forschungsergebnisse aus der Psychologie ein, die mir halfen, lieber über mich selbst nachzudenken, statt vor anderen Türen zu kehren.

Wir schwindeln, täuschen und betrügen nämlich ständig. Jeder Mensch lügt im Durchschnitt zweimal am Tag. Das ist zwar deutlich weniger als die 200 Male, von denen hie und da die Rede ist. Dennoch: Dafür könnte man mich zweimal pro Tag zur Rede stellen. Und Wissenschaftler haben außerdem nachgewiesen, dass es gar keine typische Lügnerpersönlichkeit gibt. Stattdessen wird Unehrlichkeit vor allem auch durch ein typisches »Lügnerumfeld« geprägt. Ich kann mich also fragen, wie es in meinem eigenen Umfeld aussieht und unter welchen Bedingungen ich vielleicht eher dazu neigen würde. **Denn unter bestimmten Umständen sind Menschen unehrlicher, etwa wenn sie unter hohem Leistungsdruck stehen und sich rechtfertigen müssen.** Die Neigung zu Unehrlichkeit hängt auch davon ab, wie Lügen im direkten Umfeld bewertet werden, also in der Familie, bei Freunden, Kollegen, Nachbarn. Wird dort etwa der finanzielle Erfolg höher bewertet als Ehrlichkeit und Gemeinschaftssinn, so wird der Beeinflusste auch eher die Unwahrheit sprechen.[42]

Damit soll weder bei mir selbst noch bei anderen irgendein unehrliches Verhalten entschuldigt werden. Vielmehr können wir alle den eigenen Empörungsreflex besser zum Anlass nehmen, um vor der eigenen Tür zu kehren – ganz unabhängig davon, ob jemand anders nun wirklich unehrlich oder sonst wie verwerflich gehandelt hat oder nicht. Wir wissen nämlich erst einmal nicht, ob die Anschuldigungen, die schnell durch die Presse gehen, auch stimmen.

Wenn wir uns trotzdem aufregen, wird das nur eine Projektion sein: Ich wehre meine eigenen Unzulänglichkeiten ab, indem ich diese Seiten lieber bei anderen sehe und mich dort darüber ereifere. Zur Projektion später mehr, hier nur so viel: Der vermeintlich Unehrliche, über den wir uns ereifern, bevor wir genauer Bescheid wissen, ist so etwas wie ein Spiegel, in dem wir unsere eigene Unehrlichkeit erkennen mögen. Wir können den Spiegel zu zerschlagen versuchen, doch er wird sich selbst reparieren, solange wir nicht hineinblicken wollen. Also können wir den Spiegel gleich heil lassen und auf uns selbst schauen. Und damit will ich bestimmt nicht sagen, dass man Betrügen oder Lügen tolerieren sollte. Nein. Aber bei Christian Wulff war das Ereifern vorschnell.

Wir können uns zum Beispiel fragen: Bezahle ich eine Putzfrau oder Babysitterin schwarz, oder melde ich sie ordnungsgemäß an? Grundsätzlich können wir ebenso prüfen: Führe ich ein Leben, in dem ich mir nur einrede, ich verwirklichte mich? Oder vertröste ich meinen Lebenstraum seit Jahrzehnten auf die Rentenzeit? Dann lügen wir uns selbst in die Tasche, wenn wir behaupten, wir wollten ihn wirklich leben.

Wenn Ereignisse wie die Bundespräsidentenaffäre uns auf solche Fragen nach der eigenen Ehrlichkeit brächten, wäre das sinnvoll. Wir könnten uns unbequeme Fragen über unser Leben stellen und ehrlich darauf antworten. Sobald uns bewusst wird, dass wir selbst mitunter unehrlich sind, könnten wir durch dieses Bewusstsein umso besser gegensteuern. Oder gelegentlich auch entscheiden, fünf gerade sein zu lassen. Aber dann, ohne vorschnell und selbstgerecht über andere zu urteilen.

Und Christian Wulff? Den hätte man in den Medien sicher unspektakulärer behandeln können, bis die Vorwürfe entweder bewiesen oder entkräftet worden wären. Und das sage ich in dem vollen Bewusstsein, dass es ein riesiger Gewinn für unsere Demokratie ist, einen investigativen Journalismus zu haben, der Korruption und andere Missstände aufdeckt.

Worüber wir uns ereifern, ist nur der Spiegel unser selbst

An dem Abend, als wir von dem Freispruch Christian Wulffs erfuhren, sprachen wir mit unserem Sohn darüber, wie die große Empörungswelle zweieinhalb Jahre zuvor überhaupt entstanden ist.

»Es war wohl ein künstlich aufgebauschter Skandal«, sagte mein Mann. »In den Medien bildet sich eben auch das ab, was die Menschen haben wollen.«

»Ja, weil Menschen damit von ihren eigenen Schwächen ablenken«, warf ich ein.

»Hä?«, ließ mein Sohn verlauten.

Ich sah meinen coolen Sechstklässler an, und mir fiel sofort eine Motivation für die Projektion eigener ungeliebter Eigenschaften auf Christian Wulff ein: »Hey, vielleicht ist er vielen auch zu defensiv aufgetreten«, schlug ich vor, »zu menschlich vielleicht?«

Ich holte unser Tablet und suchte im Netz die Interview-Aufnahme vom Januar 2012. Videos anzuschauen findet mein Sohn immer gut, und bald fanden wir die Stelle, an der Wulff seine Beweggründe für den unglücklichen Anruf beim Bild-Chef erklärt, der die Empörungswelle weiter hochgetrieben hatte: »Das ist keine Entschuldigung, das ist auch keine ausreichende Erklärung, aber vielleicht der Impuls, der dazu geführt hat. Das wiederum ist menschlich, aber man muss eben als Bundespräsident die Dinge so im Griff haben, dass einem das nicht passiert. Trotzdem ist man Mensch, und man macht Fehler.«

»Stimmt, er guckt auch runter und sitzt so nach vorn gebeugt«, sagte mein Sohn.

Der Präsident sei zu unsouverän, wurde das Interview mit Wulff damals in den Medien kommentiert. »Auf Westentaschenformat zusammengeschrumpft«, »Kleinstes Karo statt großes Kino«, »Mann ohne Charisma« wurde getitelt. Sicher. Wulff hätte auch großspurig sagen können: »Was soll der Quatsch? Dann erstattet doch Anzeige. Währenddessen fülle ich hier mein Amt aus.« Stattdessen hat er differenziert seine Beweggründe dargelegt. Was zwar normal ist, aber den Menschen die Hoffnung auf einen Präsidenten genommen hat, der nach allgemeinem Verständnis natürlich über banalen menschlichen Motiven wie psychischem Druck stehen sollte.

Man stellt Präsidenten, Chefs, Medienstars und Liebespartner gern aufs Podest, so wie Kinder ihre Eltern zum Ideal erheben. Das ist immer eine Idealisierung, die nicht viel mit der Realität zu tun hat. Auf dem Sockel bleiben die Idealisierten erst einmal. Unrealistisch überhöht, entpuppen sie sich früher oder später als normale Menschen, die neben glanzvollen auch gewöhnliche Seiten haben. Dann wird vor lauter Enttäuschung draufgehauen, und manch einer fällt auch wirklich vom Sockel. Und zwar ziemlich tief. Das hinterlässt großen Schaden, oft irreparablen.

»Anstatt sich über sein fehlendes Charisma zu mokieren, hätten diese Leute sich mal fragen können, wie es um ihr eigenes Charisma bestellt ist«, stichelte ich.

»Jetzt regst du dich schon wieder auf. Wie letztes Mal«, warf mein vorpubertär kritischer und weiser Sohn ein und hielt mir damit viel besser noch als Christian Wulff den Spiegel vor. Ich erinnerte mich, wie unreflektiert und vorschnell ich über Wulff geurteilt hatte. Jetzt schämte ich mich dafür. Worauf hatte ich meine Empörung denn gegründet? Auf die Medienfigur Christian Wulff. Ich kannte den echten Wulff doch überhaupt nicht. Und wieder einmal merkte ich: Worüber wir uns ereifern, das ist nur der Spiegel unser selbst. Also nutzen wir ihn auch dafür!

Der echte Mensch: Immer anders als das Medienbild

Inzwischen habe ich Christian Wulff persönlich kennengelernt. Wir unterhielten uns ein wenig bei einer Abendveranstaltung, zu der er als Redner eingeladen war. Ich erwähnte, dass er in einem Kapitel meines Buches vorkommt und dass ich unter anderem in der Krisenberatung tätig war. Wir sprachen dann über Krisen, und er erzählte mir, wie viel er aus den zurückliegenden Jahren gelernt habe. Ich erlebte einen feinsinnigen, zugewandten und aufmerksamen Gesprächspartner. Wir plauderten auf gleicher Augenhöhe. Keinen Sockel gab es da unter seinen Füßen. Und das war nun der »echte« Christian Wulff, nicht mehr das Medienbild. Ich war zufrieden, denn ich wusste: So, wie ich über ihn in diesem Kapitel geschrieben habe, ist es genau richtig.

Am nächsten Tag hielt Christian Wulff eine nachdenkliche und eindrückliche Rede. Es ging um die ungebremste Macht der Medien, um Shitstorms und um seine Sorge, was solch massive Medienhetze – nicht nur in seinem Fall – für die Zukunft der Politik und unserer Gesellschaft bedeutet: Wer stellt sich noch als Politiker zur Verfügung, wenn er Gefahr läuft, dermaßen fertiggemacht zu werden? Nur noch die Dickhäutigen? Oder Newcomer, die diesem Druck nicht lange standhalten, wie die ehemalige politische Geschäftsführerin der Piraten-Partei Marina Weisband, die integrierend und klug aufgetreten ist, aber bald wieder ausstieg? Was ist mit den Sensibleren, die gesellschaftliche Themen und Bewegungen feinsinnig wahrnehmen, entsprechend ihre Schlüsse ziehen und darauf reagieren können?[43]

Wer will noch Politiker werden, wenn er damit solchen öffentlichen Druck riskiert? Und wer kommt statt ihnen, wenn immer weniger sensible und besonnene Menschen sich zumuten, Politiker zu werden? Auch namhafte Journalisten hatten sich nach der Affäre selbstkritisch über ihre Berichterstattung über Wulff geäußert. So wichtig die Medien als Regulativ und als aufdeckende Macht im Staat sind, so wichtig ist es zugleich, dass diese ständig selbst überprüfen, ob sie aus einem Ereiferungsreflex heraus Stimmung gegen oder für jemanden machen.

Ich glaube, wir brauchen genau diese Politiker, die sich entfalten, wenn sie aus einer Ruhe heraus ganz anders analysieren und wirken können. Wir brauchen überall die Kultur des Einhaltens, wie es in diesem Kapitel beschrieben wird.

Und so geht es nicht nur mir. Nach Christian Wulffs Rede applaudierten rund 500 Teilnehmer mit kaum enden wollenden Standing Ovations, wie es sie an diesem Ort seit Jahren für keinen Redner mehr gegeben hatte. Ich glaube, in diesem Applaus schwang nicht nur die Anerkennung für seine Rede mit, sondern auch für seinen besonnenen Umgang mit der massiven Medienhetze, deren Jagdobjekt er geworden war.

Darüber schlafen: Gefühle ausreifen lassen

Ist dieser Einhalt nun eine schwierige, mühsame Angelegenheit? Ich weiß es nicht. Ich erlebe es nicht so. Mir ist diese Wendung nach innen, die dabei stattfinden kann, mittlerweile derart vertraut und wertvoll, dass ich sie interessant, spannend, abenteuerlich finde. Vielleicht liegt es an meinem Beruf. Aber auch meinen Klienten und Seminarteilnehmenden geht es so.

Dennoch brauchen Sie nun nicht zu meinen, Sie sollten ständig verbissen aufpassen, dass Sie sich nicht in irgendwas hineinsteigern. Stattdessen immer in die eigenen Abgründe blicken. Sich nicht mehr aus Spaß mal ereifern und dabei abreagieren. Doch, das können Sie natürlich.

Aber hier geht es ja nicht um einen spontanen Spaß, sondern um das, was jenseits dessen das Leben erfüllt, tief und intensiv macht. Etwas so Aufregendes wie zum Beispiel die persönliche Entwicklung. **Durch jedes Ereifern**, wie es in den obigen Beispielen beschrieben wurde, **entgeht uns eine Gelegenheit, uns weiterzuentwickeln**: über uns selbst nachzudenken, eigene Beweggründe zu verstehen, neue Seiten von uns kennenzulernen und zu akzeptieren oder positive Änderungen vorzunehmen. So reifen und wachsen wir. Und das macht auch »Spaß«. Viel mehr sogar, als man glauben könnte.

Gefühle sind veränderlich. Sie sind so unglaublich wandelbar. Vorgestern noch habe ich mich über einen Freund geärgert, weil er plötzlich schroff war. Gestern habe ich mich schon beruhigt und bin nur noch ein wenig traurig deswegen. Und heute? Heute fällt mir ein, wie angestrengt er in letzter Zeit wirkte, weil er beruflich eine massive Umorientierung hatte bewältigen müssen.

Nehmen wir also nicht immer gleich das erste Gefühl und leben es unreflektiert aus. Der Unterhaltungswert starker Emotionen ist zwar höher als der von Gelassenheit, und wir haben in unserer Zeit der Psychologisierung viel zu oft gehört, wir sollten unsere Gefühle ausdrücken. Das sollten und müssen wir aber nicht. Jedenfalls nicht sofort. Lassen wir sie lieber erst einmal ausreifen. Meist kommt das, was wir gerade fühlen, irgendwo anders her. Auch bei mir hatte es mit dem Freund gar nichts zu tun. Warum sollte ich die Beziehung zu ihm damit belasten?

Emotionen sind extrem veränderlich und zu einem Großteil begründet in Umständen, denen sich zu widmen viel sinnvoller wäre. Die Ursache für die Wut auf die Chefin liegt vielleicht in früheren Erfahrungen, wenn sich beispielsweise jemand als Kind gegenüber der Mutter ohnmächtig gefühlt hat. Jetzt wird die Chefin zum Projektionsziel, und ein eventuelles Fehlverhalten ihrerseits führt möglicherweise zu einer Reaktion beim »Untergebenen«, die unverhältnismäßig heftig ist. Würde man die eigentlichen Ursachen für die Wut finden, könnte man daran arbeiten und auf die Vorgesetzte angemessener reagieren.

Wenn wir also erst einmal innehalten, geben wir unseren unbewussten Prozessen die Möglichkeit auszureifen. Durch den Einhalt können wir auch etwa für Entscheidungen weitere Erfahrungen und Informationen sammeln und verschiedene Optionen durchspielen. Das ist bei komplexen Fragen und folgenschweren Entscheidungen wie auch zwischenmenschlich viel öfter die bessere Option, bei der wir eher die Chance haben, wirklich bei uns selbst anzukommen.

Für den Alltag

Innehalten und uns selbst besser verstehen, bei uns selbst ankommen: Auch hierfür gibt es kein Rezept und keinen Geheimtipp. Aber wir können eine alltägliche Routine der Selbstbefragung entwickeln und mitten in diesem Innehalten eine Neugier auf uns selbst kultivieren. So entwickeln wir uns weiter, statt im Kreislauf von Mitmachen und Ereifern stecken zu bleiben.

Hier ist die Frage für den Alltag, immer mal zwischendurch:

Einhalt!

Mache ich hier gerade etwas, was nicht zu mir passt?

- Wenn nein: weitermachen.
- Wenn ja: innehalten, nachdenken und bewusst machen. Nachforschen und immer mehr über die Ursachen herausfinden, warum wir hier und vielleicht auch woanders Dinge tun, die wir nicht wollen. Und dann entscheiden: Kann und will ich etwas ändern, oder ist es aus bestimmten Gründen sinnvoll oder unumgänglich, so weiterzumachen? – Wichtig: Nichts zu ändern kann unter Umständen genauso angezeigt sein. Wir müssen nicht sofort alles ändern, nur weil wir etwas haben oder loswerden wollen.

Wenn wir uns über andere und anderes ereifern, spielen oft starke Gefühle eine Rolle. Wenn wir mitten in einem Ereiferungsreflex stecken, regen wir uns auf, sind wütend oder betroffen – und schon meinen wir, unseren Gefühlen impulsiv nachgeben zu müssen. Das ist selten von Vorteil, denn Gefühle sind veränderlich, und vor allem negative Gefühle sollten sich erst einmal setzen, statt dass wir sie ungefiltert auf andere loslassen. Mit impulsiven Reaktionen können wir großen Schaden anrichten. Mit einem besonnenen Umgang mit anderen Menschen könnten wir dagegen viel bewirken und voranbringen.

Soforthilfe

Was ist meine Soforthilfe bei starken, vor allem negativen Emotionen?

....

Tief durchatmen, bis zehn zählen, den Ort wechseln, auf die Toilette gehen, nachfragen.

- Wenn wir unterscheiden zwischen förderlichen und schädlichen impulsiven Reaktionen und die schädlichen sofort abfedern, können wir großen, vor allem zwischenmenschlichen Schaden wie unnötige Kränkungen, Enttäuschungen und Verletzungen verhindern und unsere Beziehungen zu den Mitmenschen behutsamer gestalten.

Nach der Soforthilfe können wir dann unsere Emotionen in Ruhe ausreifen lassen und diese Zeit abwarten, bis wir reagieren.

Emotionen ausreifen lassen

Wie lasse ich meine Emotionen ausreifen, bevor ich reagiere?

....

Ich schlafe mindestens eine Nacht darüber, am Morgen sieht die Sache schon anders aus. Ich rufe meine beste Freundin an und rede mit ihr darüber; sie ist so bodenständig und beruhigt mich. Ich schreibe alles auf, was mich wütend macht oder sonst wie aufregt. Manchmal dauert es Tage oder eine Woche, dann erst merke ich, dass ich mit einer neuen Gelassenheit auf das Ganze blicke. Ich versuche, mich in den anderen hineinzuversetzen. Wenn mir das gelingt, bin ich so weit.

- Zeit ist bei Emotionen ein wichtiger Faktor, denn Emotionen sind wie gesagt extrem wandelbar. Wenn wir wissen, wie lange wir erfahrungsgemäß Zeit verstreichen lassen sollten, um emotional stabil zu werden, hilft uns das, die meist unangenehme Gefühlsaufwallung durchzustehen.
- Darüber schlafen, Zeit verstreichen lassen und sich einem Unbeteiligten mitzuteilen – und sei es das Tagebuch oder die Katze – helfen uns enorm dabei, unsere Emotionen ausreifen zu lassen und nicht das Erstbeste »rauszuhauen«.

Und das war nur der erste Schritt. Danach können wir tiefer gehen, Regelmäßigkeiten bei unseren Reaktionsweisen verstehen und dann auch leichter unser impulsives Verhalten ändern.

Auslöser

Auf welche Auslöser reagiere ich regelmäßig mit bestimmten Reaktionen aus welchen Gründen?

Wenn ...., dann ...., weil ....

Wenn jemand mir arrogant kommt, dann werde ich fuchsteufelswild, weil ich mich dann klein und unbedeutend fühle. Wenn meine Tochter tiefenentspannt rumhängt, statt mir zu helfen, wenn ich total im Stress bin, dann könnte ich ausrasten, obwohl ich genau weiß, dass sie nach der Schule erst mal Ruhe braucht. Ich bin so wütend, weil ich Angst habe, meine Aufgaben nicht zu schaffen, weil ich mir immer wieder zu viel vornehme.

- Diese Innenschau hilft uns, immer besser zu verstehen, was die eigentlichen Hintergründe für bestimmte Gefühle sind und wie oft Gefühle gar nichts mit der anderen Person zu tun haben, sondern nur durch sie ausgelöst sind. Wenn wir die tieferen Zusammenhänge besser verstehen, können wir uns um die Hintergründe kümmern und die vordergründigen Auslöser gelassener betrachten.

Und hier kommt nun eine ziemlich schlicht wirkende, aber nicht weniger wichtige, weil jahrelang gereifte Erkenntnis zu Ereiferungskreisläufen, Konfliktspiralen, Shitstorms, Kränkungen, Tratsch, Mobbing und Intrigen – also kurz zu allem, wo Beziehungsverstrickungen den Fluss der Dinge blockieren: Reden Sie miteinander.

Reden!

Mit demjenigen reden, der den Ereiferungsreflex ausgelöst hat.

Anrufen. Fragen. Sich zum persönlichen Gespräch verabreden. Informationen aus erster Quelle einholen, statt anderen Quellen ungeprüft zu glauben. Eine zweite Meinung einholen. Keine E-Mails, SMS und so weiter schreiben. Keine Beschwerden oder Tratsch über Dritte, ohne diese zuerst gefragt zu haben. Keine Rechtsanwälte vor diesem ersten Schritt. Fragen. Fragen. Fragen.

- Es ist schon recht erstaunlich, wie diese simple Grundregel des menschlichen Miteinanders ständig übergangen wird, auch bei reflektierten, kommunikativ geübten Menschen. Erst wenn wir besonnen reagieren, indem wir über unsere Ereiferungsreflexe hinausgehen und mit dem anderen in Ruhe reden, verhalten wir uns wie Erwachsene und kommen mit uns selbst und anderen weiter.

Mit dem Einhalt kommen wir bei uns selbst an.
Aber nicht nur das.
Wir kommen auch bei anderen an.
Kontakt und Verbundenheit können wachsen.
Wir verstehen, und zwar viel tiefer
und weiter gehend als bisher.
Verstehen, statt zu urteilen:
Darum geht es im Folgenden.

6. Der Dialog –
Verstehen, statt zu urteilen

Geschafft. Meinen Vortrag habe ich hinter mir. Es hat Spaß gemacht, die Stimmung war mal ernst und mal amüsiert, es gab keine Distanz zum Publikum – und jetzt ist Pause. Ich lade mir eine ziemlich große Portion am Buffet auf den Teller und geselle mich mit einem Glas Saft und meinen Häppchen zu einem sympathisch wirkenden Mann an einen Stehtisch. Wir wechseln ein paar Worte, und dann beginnt er zu erzählen, was er beruflich macht und gemacht hat. Klingt großartig. Und so geht es weiter. Ein Erfolg reiht sich an den anderen … Ich höre zu, esse, trinke, esse, stelle den leeren Teller auf dem Stehtisch ab. Ich frage nach, dann noch eine Frage, ein Kommentar, ich will in ein tieferes Gespräch einsteigen. Doch bei jedem Einhaken meinerseits redet er lauter und schneller. Bald höre ich nicht mehr auf das, was er erzählt, meine Beine werden schwer, ich muss mich bewegen. Ich verabschiede mich von ihm, schlendere wieder Richtung Buffet und nehme noch drei von diesen Avocadohäppchen.

Was meinen Sie: Warum hat mein Visavis sich so verhalten und damit einen tiefer gehenden Kontakt gründlich verhindert? Ich will hier bestimmt nicht über jemanden herziehen. Er hatte seine Gründe. Und über die können wir nachdenken, indem wir uns in ihn hineinversetzen. Hat er durch seinen Redeschwall seine Schüchternheit oder Unsicherheit überspielt? Wollte er mich beeindrucken, indem er sich besonders großartig darstellte, um mir zu zeigen, dass er auch wichtig ist? War er auf Umsatz aus und wollte er jede noch so unpassende Gelegenheit für eine Akquise nutzen? Oder wusste er einfach nicht, wie man in Kontakt mit anderen Menschen tritt?

Wie echter Kontakt *nicht* entsteht

Mein Gesprächspartner hat einen echten Kontakt verhindert, indem er allzu beschäftigt damit war, großartig aufzutreten. Wie hätte er sich stattdessen verhalten können? Fragen stellen zum Beispiel und damit auch Interesse an mir zeigen. Darauf achten, wie es seinem Gegenüber geht. Sich mehr zeigen mit dem, was in ihm vorgeht. Wenn er unsicher war, hätte er sogar dies mitteilen können: »Ich kenne hier fast niemanden, wie ist das denn bei Ihnen?« Doch die Option, die eigene »Ungroßartigkeit«, Durchschnittlichkeit zu zeigen, ist bei vielen Menschen verbaut, weil dort die Angst vor Ablehnung wartet mit Vorstellungen wie: »Andere werden denken: ›Was ist denn das für einer?‹, und mich langweilig, unwichtig finden, enttäuscht sein, sich abwenden, über mich lachen« und so weiter. Doch diese Gedanken sind gerade im persönlichen Kontakt ein Trugschluss. Wer sich großartig darstellt, wird vielleicht bewundert oder respektiert, öfter jedoch wirkt er unnahbar, zu glatt und dann auch irgendwie langweilig, andere fühlen sich möglicherweise herabgesetzt neben ihm und erleben Gefühle der Unbedeutendheit oder Neid. Letztlich bleibt der Angeber allein – wie mein Gesprächspartner am Stehtisch. **Der großartige Auftritt macht das Leben, die Arbeit, den Kontakt zu anderen Menschen schwer.** Dabei ist es dringend notwendig, so gut wie möglich in Kontakt zu sein. Besonders in schwierigen Situationen kann ein guter Kontakt alles verändern.

Bei meiner damaligen Krisendienstarbeit habe ich die sofortige Kontaktaufnahme zu Fremden unter Zeitdruck trainiert. Menschen in einer seelischen oder psychiatrischen Ausnahmesituation kommen in die Beratungsstelle, oder die Psychologen sind bei Notfällen vor Ort, oft mit Polizei oder Feuerwehr. Um helfen zu können – und manchmal sogar als Selbstschutz –, muss man vom ersten Moment an einen guten Kontakt herstellen. Nur so kann man jemanden in einer akuten Krise erreichen, wenn er verzweifelt, verängstigt, suizidgefährdet ist oder vor Wut – oder aufgrund einer psychischen Störung – alles klein schlagen will. Sobald der Kontakt zum anderen da ist, wird mit einem Mal alles möglich: Hilfe, Inspiration, neue Perspektiven, Freude, Entspannung, Entwicklung, wo sonst ein Stillstand oder eine Regression einträte.

Und dieser Kontakt entsteht bestimmt nicht, indem ich einem verzweifelten Menschen demonstriere, wie toll ich bin. Einmal stand ich an einem Novemberabend mit einem Feuerwehrmann im Korb hoch oben auf einer Drehleiter und sprach mit einem Mann, der auf dem Fensterbrett saß und Selbstmord begehen wollte. Wir redeten, und ein feiner, noch kaum tragfähiger Kontakt entstand, zumindest antwortete er spärlich. Irgendwann fasste ich mir ein Herz und bat ihn, mir dabei zu helfen, von der Leiter in seine Küche zu steigen, um nicht weiter in der Kälte zu frieren. Glücklicherweise war genau in diesem Moment der Kontakt voll da. Mit einem Mal war ich die Schwache, Hilfsbedürftige, wir hatten die Rollen kurzzeitig getauscht. Gesichert durch den Feuerwehrmann, ließ ich mir von dem Mann helfen, in seine Küche zu steigen, und die akute Gefahr war gebannt.

Vor einiger Zeit nahm ich an einem Seminar teil, und wir sollten zu zweit eine kurze Übung machen. Mir gegenüber stand
eine Frau Mitte fünfzig im Business-Outfit mit weißer Bluse
und Anzughose. Ich fand sie sehr sympathisch und war be-
eindruckt von ihrem eleganten, souveränen Auftritt und ihrer
schweizerischen Ruhe. Für die Übung sollten wir jeder für
sich allein die Hände gegeneinanderreiben, sie danach in einem Meter Abstand in Richtung des Gegenübers halten und
die Energie spüren, die von den Händen des Partners ausgeht.
Spürte ich die Energie ihrer Hände? Hm. Vielleicht ein bisschen hier? Oder da? Ich grinste schief. Wir mühten uns ab.
Ich wurde immer verkrampfter. Und irgendwann hatte ich
genug von dem Stress, unter den ich mich da setzte. Ich beug-
te mich zu ihr und flüsterte: »Ehrlich gesagt, ich bin ja nicht
so gut in ›so was‹.« Sie starrte mich an. Und dann lachte sie
los, erstaunt, erleichtert, befreit. Sie war nämlich auch nicht so
gut in »so was«. Die Verkrampfung? Weg. Wir plauderten
über Energien, alberten ein wenig herum, vergaßen unsere
Hände, und die Energie floss ganz ohne gesonderte Aufmerksamkeit. Es ist immer das Gleiche: **»Ungroßartigkeit« macht
sympathisch. Sie ist oft amüsant, inspirierend, berührend.**
Erst recht, wenn sich der »Normalo« nicht so wichtig nimmt
und über sich selbst lachen kann.
Dabei war es für uns allerdings noch vergleichsweise einfach.
Wir befanden uns auf gleicher Augenhöhe in derselben Rolle
als Teilnehmerinnen. Wie ist das jedoch bei Führungsperso-
nen, Politikern, Lehrern, bei denen sich andere vielleicht
strahlend perfekte Vorbilder wünschen? Ideal wäre aus meiner Sicht, wenn diese Persönlichkeiten offen und selbstsicher
mit ihren Schwächen umgingen. Und das geht genau dann,

wenn sie diese annehmen. Andere merken sofort, dass der Betreffende sich nicht schämt, sondern souverän zu seiner Gesamtpersönlichkeit steht. Und schon wäre aus einer vermeintlichen Schwäche eine Stärke geworden.

Das wäre allenthalben hilfreich. Solche Menschen könnten eine Kultur des Verzeihens etablieren, die sie selbst und andere entlastet. So trügen sie zu einem von Akzeptanz geprägten sozialen Klima bei – das wir alle so dringend brauchen, übrigens speziell in Deutschland: Der Wirtschaftspsychologe Michael Frese[44] hat untersucht, wie verschiedene Kulturen mit Fehlern umgehen. Bei Fehlertoleranz landete Deutschland im Vergleich von 61 Ländern bei ihm auf dem vorletzten Platz!

Wir können uns gegenseitig zeigen, dass der Verzicht auf Großartigkeit und Perfektion funktioniert. Jeder, der mit all seinen Stärken und Schwächen trotzdem gut arbeitet, ist ein Vorbild als vollständige, sichtbare und nahbare Person. Wir können den Druck herausnehmen, statt andere anzutreiben. Wir können sie wieder mehr als Menschen statt als pure »Leistungserbringer« sehen. Beziehungen und Resonanz, Motivation und Lernerfolge entstehen, wenn Scheitern und Schwächen erlaubt sind. Das macht Menschen zu authentischen Persönlichkeiten. Und langsam wird Unperfektheit glücklicherweise salonfähig. Die US-amerikanische Sozialforscherin Brené Brown zum Beispiel plädiert in ihren Bestsellern *Die Gabe der Unvollkommenheit* und *Verletzlichkeit macht stark*[45] für mehr Mut, Blößen zu riskieren und ohne Perfektionsanspruch aufzutreten. Ihr TED-Video[46] haben inzwischen zig Millionen Zuschauer gesehen.

Doch auch wenn viele ihren Perfektionismus ablegen wollen, gibt es da eine Herausforderung. Es klappt nämlich nicht so einfach mit einem bloßen Vorsatz »Jetzt nehme ich mir mal vor, nicht mehr großartig zu sein, und dann geht das schon«.

Auch der Kampf gegen den Impuls, perfekt sein zu wollen, funktioniert nicht so ohne weiteres. Wer also seinen Perfektionismus als neueste Schwäche zu unterdrücken versucht, wird irgendwann auch damit umso perfektionistischer. **Erst wenn wir uns unsere »Kleinheitsgefühle« wie auch unsere Größenphantasien bewusst machen und loslassen, fühlen wir uns irgendwann weder klein noch groß, sondern einfach so, wie wir eben sind. Als wir selbst.**

Wir können unseren Perfektionismus also nur dann nachhaltig abbauen, wenn wir unsere meist unbewussten Bilder von »Kleinheit« auf der einen Seite und Großartigkeit auf der anderen Seite aufspüren und auflösen. Nicht perfekt zu sein heißt ja nicht einfach, anstatt 100 Prozent nur 95 oder 80 Prozent zu leisten. Nicht perfekt zu sein heißt, seine abgelehnten Seiten in einem tiefgehenden und oft schmerzlichen Prozess anzunehmen und sich damit zu zeigen. Dabei kann man im Sinne Brené Browns also durchaus »etwas Großes wagen«, ohne sich allerdings vor Fehlern und Verletzlichkeit zu fürchten. Das Streben nach Perfektion und Unverwundbarkeit macht uns nämlich nicht stärker, sondern verbaut uns weitgehend unsere Entwicklungsmöglichkeiten. Verletzlichkeit ist somit keine Schwäche, sondern wird im Gegenteil zu einem »Gradmesser unseres Mutes und die Quelle von Liebe, Verbundenheit, Empathie und Freude«. Der echte Kontakt, der Dialog sind die Schätze, die wir erst dann heben können.

Wenn wir uns selbst erkennen und verstehen, verstehen wir auch andere besser: unsere Kinder, unsere Kollegen, unsere Politiker und so weiter. Und wenn wir wirklich bei einem tiefen Verständnis angekommen sind, dann brauchen wir nicht mehr zu urteilen. Dann geht es um Annehmen und Lassen: den anderen so zu lassen, wie er ist. Diese Haltung dient uns übrigens auch bei der »freilassenden Liebe«, um die es in Kapitel III/2 geht. Dann erst fangen wirkliche Verständigung und echter Kontakt an. Jenseits von Konkurrenz, Intrige, Kleinkrieg und Mobbing. Jenseits von Rache, Krieg, Gewalt. Es gibt einen hochinteressanten Zugang zum Annehmen eigener ungeliebter Seiten und zum Verständnis anderer Menschen, der viel zu wenig beachtet wird, obwohl er uns viel Ärger und andere emotionale Verstrickungen, viel verschwendete Energie und oft viele Therapie- und Coachingstunden ersparen kann. Vermutlich ist der Zugang nicht so beliebt, weil man sehr direkt auf seine eigenen ungeliebten Seiten stößt und ehrlich mit sich selbst sein muss. Viele schieben lieber weiterhin alles auf andere – und verpassen die besten Möglichkeiten, sich selbst zu erkennen. Jeder Mensch, den wir nicht mögen, der uns ärgert, nervt, erschreckt, kann dabei ein kostenloser Therapeut für uns sein. Dieser Zugang gelingt über den psychologischen Abwehrmechanismus der Projektion. Wir haben ihn schon kennengelernt. Hier schauen wir nun etwas genauer darauf, wie wir die Erkenntnis dieser Zusammenhänge nutzen können, um uns selbst besser zu verstehen – und im gleichen Zug auch ein tieferes Verständnis für andere und einen liebevolleren Blick auf sie zu gewinnen.

Die Projektion ist einer von vielen psychologischen Abwehrmechanismen. Wir verfügen über ein großes Repertoire, um

Schmerzliches und Ungeliebtes nicht wahrnehmen zu müssen, das uns sonst quälen würde. Diese Abwehr funktioniert ziemlich effizient und ist evolutionsgeschichtlich entstanden, um uns zu schützen. Damit hat sie eine wichtige Funktion, die jedoch ein Selbstläufer werden kann und uns allzu oft an der Weiterentwicklung hindert, die sie eigentlich hätte ermöglichen sollen. Es wäre hilfreich für unsere eigene Ganzwerdung und ebenso für unsere Sicht auf andere Menschen, wenn wir die Abwehrmechanismen durchschauten und uns dann innerlich freier verhalten könnten.

Projektion, der vergessene Abwehrmechanismus

Bei der Projektion wehren wir unsere eigenen ungeliebten Seiten ab: unsere Emotionen, Wünsche, Ängste, die uns bedrohlich erscheinen, deren wir uns schämen, die wir uns verbieten, ja, die wir hassen. Was wir abwehren, ohne es zu bearbeiten, begegnet uns aber bekanntlich früher oder später wieder. Wo? Zum Beispiel bei unseren Mitmenschen: **Wir sehen die eigenen abgelehnten Seiten verstärkt bei anderen, die scheinbar genau das verkörpern, was wir an uns selbst nicht mögen.** Wir meinen, diese anderen wären wirklich so, wie wir sie sehen. Das muss aber nicht unbedingt zutreffen. Und selbst wenn, haben wir keinen Grund, uns unproduktiv über sie zu empören.

Aber das können wir im Zustand der Abwehrmaßnahme nicht erkennen und bekämpfen unsere eigenen abgelehnten Seiten extern, indem wir andere plötzlich dumm, unsympathisch, beängstigend oder nervig finden, über sie tratschen und gegen sie intrigieren. Gleichwohl kann auch eine positive Wunschprojektion stattfinden. Dann schwärmen wir für jemanden und projizieren unsere Wünsche auf den Superstar oder den Hoffnungsträger. Lady Gaga oder Barack Obama verkörpern dann alles, was jemand sich selbst an Größe nicht zugesteht. Projektion sei das Verfolgen eigener Wünsche in anderen, hat Sigmund Freud einmal gesagt.

Bei den »Facebook-Frauen«, von denen im Kapitel II/1 die Rede war, bei Christian Wulff, bei allem, bei dem wir uns über andere ereifern, ist meist jener Abwehrmechanismus im Gang. **Wir können diese Abwehr zurücknehmen, die eigenen ungeliebten Seiten aufdecken, annehmen und dadurch vollständiger und verstehender werden.** Nach und nach nehmen wir so unsere gesamte Persönlichkeit an, ohne Teile davon abzuwerten. Schließlich sehen wir uns selbst und unser Gegenüber immer klarer und unverstellter, wenn vorher Verstrickung, Ablehnung, Überhöhung oder Verhärtung herrschten. Gehen wir jetzt einmal Schritt für Schritt durch, wie die Projektion abläuft und wie wir sie nutzen können, um eine Brücke zu unserem zuvor abgelehnten Gegenüber und natürlich zu den eigenen Wesensanteilen zu schlagen. Ich führe mal wieder ein Beispiel aus dem Alltag an, bei dem ich zwar nicht so toll wegkomme, aber darum geht es ja gerade: Ich wünsche mir, dass wir alle offener unsere ungeliebten Seiten zeigen. Ebendort und gemeinsam geht es weiter.

Warum finden wir jemanden »doof«?

Eine Abendveranstaltung. Gleich geht's los. Im Foyer drängen die Gäste Richtung Veranstaltungssaal, ein interessanter Gast ist als Referent geladen, es ist viel los heute Abend. Ich stehe noch nah am Eingang und will auch gerade in den Saal treten, da kommt eine Kollegin, die ich nur flüchtig vom Sehen kenne, durch die Drehtür hereingestampft, noch dampfend von der Kälte draußen. Ich beobachte, wie sie ihren Riesenschal abwickelt und mit dem dazu passenden Leopardenkunstfell-Mantel auf die Garderobentheke wirft. Nach gefühlt einer Viertelsekunde trommelt sie schon mit ihren langen Fingernägeln auf die Theke. Die Garderobenfrau kommt angerannt, und ich höre, wie die Kollegin eine scharfe Bemerkung macht, woraufhin die Garderobenfrau sich mit unterwürfiger Geste entschuldigt. Ich merke, dass ich die Leopardenkunstfellfrau zunehmend unsympathisch finde. Warum muss sie diese wahrscheinlich unterbezahlte Garderobiere runtermachen wegen der paar Sekunden Wartezeit? Die Kollegin wendet jetzt auf ihrem Zehn-Zentimeter-Absatz und marschiert in meine Richtung, rauscht ohne Gruß in einer heftigen Parfümwolke an mir vorbei Richtung Tagungssaal. Bevor sie verschwindet, höre ich noch, wie sie einem anderen Kollegen ein zuckersüßes »Guten Abend« zuruft. Jetzt kann ich endgültig nicht mehr anders, ich finde sie »doof«.

So, hätte ich da jetzt drüberstehen müssen? Sozusagen von Berufs wegen? Nein. Hätte ich nicht. Jedenfalls erst mal nicht. Später schon. Wenn ich besser verstehe, was dieser Abwehrmechanismus bei mir bewirkt.

Während des Vortrags habe ich nebenbei ein wenig Zeit zum Nachdenken. Ich sitze im abgedunkelten Saal, vorn die erleuchtete Bühne, und wie nach dem Lehrbuch frage ich mich erst einmal selbst: »Ulrike, was regt dich an dieser Frau denn eigentlich so auf?« Ich gebe dem, was mir missfällt, einen Namen: »Großspurigkeit«. Und das ist schon ein erster Dreh, der generell funktioniert: Nun finde ich nämlich nicht mehr die ganze Person »doof«, sondern nur noch diesen einen Aspekt von ihr. Erstaunlich, wie sich da schon die Gefühle und die Sichtweise modifizieren. Und dann stelle ich mir eine zweite Frage, die wir uns alle stellen können – immer wenn wir uns über einen anderen ereifern.

Was uns am anderen aufregt, ist unser eigener Schatten

Die Frage lautet: »Was von dieser Eigenschaft der betreffenden Person finde ich in mir selbst?« Und damit sind wir beim zweiten, dem entscheidenden Dreh: Erst widerwillig, noch tief vergraben in den Abgründen meines Unbewussten erkenne ich: »Ulrike, du hast doch auch manchmal diese großspurige Seite an dir!« Mein Sohn kriegt das zum Beispiel ab – er beschwert sich dann zum Glück sofort. Und nach und nach kann ich erkennen: »Aha, ich bin also bei dieser Kollegin meiner eigenen, abgelehnten großspurigen Seite begegnet.« Und damit bin ich bei der Erkenntnis angekommen, die hinter der Projektion liegt: Was mich bei anderen aufregt, ist oft nur mein eigener Schatten.

Und dann geht es weiter mit dem Verstehen: Na klar, mein Leben lang habe ich gelernt, schön besonnen, bescheiden und lieb, sanft, freundlich zu sein. Das war meine Rolle in der Familie. Die gegenteilige Rolle war schon besetzt und außerdem nicht sonderlich gut angesehen. Alles andere habe ich deshalb fein säuberlich abgetrennt. Es war zwar irgendwie auch mal da, aber ich habe es, so gut es ging, versteckt. Es durfte nicht sein und war trotzdem eigentlich ein Teil von mir. Ein verdrängter eben.

Nach dieser Erkenntnis kann ich später im Alltag auf großspurige Züge bei mir selbst achten. Und nach und nach dieses zuvor Abgelehnte bei mir selbst annehmen. Auch wenn ich meine großspurige Seite dann nicht mehr auslebe, sollte sie mir dennoch bewusst sein. Wenn ich sie sehen und akzeptieren kann, werde ich schließlich »ganzer« im Sinne von vollständiger.

Und jetzt kommt das wirklich Spektakuläre, um das es in diesem Kapitel geht. Gerade klatschen wir Beifall für den Referenten, das Licht im Saal wird aufgehellt, die ersten Zuhörer stehen auf. Und just in diesem Moment ist es bei mir so weit: Worüber ich nebenbei innerlich nachgeforscht habe, ist sozusagen angekommen, und die großspurige Kollegin von vorher ist plötzlich … einfach wieder Sonja. Indem ich meine abgelehnte Seite erkenne und zu mir nehme, verliert die Projektion ihre Kraft. Die ganze Antipathie ist verschwunden. Ich kann automatisch freundlicher über sie denken, ich muss mir das nicht extra vornehmen.

Und noch besser: **Ich kann anfangen zu verstehen.** Mir gehen Gedanken durch den Kopf wie »Es war ja schon ziemlich spät, deshalb hatte sie es wohl an der Garderobe so eilig«, »Wer weiß, was sie für einen Stress hatte?«, »Vermutlich hat sie sich über sich selbst geärgert, dass sie so spät dran war, und diesen Ärger hat dann die Garderobenfrau abbekommen – kenne ich doch von mir, meinen Ärger über mich selbst auch mal bei anderen abzuladen … Und dann hat sie gemerkt, dass ich sie bei ihrem unrühmlichen Auftritt auch noch beobachtet habe. Das war ihr wohl unangenehm, und vielleicht wollte sie mich deshalb nicht grüßen« – solche Ideen kommen mir erst jetzt in den Sinn, wenn ich nicht mehr projiziere. Vorher wäre ich im Traum nicht auf derart verständnisvolle Gedanken gekommen. Was allerdings nicht heißt, dass ich alles gutheiße, wie sie sich verhalten hat. Ich finde es nach wie vor nicht akzeptabel, eine Garderobenfrau oder überhaupt jemanden anzufahren, und schon gar nicht grundlos. Doch daraus folgere ich nun das, was in den echten, guten, aufrichtigen und mitmenschlichen Kontakt führt.

Mir fällt ein: »Nächstes Mal könnte ich ihr helfen, sich sicherer zu fühlen. Ich müsste nicht am Rand stehen und sie beobachten. Ich könnte zu ihr hingehen, sie von mir aus grüßen und sie beruhigen: ›Du bist noch nicht zu spät dran, dadrin ist noch nichts los, lass dir Zeit und komm in Ruhe an.‹ Wer weiß, vielleicht hätte sie sich entspannt und wäre mir dankbar gewesen. Sie hätte mich ansehen, mich begrüßen können. Sie hätte sich ihre Verspätung nicht mehr selbst übelnehmen müssen.«

Nun, das ist natürlich alles nicht so einfach, wie es hier vielleicht klingt. Dazu gehören jede Menge Wachstumsschmerzen. Schließlich ist es nicht so angenehm, sich seinen ungeliebten Seiten zu stellen. Andererseits ist es jedoch entlastend: Ich muss kein heiliger Gutmensch sein, keine jederzeit tolle Superfrau. Was für eine Entspannung.

Davon ausgehend, können wir jetzt an größere Zusammenhänge denken, in denen Verbundenheit und Verstehen eine Rolle spielen. Ich nehme hier mal das Beispiel »Angst«, weil Angst ein universelles Gefühl ist, das uns sehr häufig in unserem Alltag begleitet. Zum Beispiel in der aktuellen Situation im Jahr 2016. Weiterhin kommen Zigtausende Flüchtlinge in unser Land.

Mit der Angst vor dem Fremden umgehen

Im Jahr 2015 kamen fast 80 000 Flüchtlinge nach Berlin, von denen mehr als 54 000 blieben; und es kommen immer mehr. Sie haben sich entschieden, das Elend in ihrem eigenen Land nicht länger zu ertragen im Angesicht einer so unvorstellbar viel friedlicheren, sichereren Welt, wie sie sie beispielsweise hier in Deutschland vorfinden könnten. Das Internet ist überall, und auch im staubigsten afghanischen Dorf kann sich heute fast jeder, zumindest jeder Mann, darüber informieren, wie es woanders ist, ob sich die Flucht lohnen könnte und ob und wie er in das neue Land gelangen kann. Und dann seine Schlüsse ziehen.

Das macht vielen Menschen bei uns Angst. Was wird aus unserem ordentlichen, ruhigen, wohlhabenden Land, in dem statistisch gesehen 45 Quadratmeter Wohnfläche pro Einwohner zur Verfügung stehen? Was wird aus unserer medizinischen Versorgung, wenn immer mehr Menschen die Leistungen des Gesundheitssystems beanspruchen? Was geschieht mit unseren Frauen, wenn immer mehr junge Männer aus frauenabwertenden Kulturen hierbleiben? Es sind naheliegende Ängste, die in der aktuellen Situation aufkommen können. Und wir haben verschiedene Möglichkeiten, damit umzugehen. Für einen produktiven Umgang mit Angst ist wieder der erste Schritt, die eigenen Abwehrmechanismen zu untersuchen und sich seine Gefühle bewusst zu machen.

Menschen, die fremdenfeindlich eingestellt sind, projizieren auch die eigene Angst auf die Ankömmlinge. Um die eigene Angst vor existenzieller Gefährdung und Heimatlosigkeit abzuwehren, übertragen Fremdenfeindliche sie auf die Flüchtlinge. Dann bekämpfen sie fatalerweise die Opfer – und ihre eigene Angst. Aber auch Menschen, die Flüchtlinge willkommen heißen, wehren oft eine andere Angst ab: die Angst davor, dass unsere Werte missachtet werden könnten. Fremdenfeindliche schüren just diese Angst, indem sie erschreckende Zukunftsbilder malen. Dann projizieren Fremdenfreundliche die eigenen, abgelehnten Ängste auf Fremdenfeindliche und bekämpfen alle, die die Angst vor der Flüchtlingswelle schüren …

Was können wir tun, um über diese Abwehr hinauszugehen? Stellen wir uns unseren eigenen Ängsten, anstatt vor ihnen wegzulaufen. Realisieren wir die Tatsache, dass wir unsere Angst nie ganz loswerden können. Universelle Ängste wie die Angst vor Heimatlosigkeit, die Angst vor existenzieller Gefährdung, die Angst vor Missachtung eigener Werte werden wir immer haben. Wir müssen ein Stück weit mit unserer Angst leben, sie gehört zum Leben, wir müssen sie aushalten. Mal sehen, was dann mit ihr passiert. Sie wird sich und uns verändern. Zu einem anderen Teil können wir Konsequenzen ziehen und uns engagieren, aber eben ohne unbewusstes Ausagieren von Abwehrmechanismen, ohne blindlings loszulegen und weitere Verhärtung zu schüren.

Wenn wir unsere Abwehrmechanismen erkennen und uns verdrängte Gefühle und Seiten unser selbst bewusst machen, verstehen wir uns selbst und andere besser, werden mitfühlender und handeln menschlicher. Verstehen hilft, weniger zu verurteilen und in Gut oder Böse aufzuteilen. Bei sich selbst und bei anderen. Wir verplempern weniger Energie im Kampf gegen Verdrängtes und seine Entsprechung im Außen. Somit erzeugen wir auch weniger kontraproduktive Gegenreaktionen bei anderen: kein Kampfmodus – weniger Fronten. Wir können in Ruhe, sogar gelassen, dafür viel engagierter und mit viel mehr Kraft und Wirkung für eine Sache kämpfen. Erst dann finden wir wirklich effektive Wege, um etwas zu bewegen und unseren Kontakt zu anderen Menschen weiterzuentwickeln und damit die Welt zu verbessern – jenseits von Frontenaufbau und Aggression und Gegenaggression.

Wenn wir besonnener mit unserer Angst umgehen, indem wir sie bewusster wahrnehmen und dadurch der Abwehr den Boden entziehen, können wir beginnen, größer und freier zu denken, zu fühlen, zu handeln. Das geht hin bis zu einer Gesprächskultur in unserem Land, in der wir uns mit einer neuen Besonnenheit gegenseitig anstecken. Das wünsche ich mir von Herzen. Und es ist möglich. Würden immer mehr Menschen bei sich und ihren Gefühlen bleiben, statt andere zu bekämpfen, ließe die Angst vor Aggression, Bewertung und Herabwürdigung, die Angst vor Schlechtmacherei, Häme und Neid nach. Aggression, Gewalt und Kampf würden abflauen. Dann könnte etwas Neues eintreten, eine Entspannung. Wir könnten zuhören, statt draufzuhauen. Verstehen, statt zu urteilen. Es wäre eine Atmosphäre der Freundlichkeit und Weisheit in unserem Land. Des gegenseitigen Lassens. Sogar der Liebe.

Klingt das illusorisch? Mag sein. Aber schließlich sind bei uns die äußeren Bedingungen dafür sehr günstig. Wir können uns die innere Auseinandersetzung leisten. Wir leben im Frieden. Wir werden nicht vertrieben, gefoltert, hingerichtet. Der Notarztwagen hält in Berlin acht Minuten nach einem Anruf vor dem Haus. Niemand kämpft um das Recht, zur Schule zu gehen. Satt, sicher und in aller Regel verhältnismäßig wohlhabend, könnten wir all das nutzen, statt Energie mit Abwehr und Kampf zu vergeuden. Und es gibt ja längst viele konkrete Ansätze jenseits von Kämpfen, die bei uns und überall auf der Welt zunehmend Verbreitung finden.

Einer dieser Ansätze ist der »Dialog«,[47] der zurückgeht auf den Quantenphysiker und Philosophen David Bohm, einen »Kollegen« von Albert Einstein, sowie andere Forscher und den Philosophen Platon. Ich finde den Ansatz faszinierend, und er zeigt weltweit erstaunliche Erfolge: Verfeindete Gruppen sitzen friedlich an einem Tisch. Schwerstverbrecher erzählen aus ihrer Kindheit. Und der emeritierte südafrikanische Erzbischof Desmond Tutu hat durch die Versöhnungsarbeit mit Opfern und Tätern des Apartheid-Regimes erreicht, dass ehemals Gefolterte die Entschuldigung ihrer Peiniger annehmen und ihnen sogar vergeben konnten. Dabei geht es keineswegs darum, Verbrechen kleinzureden oder dass die Verantwortlichen ihrer Verantwortung enthoben werden sollen.

Wie kann solch ein Dialog gelingen? Das Entscheidende: Die Dialogpartner disputieren nicht. Sie teilen sich lediglich ihre inneren Wahrheiten mit: »Wie denke, fühle, beurteile, erinnere ich?« Und wer gerade zuhört, lässt das Gehörte in innerem Schweigen auf sich wirken. Er beobachtet seine eigenen Gedanken und Gefühle. Er respektiert vollkommen und verzichtet auf Abwehr, Schuldzuweisung oder Kritik an dem, was er gerade vernimmt. – Wow, das muss man erst mal schaffen!

Warum funktioniert das? Sobald es weder um Überzeugen, Rechthaben und Gewinnen noch um rhetorische Brillanz und Schnelligkeit geht, sondern ums Verstehen statt ums Urteilen, öffnet sich in den Beteiligten und im Kommunikationsraum ein Feld entwicklungsbereiter Offenheit. In diesem Feld können Menschen dann reden – scheinbar ohne Ergebnis, ohne Entscheidungen, ohne Führung. Doch hinterher werden wohl alle wissen, was zu tun ist, weil sie sich verstanden haben und zu einem größeren Ganzen gehören. Verstehen ist ein machtvoller Gegenspieler von Verbitterung und Kampf. Aber dieser Gegenspieler muss stärker sein als der Ereiferungsreflex. So stark, dass er irgendwann ebenfalls zum Reflex wird: der »Einhaltreflex«. Zwischen Reiz und Reaktion liegt die Freiheit. Es könnte eine Lust aufs Innehalten wachsen, Lust aufs Erkennen des anderen. Die pampige Antwort der pubertierenden Tochter – darüber aufregen? Ach was, lieber einhalten und das Mädchen fragen, wo denn der Schuh drückt; und wenn ihm das Antworten »zu uncool« ist, können wir uns selbst fragen, was in dem Alter denn bei uns so abging. Oder der unsympathische Nachbar: Warum nervt er uns mit seiner Rechthaberei? Sind wir vielleicht selbst mitunter rechthaberisch und wollen das nur nicht wahrhaben? Kaum ist die Frage bejaht, könnten wir leichter über ihn schmunzeln, statt weiter genervt zu sein. Mit der Zeit wird das immer vertrauter.

Aber was erzähle ich da? Es gibt ja längst mehr und mehr Beispiele im ganz normalen Alltag. Sie fallen weniger auf, denn sie kommen meist auf leiseren Sohlen daher. In der Schule meines Sohnes haben neulich alle genau so besonnen gehandelt, wie ich es mir vorstelle.

Über die Täter-Opfer-Rollen hinausgehen

Die allergischen Reaktionen im Gesicht des Jungen fielen jedem sofort auf, um den Mund herum und am Kinn. Auch ich hatte sie gleich registriert, als ich meinen Sohn zum Bus brachte. Er erzählte mir hinterher, was kurze Zeit zuvor passiert war. Am zweiten Tag der Klassenreise hatte ein Mädchen, bald aber fast die ganze Klasse, den Jungen wegen seiner roten Hautflecken gehänselt. Schließlich hatte der Junge seinen Spitznamen weg: »Rotbart«. Und weil er sich nicht wehrte, wurde daraus bald »Rotbarsch«, schließlich »Rotarsch«. Was Kindern halt so einfällt.

Der Junge war schon so weit, dass er die Schule wechseln wollte. Und seine Eltern gerieten erst einmal in Aufruhr: Die Lehrer hätten doch reagieren müssen, und zwar sofort! Und was für eine fiese Mobberin, dieses Mädchen! Empört griff der Vater zum Telefon, um die Eltern der Schulkameradin anzurufen. Aber dann hielt er gerade noch rechtzeitig inne.

Die Mutter ging daraufhin erst einmal mit ihrem Sohn zu einer Mobbingberatung. Dort sagte man ihr, es sei kontraproduktiv, gleich die Eltern eines Schulmobbers mit einzubeziehen. Also sprach die Mutter – schon viel ruhiger – mit der Lehrerin. Die Lehrerin wiederum redete mit dem Mädchen. Auch das in Ruhe. Mit vielen Fragen. Ganz ohne Vorwürfe.

Das Mädchen brach daraufhin in Tränen aus – vor Erleichterung, dass sie angesprochen wurde, denn sie hatte Schuldgefühle. Schnell fanden Lehrerin und Kind heraus, warum sie überhaupt gemobbt hatte: Nach einem Misserfolg am ersten Reisetag hatte sie sich sehr geschämt und dafür einen Sündenbock gesucht. Sie verstand erst jetzt, warum sie so gehandelt hatte. Später ging sie zu dem gemobbten Jungen. Der hörte zu, nickte einmal kurz und konnte in der nächsten Pause wieder normal mit den anderen spielen. Kein Kinderbashing. Kein Lehrerbashing. Kein Elternbashing.

Ich habe meinen Eltern nie erzählt, wenn ich etwas Fieses in der Schule erlebt hatte. Mit meinem Sohn rede ich fast täglich darüber, wie er sich selbst, wie sich andere Kinder und Lehrer verhalten. Er überlegt, woran es liegen könnte, wenn ein Mitschüler plötzlich aggressiv ist. Und hat Ideen. Unsere Kinder sind heute in vielem weiter als wir. Weil sie ganz nebenbei aufnehmen, was wir aufwendig und oft unter Schmerzen haben lernen müssen. Wenn wir uns besonnen verhalten, nehmen unsere Kinder das einfach mit auf.

Im letzten Sommer saß ich in einer lauen Sommerabendstimmung mit unserem elfjährigen Sohn auf dem Balkon. Es wehte ein leichtes Lüftchen, die Mauersegler drehten über dem Hof mit ihren feinen Schreien halsbrecherischen Flugrunden, und wir philosophierten über Gut und Böse. Und da sagte mein Sohn plötzlich: »Das ist ja fast genauso wie bei Star Wars: Wir denken, die Jedi-Ritter sind die Guten. Und die dunkle Seite der Macht, die Sith, Darth Vader: Das sind die Bösen. Aber die Sith denken genau umgekehrt: Sie finden, sie selbst seien die Guten und sie müssten gegen die bösen Jedi-Ritter kämpfen. Gut und Böse – ist doch alles Ansichtssache.« Ich teile die Vision dieser neuen Generation, unserer Kinder. Was wäre, wenn dieses Denken sich immer weiter ausbreitete? Ich wünsche es mir.

Weitgehend unbemerkt neben den weltbewegenden Ereignissen können wir an einer neuen Kultur arbeiten. Auch in der öffentlichen Kommunikation. Selbst wenn 90 Prozent der Journalisten einen Skandal mit ihren Berichten hochschaukeln – immer mal wieder lese ich einen Artikel, der keine Ereiferungsreflexe aktivieren will. 1, 2 oder 10 Prozent berichten besonnen. Und sei das Verhältnis im Moment noch 90 zu 10, irgendwann wird es 50 zu 50 sein. Und das ist eine richtig gute Zahl.

Oder denken Sie an die Facebook-Lästerei über die Frauen mit den aufgepumpten Lippen aus Kapitel II/1. Alle waren über das Foto der beiden hergezogen. Ein paar Tage später entdecke ich – wiederum auf Facebook, gepostet vom Schweizer Radiosender SRF 3 – ein Foto eines Spielers bei einem Hörer-Moderatoren-Fußballspiel anlässlich der WM 2014. Der Mann steht auf dem Spielfeld, sein T-Shirt ist über dem

sehr dicken Bauch hochgerutscht, und man sieht einen Strei-
fen nackter Haut. »Wieder so ein Häme-Foto«, denke ich und
will diesmal flink darüber hinwegscrollen. Aber dann bleibe
ich doch hängen. Eine Hörerin hat kommentiert. Sie war genervt von der andauernden Lästerei bei der Anmoderation
über die »Wampe« des Spielers: »Was soll das Bodyshaming
hier, werte SRF 3-Redaktion? Diese Reaktion ist einfach nur
peinlich. Ab ins Seminar für Medienethik, aber schnell!« Ich
muss grinsen. Und ich merke: Allein durch diesen Kommentar wirkt der Mann auf mich jetzt anders. Männlich. Gerade
mit seinem dicken Bauch. Ja: würdevoll.

Für den Alltag

Im Kontakt zu unseren Mitmenschen können wir immer neu prüfen, ob und wie wir uns verbunden fühlen mit anderen. Jede flüchtige Begegnung eignet sich dafür, auch an der Käsetheke oder im ICE. Jedes Gespräch erst recht. Ob es erfreut, beglückt und in einen Dialog mündet, aus dem etwas Neues entsteht, hängt von der Qualität dieses Kontakts ab.

Kontakt

Wie ist meine ganz eigene Art, Kontakt herzustellen?

....

Meine Wertschätzung, die ich zum Ausdruck bringe; ich mache zum Beispiel oft Komplimente. Ich frage viel. Mein breites, charmantes Lachen. Ich bedanke mich. Ich nehme sehr genau wahr, wie die Verbindung ist. Ich zeige mich auch mit Unzulänglichkeiten, ohne mich kleinzumachen, das ermutigt auch andere, nicht angeberisch zu sein.

Woran merke ich, dass ein echter Kontakt da ist?

....

Ich freue mich. Es macht mir Spaß. Ich lache. Ich merke, dass ich den anderen mag. Ich bin neugierig und interessiert. Ich spüre Verbundenheit, Vertrauen. Ich habe meine anfängliche Scheu verloren.

Manchmal stört irgendetwas den Kontakt zu einem anderen Menschen: eine plötzliche Abneigung. Eine Antipathie aus heiterem Himmel. Ein Genervtsein. Wenn wir jemand anderen ablehnen, können wir besonders viel über uns selbst herausfinden: Wir können abgelehnte Seiten unser selbst entdecken.

Projektionen zurücknehmen

1. Wen finde ich so richtig »doof«?
(unsympathisch, blöd, nervig, albern)
Blitzantwort:

....

Der X mit seinem arroganten Getue. Diese blöde Tussi Y nervt mich unerträglich. Der Z ist einfach total unsympathisch.

2. Welche Eigenschaft dieser Person löst das aus?

....

X ist arrogant. Y ist so selbstverliebt. Z interessiert sich nicht für andere Menschen.

• Nach diesen beiden Fragen hilft die Regel »Was mich am anderen aufregt, ist nur mein eigener Schatten«. Daraus folgt dann die nächste Frage.

3. In welcher Form finde ich diese Eigenschaft in mir selbst?

....

Ich bin auch manchmal arrogant, zum Beispiel wenn ich mich über Leser von Boulevardblättern mokiere. Ich wäre gern auch mal selbstverliebt wie Y, das fehlt mir! Wenn mir alles zu viel wird, interessieren mich andere Menschen eigentlich auch nicht mehr, aber ich gestehe mir das nicht ein, da könnte ich mir von Z sogar was abgucken.

- Wir können das, was wir bei uns ablehnen und auf andere Menschen projizieren, wieder zu uns zurücknehmen. Wir wachsen und werden vollständiger mit den vormals abgelehnten Seiten.
- Meist ist nach einem solchen Prozess des Zurücknehmens einer Projektion die Sicht auf die andere Person klarer und freier, die negativen Gefühlsreaktionen haben sich beruhigt, und wir sehen den anderen, wie er wirklich ist. Wir können nun unbelasteter im Kontakt sein, offen und freundlich auf den anderen zugehen, uns in seine Lage versetzen, ihm sogar helfen und uns sowie ihm eine Brücke in einen guten Kontakt bauen.

Das Unbewusste wirkt oft bedrohlich. Und wir haben nie gelernt, uns ihm zu nähern.

Würden wir uns ihm dennoch nähern, was hätten wir davon?

Wir müssten nicht mehr wegrennen vor Situationen, die Schmerzen verursachen könnten.

Es wären alle Optionen grundsätzlich möglich.

Das ist innere Freiheit.

Sehen wir uns im folgenden Kapitel mal an, wie das gehen kann.

7. Die Freiheit –
Schmerzen nicht länger vermeiden

Es war eine Revolution. Und ein Affront. Vor rund 120 Jahren stellte der Neurologe Sigmund Freud der Öffentlichkeit Thesen vor, die für das damalige Denken ungeheuerlich wirkten: Der Mensch, die Krone der Schöpfung, sei nicht mehr als ein Getriebener seiner unterdrückten Wünsche, die aus verdrängten frühkindlichen Erlebnissen stammten. Er glaube, Herr im eigenen Haus zu sein, doch im Keller seiner Seele regierten animalische Triebe. Er tue etwas und wisse nicht, warum. Er habe Angst und wisse nicht, wovor. Sigmund Freud ist der bekannteste Vertreter der Psychoanalyse und einer der wichtigsten Entdecker des Unbewussten. Er wurde verspottet und angegriffen. Denn er konnte nichts beweisen.

Die Macht des Unbewussten

Neurowissenschaftler können heute mit bildgebenden Verfahren die Aktivität in den Hirnregionen sichtbar machen und stützen Freuds Theorie des Unbewussten. Und die Prozentzahl zum Einfluss des Unbewussten auf unser Leben müsste uns eigentlich ins Staunen versetzen: Höchstens 10 Prozent der Prozesse im Gehirn sind von unserem bewussten Ich gesteuert. Unser Unbewusstes dagegen bestimmt 90 Prozent.[48] Bewusstes und Unbewusstes verhalten sich wie sichtbarer und unsichtbarer Teil eines Eisbergs: Nur die kleine Spitze – also das, was wir wahrnehmen, denken, fühlen und entscheiden – ist bewusst. Das Unbewusste beherrscht weitestgehend unser Bewusstsein und prägt auch unsere Persönlichkeit.

Das ist für viele sicher nichts Neues. Doch in unserem Alltagsdenken ist diese Revolution noch nicht wirklich angekommen. Unser bewusstes Ich will weiterhin glauben, es gäbe in uns den Ton an. Auch viele meiner Kollegen meinen das und versuchen weiterhin, über Selbstkontrolle, Umdenkprozesse und willentliche Symptombekämpfung Menschen zu verändern. Die Mainstream-Psychologie ist erst in den letzten zwei Jahrzehnten langsam dabei, umzudenken und sich mehr um die Einbeziehung des Unbewussten zu bemühen. Widerwillig, sagt Gerhard Roth,[49] weltweit einer der renommiertesten Hirnforscher. Warum so widerwillig?

Menschen haben seit eh und je ihr bewusstes Ich als oberste Kontrollinstanz erlebt. Kein Wunder. Denn wieso sollten wir etwas als existent annehmen, was wir gar nicht wahrnehmen, eben weil es unbewusst ist? **Wir müssten eigentlich unsere Vorstellung aufgeben, dass wir komplett willentlich handeln, denken, entscheiden und unser Leben im Griff haben.** Einige Hirnforscher wie Wolf Singer oder Gerhard Roth vermuten sogar, dass zukünftige Forschungsergebnisse unser Menschenbild und unser Rechtssystem massiv verändern werden. All das erscheint den meisten so ungeheuerlich, dass sie lieber einen Verdrängungsmechanismus anwenden, um die Erkenntnis abzuwehren: das Verleugnen.

Würden wir die Macht des Unbewussten nicht mehr verleugnen, würden wir jedoch schon über Selbstbeobachtung überall Indizien dafür finden, dass wir Dinge tun, die wir so nicht gewollt und geplant hatten.

Essen, obwohl man sich vorgenommen hatte, zu fasten. Mit dem Kind schimpfen, obwohl man geduldig sein wollte. Die Krankenversichertenkarte verlegen, so dass man den Termin beim Zahnarzt kurzfristig absagt, obwohl man den eigentlich fest eingeplant hatte. Oder, ein Klassiker: sich immer wieder in denselben Typ Mann oder Frau verlieben, obwohl man längst weiß, dass Partner mit diesen speziellen Eigenschaften einem nicht guttun und es bald wieder ähnliche Beziehungsprobleme geben wird. All das sind Anzeichen für die Macht des Unbewussten, die uns aufhorchen lassen sollten.

Auch bei Entscheidungen spielt ständig das Unbewusste mit. Schon zehn Sekunden vor einem bewussten Entschluss wird das Gehirn aktiv.[50] Attraktive Angeklagte vor Gericht haben bessere Chancen auf ein mildes Urteil, weil die Richter ihnen unbewusst weitere positive Eigenschaften zuschreiben. Und selbst erfahrene Juristen können dem sogenannten Ankereffekt unterliegen und lehnen sich bei ihrem Strafmaß an eine Zahl an, die vorher im selben Zusammenhang auftauchte. Im psychologischen Experiment setzen sie zum Beispiel ein um acht Monate höheres oder niedrigeres Strafmaß an, wenn sie als Anker zuvor »drei Jahre« oder »ein Jahr« als Vorschlag gehört hatten. Das funktioniert genauso bei einer beliebig gewürfelten Zahl, einem Zwischenruf oder einem von der Staatsanwaltschaft geforderten Strafmaß. Unbewusst bezogen sie Zahl und Strafmaß aufeinander.[51] Und ebenso spielt bei emotionalen Ausbrüchen das Unbewusste eine Rolle.

Ich erinnere mich an eine Szene vor zwanzig Jahren bei meiner früheren Tätigkeit im Bereich der Krisenintervention. Wir saßen in aller Ruhe im Team zusammen, sprachen über die Zusammenarbeit mit den Beamten des nächstgelegenen

Polizeibezirks und über einen ziemlich verrückten Klienten, der immer mal wieder bei uns auftauchte, um sich vor vermeintlichen Angriffen der italienischen Mafia zu verstecken. Ein Kollege äußerte einen Gedanken dazu. Und da brüllte eine Kollegin ihn aus dem Nichts heraus dermaßen an, dass das ganze Team für Sekunden in Schockstarre verharrte. Der cholerische Ausbruch war durch nichts aus der aktuellen Situation heraus erklärbar. Dem Kollegen flatterten die Hände. Bald entschuldigte sich die Kollegin. Noch etwas später erklärte sie uns, wie es dazu gekommen war: Eine Formulierung des Kollegen kannte sie fast wörtlich von ihrem Vater, der damit in der Familie über sie und ihre Geschwister hergezogen war. Sie hatte damals regelmäßig wütend gegengehalten.

Solche Situationen, in denen jemand unangemessen reagiert, sind Hinweise darauf, dass unser Unbewusstes massiv mitspielt. **Wir übertragen Gefühle und Verhalten aus früheren Situationen auf heutige, wenn sie uns an das Damalige erinnern.** Mit solchen »Übertragungen« haben wir alle zu tun. Oft ist nicht das aktuelle Gegenüber »schuld«, wenn wir uns angegriffen, verletzt, abgewertet oder verliebt fühlen, sondern eine frühere Bezugsperson. Vorgesetzte zum Beispiel können ein Lied davon singen, wie sie von ihren Mitarbeitern bekämpft oder idealisiert werden, und es hat oft rein gar nichts mit ihrem eigenen Verhalten zu tun. Dann hat der Mitarbeiter seine früheren Beziehungserfahrungen zu seinem Vater oder zu seiner Mutter auf die heutige Autoritätsperson übertragen.

Allerdings sind Impulse aus dem Unbewussten nicht immer störend. Oft helfen sie uns, viel bessere Entscheidungen zu treffen, als das über rein rationales Abwägen möglich wäre. Das »Bauchgefühl« ist nichts anderes als der Zugriff auf ein riesiges Reservoir von Informationen aus dem Unbewussten, die sich dort durch Erfahrungen angesammelt haben. Es trügt meist nur dann, wenn gar keine Erfahrungen vorhanden sind, die bei der Entscheidung eine Rolle spielen könnten.

Indem wir in Kontakt mit unserem Unbewussten kommen, immer mehr vormals unbewusste Inhalte bewusst machen und Belastendes auflösen, können wir zum Beispiel die Auslöser für innere Blockaden, unangemessene Gefühlsreaktionen und Verhaltensweisen auflösen, wenn wir uns erst einmal an sie erinnern. Wir können so auch vormals verdrängte, ungeliebte Eigenschaften der eigenen Person aufdecken und annehmen. Wir können das Unbewusste darüber hinaus immer besser als Quelle von Inspiration und sinnerfülltem Tun zu nutzen. Aber wie?

Wann wir in den Abgrund springen sollten

In einem Büchlein aus meiner Kindheit wurde ein Eichhörnchen von einem Waldbrand an den Rand einer Schlucht getrieben. Ringsum war Feuer, vor ihm der Abgrund, unten in der düsteren Schlucht das Wasser. Als das Feuer fast sein Fell ansengte, sprang das Eichhörnchen. Unten strudelte es durch den wilden Fluss, bis es am Ende der Schlucht in ruhiges Wasser geriet. Das nächste Bild zeigte es am rettenden Ufer, das Fell noch nass. Auf der letzten Seite saß es am Fluss, ein runder Fellball vor der untergehenden Sonne.

Im übertragenen Sinne kann der Abgrund mit der Schlucht als unser Unbewusstes verstanden werden. Das Feuer sind dann die äußeren und inneren Anzeichen dafür, dass etwas so wie bisher nicht mehr weitergeht. Das Wasser sind die Gefühle und weitere Reaktionen, die durch die Impulse aus dem

Unbewussten hervorgerufen sind. Das Ufer ist der neue Grund, den wir betreten, wenn wir Unbewusstes aufgedeckt und zur Ruhe gebracht haben.

Irgendwann ist es Zeit zu springen. Wenn wir nicht in unsere inneren Abgründe springen, können wir uns selbst und anderen schaden. Nämlich dann, wenn wir Unliebsames verdrängen, was dann negative Auswirkungen auf uns selbst, unser Verhalten und auf andere hat.

»Ich komme nie auf einen grünen Zweig«, lautete ein unbewusster Glaubenssatz, den ein Seminarteilnehmer schon früh verinnerlicht hatte. Bei ihm reichte das Geld tatsächlich nie, obwohl er eigentlich gut verdiente. Der Glaubenssatz hatte bei ihm verhindert, dass sich endlich ein finanzielles Polster auf dem Konto bildete. Als er sich intensiver mit den von seinen Eltern überlieferten Vorstellungen über Geld beschäftigte, wurde ihm dieser Satz bewusst; und als er ihn abgelegt hatte, füllte sich auch sein Konto nach und nach, weil er mit einem Mal passende Ideen entwickelte, wie er zu mehr Geld kommen könnte. Für ihn war es also mehr als sinnvoll, sich mit seinen unbewussten Vorstellungen über Geld zu beschäftigen.

Ein weitaus dramatischeres Beispiel: Jemand hatte sein Kind in einem Wutanfall geschlagen. Er hatte das nicht gewollt und beschimpfte sich selbst hinterher aufs schärfste dafür. Gleichzeitig hatte er zum Glück erkannt, dass er sich auf seine Selbstbeherrschung, auf die er bis dahin gesetzt hatte, offensichtlich nicht verlassen konnte. Für ihn war es definitiv Zeit, in den Abgrund zu springen und im Unbewussten zu ergründen, welche Auslöser ihn in dieses Verhalten trieben.

Spätestens dann, wenn andere Menschen, Tiere oder unsere Umwelt durch machtvolle Impulse aus dem Unbewussten zu Schaden kommen, dürfen Menschen die Verantwortung für ihr Tun nicht länger ihrem begrenzten, bewussten Willen überlassen. Mit guten Vorsätzen kommen wir nicht weiter. Die Impulse aus dem Unbewussten sind viel stärker. Sie müssen systematisch untersucht werden, gegebenenfalls mit professioneller Hilfe.

Zugänge zum Unbewussten

Ein Zugang zum Unbewussten ist über ein schnelles Tempo möglich. Das Unbewusste verarbeitet und bewertet Wahrgenommenes viel schneller als unsere bewusste Wahrnehmung, innerhalb von 0,2 bis 0,3 Sekunden. Wir merken ja fast nie, dass das Unbewusste uns beeinflusst hat, und meinen im Nachhinein, wir hätten uns bewusst für eine Handlung entschieden. **Sogenannte Blitzantworten auf Fragen können helfen, das bewusste Denken ab und zu mal in die zweite Reihe zu verweisen.**

Auf eine neue Fährte kommen wir auch, wenn wir auf somatische Marker[52] achten, die der Neurowissenschaftler António Damásio benannt hat. Das sind diffuse Körpersignale, die uns oft ein Start- oder Stoppsignal direkt aus dem Unbewussten vermitteln. Das Kribbeln im Bauch, der »Frosch« im Hals, die Gänsehaut, das pochende Herz, die Enge in der Brust. Maja Storch, eine Psychologin, die an der Universität Luzern forscht, beschreibt, wie wir diese somatischen Marker nutzen können: Wenn uns etwas schwer im Magen liegt, kann das ein »Nein« bedeuten. Wenn wir lachen müssen oder eine Wärme in der Herzgegend empfinden, kann das eine innere Zusage des Unbewussten signalisieren.[53]

Dem können wir dann tiefer nachgehen, etwa mit folgenden Fragen: Woher kommt dieser Impuls? Woran erinnert er mich? Welche Bilder oder andere Sinneseindrücke im Zusammenhang mit diesen Gefühlen nehme ich wahr? Welche Phantasien sind daran gebunden? Was fällt mir zu diesen Gefühlen noch ein? Wann habe ich sie zum ersten Mal in dieser Weise erlebt? Wie alt war ich da? Wer war sonst noch anwesend? Was ist passiert?

Ein großes Verdienst der westlichen Tiefenpsychologie ist es, dass sie – lange Zeit als einziger Ansatz – unbewussten seelischen Vorgängen einen hohen Stellenwert einräumte und einen Weg aufzeigte, um damit umzugehen. Erinnern, Wiederholen und Durcharbeiten mit Hilfe der freien Assoziation sowie mit Träumen und Wunschträumen helfen, Vergessenes und Verdrängtes wieder bewusst zu machen und darüber die Automatismen zu lindern, die uns heute noch einschränken.

Darauf wiederum bauen moderne Methoden auf, die sich schon in der Therapie traumatisierter Menschen bewährt haben und Verarbeitungsprozesse im Gehirn positiv beeinflussen, zum Beispiel EMDR (Eye Movement Desensitization and Reprocessing)[54] zur Desensibilisierung über Augenbewegungen, EFT (Emotional Freedom Techniques)[55] als eine ebenfalls wissenschaftlich fundierte Therapiemethode mit Klopfakupressur oder Logosynthese[56], bei der man belastende Erinnerungen, Glaubenssätze und Phantasien mit Hilfe von präzise formulierten Sätzen auflöst. Ich arbeite in erster Linie mit Logosynthese (siehe auch im Anhang-Kapitel »Eine Vision: Die Gespräche« den Abschnitt über Willem Lammers).

Wie auch immer wir uns dem Unbewussten nähern, müssen wir allerdings bereit sein, Emotionen, Körperempfindungen und gedankliche Vorstellungen feinsinnig wahrzunehmen. Es geht um die Innenschau. Und die sehen wir uns jetzt genauer an.

Dazu möchte ich die Wirkung des Fotos der »Facebook-Frauen« aus Kapitel II/1 auf mich hier nochmals aufgreifen, um Ihnen zu zeigen, wie man so etwas Alltägliches als Anlass nehmen kann, immer tiefer ins Unbewusste zu gehen.

Ich wandere in Gedanken zurück zu dem Foto. Jetzt, mit mehr Abstand, merke ich, dass mich die aufgedunsenen Lippen der Frauen wirklich erschreckt hatten. Und damit habe ich den ersten Ansatzpunkt: »Ulrike, warum erschrecken dich diese Lippen denn so?« Schon bin ich weg vom Ereifern und bei mir selbst angekommen. Ich überlege weiter: »Was würde mich dazu bewegen, mich derart ›aufhübschen‹ zu wollen und mich dafür so massiv zu manipulieren?« Ich suche meine Gefühlslandschaft ab und ahne, dass es um ein Unzulänglichkeitsgefühl geht. »Woran erinnert mich das?«, frage ich mich weiter.

Sofort fällt mir etwas ein. Jahre ist es her. Ich wollte unbedingt als schön empfunden werden, fühlte mich aber immer unzulänglich. Ja, das passt zu dem Gefühl, das mich auf Facebook angeweht hat. Nicht gerade angenehm. »Aber los, Ulrike: trotzdem hinsehen!« Na gut, ich erzähl's Ihnen.

Vor Jahrzehnten war ich mal hoffnungslos verliebt. Und ich hätte alles Mögliche dafür getan, um wiedergeliebt zu werden. Wirklich. Alles. Mögliche. Damit wies ich sämtliche Symptome verzweifelter Verliebtheit auf: Schlafdefizit, Appetitlosigkeit, Interessenverlust gegenüber allem anderen. Ich war rastlos, schmiss Geld für Kleidung, Schuhe, Frisuren und Kosmetika raus, um ihn – den das nicht erreichte – für mich zu gewinnen. Hätte ich damals schon die Möglichkeit gehabt, die Lippen mit Hyaluronsäure aufzuspritzen, hätte ich …? Wer weiß. Wie auch immer: Ich litt unter dem Gefühl, abgelehnt zu werden.

Wenn ich einem solchen Gefühl nach all den Jahren zum x-ten Mal begegne, kann ich natürlich gelassener damit umgehen denn als Teenager. Außerdem habe ich mittlerweile meine Methoden, mit denen ich nach und nach diesen Schmerz in meinem Leben abgetragen habe. **Doch auch das Üben darin, den Schmerz zu durchleben, statt ihn zu vermeiden, ist wichtig.** Das mache ich jetzt.

Ich schließe die Augen und gehe weiter hinein in das Gefühl. Dort ist es sehr traurig. Aber das reicht dann auch schon. Ich arbeite nun mit der bereits erwähnten Logosynthese weiter. Aber es ginge auch ohne dies oder mit einer anderen Methode, die Sie bevorzugen und die zu Ihnen passt. (Um eine Methode zu lernen, die dabei hilft, die Auslöser für solche Belastungen aufzulösen, empfehle ich Ihnen allerdings, eine fundierte persönliche Unterstützung zu suchen. Wichtig ist zudem nicht nur die Methode, sondern dass die Person, die diese vermittelt, selbst bereits weit entwickelt ist, weil sie sich mit diesen Themen auseinandergesetzt hat.)

Ich tauche wieder auf und trage das – jetzt schon veränderte – Gefühl mit mir durch den Tag. Gerade bin ich wieder auf einen längst vertrauten Schmerz getroffen und habe ein weiteres Stückchen von ihm abgetragen, für das ich nun bereit war. Ich bin an dem Tag vielleicht etwas dünnhäutiger als sonst, stiller. Aber da ich vor anderen ohnehin wenig verberge, stört das den Kontakt mit Menschen gar nicht. Und jetzt wird es noch interessanter.

Mitten in diesem tragischen Gefühl merke ich, wie ich mich dabei den »Facebook-Frauen« nahe fühle. Aber nicht nur ihnen. Ich fühle mich allen Menschen verbunden in dem Wissen: Die Angst, getrennt zu sein, ist eine der tiefsten und universellsten Ängste des Menschen. Der Wunsch, Verbundenheit zu leben, begleitet uns von Beginn an; zusammen mit dem Wachstumsimpuls ist er ein zentrales Motiv unserer Entwicklung. Deshalb tun wir auch alles Mögliche, um diese Schmerzen des Getrenntseins zu vermeiden. Während ich mich diesen durch das Facebook-Foto ausgelösten Gefühlen und Gedanken öffne, kann ich all diese Reaktionen sehr gut verstehen. Und das wiederum macht mich ruhig. Friedlich. Still. Dafür bin ich dem Facebook-Impuls irgendwie sogar dankbar.

Was aber geschieht, wenn jemand aus dem Verbundenheitsgefühl herausfällt und sich als getrennt erlebt? Hirnforscher haben sich das auch gefragt. Also zeigten sie jeweils einem Studenten ein virtuelles Volleyballspiel, während sie sein Gehirn scannten. Vorher hatten sie dem Betreffenden erklärt, einer der Spieler sei er selbst. Dieser rot markierte Spieler wurde nach einiger Zeit immer seltener angespielt. Er bekam kaum noch Bälle, irgendwann gar keine mehr. Schließlich stand er nur noch unbeteiligt herum. Dem Probanden ging es schlecht, und die Aufzeichnungen im Nachbarraum bestätigten es: Jenes Areal, wo das Gehirn auch auf körperliche Schmerzen reagierte, war am aktivsten.

Wer sich ausgeschlossen und damit getrennt von anderen fühlt, erlebt seelische Schmerzen. Und allgemein werden die stärksten seelischen Schmerzen verursacht durch einen Mangel oder das Fehlen von Zuwendung und Anerkennung oder durch mangelnde Möglichkeiten zum Wachstum und zur Entfaltung.

Dazu muss man wissen, dass unser Gehirn vermutlich Ablehnung und das Empfinden von Getrenntheit wie physischen Schmerz empfindet. Es verarbeitet ihn genau in dem Areal, in dem auch körperlicher Schmerz Reaktionen auslöst.

Daran liegt es vielleicht auch, dass in vielen Sprachen der Welt die gleichen Begriffe für physischen und Ablehnungsschmerz genutzt werden: »Es tut weh«, »Es ist ein schmerzlicher Verlust«, »Er hat ein gebrochenes Herz« und so weiter. Die starke Schmerzreaktion taucht interessanterweise nicht in gleicher Weise bei anderen negativen Reaktionen auf. Vermutlich, weil die Angst vor dem Getrenntsein uns seit Jahrmillionen als absolut existenzielle Angst begleitet: Menschen starben, wenn sie von ihrem Stamm ausgeschlossen wurden. Niemand konnte allein überleben.

Schmerzvermeidung oder nicht?

Alle Menschen haben irgendwann in ihrer Biographie prägende Erfahrungen des Getrenntseins gemacht. Sie müssen nicht wie Moses als Baby in einem Binsenkörbchen auf dem Fluss ausgesetzt worden sein, um existenzielle Trennungsangst erfahren zu haben. Viele kindliche Erfahrungen sind mit Trennungen assoziiert und als existenziell empfunden worden. Wir müssen damit leben, dass dieser Schmerz später in unserem Leben auftauchen kann, zum Beispiel anlässlich eines Konflikts, einer Beziehungskrise, einer Trennung, einer Kündigung.

Schmerzliche Anlässe gibt es sogar unzählige – unauffällige oder offensichtliche. Geliebte Menschen machen nicht, was man will, trennen sich, sterben. Das eigene Kind entwickelt sich völlig anders, als man es sich gewünscht hätte. Aktuelle Beziehungen erinnern an alte Mangelzustände. Ziele bleiben unerreicht, obwohl man sie klar vor Augen hatte. Oder ungeliebte Seiten erinnern uns an eine viel ältere, schmerzliche Ablehnung.

Wir können diese Anlässe also nie aus unserem Leben bannen. Immer werden Glück und Unglück sich abwechseln. Viele Menschen jedoch gründen ihr gesamtes Handeln auf dem Motiv, den Schmerz des Getrenntseins zu vermeiden. Sie fliehen davor. Sie plündern bei der ersten Ahnung eines Schmerzes den Kühlschrank. Sie treiben Sport bis zur Erschöpfung. Sie chatten auf Teufel komm raus, sobald ein Anflug von Einsamkeit auftaucht. Sie hungern sich schlank, um wegen ihres Äußeren geliebt zu werden. Sie stellen ihren Reichtum zur Schau, um bewundert zu werden. Sie wollen Macht, um umschwärmt zu werden. Die Grenze zur Sucht, zur Lüge, zur Verausgabung ist erreicht oder überschritten.

Diese Verdrängungsstrategien schützen oberflächlich, und man muss den Schmerz dann tatsächlich nicht spüren. Er ist nun nicht aktiv. Erst einmal. Aber der Schutz ist brüchig, man ist abhängig von der Gunst, Bewunderung und Wertschätzung anderer; und man muss ständig aufpassen, um den Schutz zu erhalten, denn die Schmerzanlässe gehen nie aus.

Der Preis ist die verhinderte Entwicklung. Man hängt sozusagen in der Warteschleife. Wird abhängig von einem Suchtmittel. Man vergeudet seine Energie mit Vermeidungsstrategien und reagiert angstgesteuert. Und ohne Schmerzen können wir uns vieles eben nicht bewusst machen. Ich glaube, dass die Angst davor viel zu groß, unangemessen groß ist. Wären wir geübter darin, diesen seelischen Schmerzen zu begegnen, schwände die Angst davor.

Schmerzen gehören zum Leben. Wir kommen nicht um sie herum. Nur im Dunkeln sieht man die Sterne. Wir brauchen den Schmerz, um das Glück und das Strahlen der Welt zu erkennen. Und daraus folgt eine wichtige Handlungsempfehlung: Die Möglichkeit, dass dabei etwas Schmerzliches auftreten könnte, ist kein Kriterium, um etwas zu tun oder nicht zu tun. Das einzig entscheidende Kriterium ist ein anderes: Ist das, was auf mich zukommt, sinnvoll für meine eigene Entwicklung? Dann verändert sich die Qualität des Schmerzes auf eine interessante Weise.

Nichts mehr vermeiden zu müssen ist eine der wichtigsten Voraussetzungen für innere Freiheit. Ein Kollege erzählte mir vor einiger Zeit, wie sich sein Verständnis von Schmerz genau in diese Richtung verändert hat.

Der Gewinn durch den Schmerz

Cemal Osmanovic ist ein äußerst erfolgreicher Unternehmer, der dennoch weder abhebt noch die Liebe zu anderen Menschen – zu Freunden, zu Geschäftspartnern, zu seiner Familie, zu seinen Kindern – in den Hintergrund stellt. Wir waren vor einiger Zeit beide auf Seminarreise unterwegs und dabei zufällig am selben Tag in derselben Stadt. Ein guter Anlass für ein Treffen.

Wir reden über die Themen, die uns tiefergehend beschäftigen. Auch über die Idee, die ungeliebten und manchmal schmerzvollen Seiten des Lebens anzunehmen. Und da beginnt Cemal zu erzählen. Von seinen Panikattacken, die er vor ein paar Jahren plötzlich erlebte, von seiner Odyssee von einem Arzt zum nächsten, von seiner Ratlosigkeit. Bei einer Panikattacke reagiert der Körper, als ob man in echter Lebensgefahr wäre. Schneller, heftiger Herzschlag, starke beklemmende Angst. Es fühlt sich an, als sei die Situation nicht mehr steuerbar, und das nimmt jegliches Selbstbewusstsein: Was passiert hier mit mir? Wohin eskaliert das? Panik eben. Wer gerade Auto fährt, steuert den Straßenrand an. Wer in einer Arbeitsbesprechung ist, verlässt den Raum und kommt vorerst nicht wieder.

Cemal suchte ein Jahr vergeblich nach Hilfe. »Ich hatte bei jedem Arztbesuch den gleichen ›Auftrag‹: Machen Sie meine Panikattacken weg! Und keiner konnte mir helfen.« Körperliche Ursachen waren längst ausgeschlossen, und die klassischen kognitiv-verhaltenstherapeutischen Behandlungsmethoden wirkten nicht. »Eines Tages«, so erzählt er weiter, »las ich einen Artikel, in dem der Autor schrieb, man solle seine Panik … genießen! Ich dachte, ich lese nicht recht. Genießen? Ich bin ITler, das ist lächerlich! Ich las den Artikel trotzdem zu Ende und realisierte: Egal, wie seltsam sich das für mich anfühlt, ich probiere es. Ich hatte ja alles versucht und nichts zu verlieren.« Erst unmerklich, dann ganz langsam mehr und mehr flauten die Panikattacken ab. Es dauerte etwa fünf Monate, bis sie – abgesehen von leichten Unruheschüben – vorüber waren. Irgendwann verschwanden sie ganz.

Cemal hatte aufgehört, gegen sein Problem zu kämpfen. Ich fragte ihn, ob ich davon in meinem Buch erzählen dürfe. »Ja, natürlich«, lachte er, »es ist doch ein Teil von mir, der zu meinem Leben gehört.« Ich nickte.

Wer es schafft, eine so unangenehme Sache zu »genießen«, braucht sie wahrlich nicht zu verheimlichen.

Wie kann das nun gehen, Schmerzen und ähnlich unangenehme Zustände nicht länger zu vermeiden oder zu bekämpfen und sich sogar mit ihnen anzufreunden? Und damit die Abkürzung einzuschlagen, um weiterzukommen?

Den Schmerz umarmen

Wir können hinsehen. Hinfühlen. In den Schmerz hineingehen. Ihn aushalten. Ihn umarmen. Ihn durchleben. Wieder und wieder. Es gibt unzählige Anlässe, wenn man dafür bereit ist. Wir können in den Schmerz allein hineingehen – oder, was erst einmal leichter sein kann, begleitet von einem schmerzerfahrenen Menschen. Jeder mag nach und nach individuell seinen besten Weg finden.

Irgendwann sind wir durch. Und gehen verändert aus dem Prozess hervor. Vielleicht sind wir daran gewachsen, vielleicht haben wir die Angst davor verloren, vielleicht haben wir neue Erkenntnisse gewonnen. Was bleibt? Nur mehr ein Abglanz des Durchlebten. Eine wohlige Erschöpfung wie nach schwerer Arbeit. Eine Ruhe und Schwere. Wir haben etwas hinter uns gebracht. Das ist eine Leistung ganz anderer Art als die Aktivitäten, die die Leute normalerweise zuhauf im Außen vollbringen, wonach sie sich stolz mit ihren Ablenkungsmanövern brüsten.

Phil Stutz und Barry Michels stellen in ihrem Buch *The Tools*[57] einen praktikablen Weg vor, mit einer Vorstellungsübung durch den Schmerz zu gehen und ihn sogar willkommen zu heißen, um sich nicht mehr von Schmerzvermeidung leiten zu lassen.

Wir begegnen dem Schmerz und lassen ihn hinter uns, bis der nächste Schmerzanlass kommt. Dann geht es wieder los. Schon ein wenig vertrauter. Wir werden geübter und schließlich immer mehr bereit für das nächste Mal. Wir erfahren den Sinn – die Entwicklungsschübe und Veränderungen, die aus ihm folgen. Und dann? **Im Durchlässigerwerden heben wir nach und nach die Trennung zwischen Positivem und Negativem auf: Alles wird angenommen, alles ist richtig. So** ist das Leben. Wir gehen immer weiter. Jetzt aber ohne unnötige Umwege.

Wenn wir durchgehen statt außen herum, kann uns nun in dieser Angelegenheit nichts mehr abhalten, denn es war ja gerade der Schmerz, der uns vorher so geschreckt hatte. Jetzt sind wir frei zu entscheiden, wo wir nun weitergehen wollen. Und diese Wahl ist für mich der Inbegriff von innerer Freiheit. Innere Freiheit heißt, nicht reflexhaft wegzurennen oder Umwege zu gehen aus Angst vor negativen Folgen, Schmerzen, was auch immer. Sondern die Wahl zu haben, welchen Weg man gehen will. Dieses Vorgehen widerspricht dem meisten, was zurzeit an Ratschlägen in Mode ist. Aber es geht. Wir können unser normales, angelerntes Streben, Schmerz zu vermeiden, umkehren in eine Haltung, uns dem Schmerz bereitwillig zu stellen.

Und damit sind wir bei einem Punkt angekommen, an dem es sich lohnt, die seelischen Schmerzen in einen größeren Zusammenhang zu stellen und dadurch zu transformieren.

Schmerzen ohne Leiden – ein neues Verständnis

Als Grundschülerin verspürte ich Wachstumsschmerzen: Abends ging das los, wenn ich im Bett lag. Ich trat die Fersen dann wütend auf die Matratze, weil meine Beine so weh taten, dass sie mich am Schlafen hinderten. Hat alles nichts genützt. Ich wurde nur noch wacher davon. Irgendwann stellte ich dann die Beine an der Schrankwand auf, die an mein Bett angrenzte. Ich spürte in meine Beine hinein, erforschte den Schmerz und wusste irgendwann: »Ulrike, das sind Wachstumsschmerzen. Morgen sind dafür meine Schienbeinknochen ein bisschen länger. Morgen früh werde ich etwas größer sein.« Und mit einem Mal hatte ich eine Art Vorfreude auf das Größerwerden. Schmerz und Freude waren ganz nah beieinander. Ich ließ die Beine herunter, kuschelte mich unter die Bettdecke und schlief ein.

Ich hatte den Sinn des Schmerzes verstanden. Er war kein Feind mehr. Ich war ihm begegnet und hatte dabei etwas Grundsätzliches entdeckt, was mir später immer wieder begegnete, sowohl bei körperlichen als auch bei seelischen Schmerzen: Schmerzen verändern sich, wenn man sie bewusst wahrnimmt. Und wenn man einen Sinn darin finden und das »Wozu« beantworten kann, leidet man womöglich nicht mehr unter ihnen oder weniger. Das ist eine revolutionäre Erkenntnis: Schmerz ist veränderlich, und es gibt einen Unterschied zwischen Schmerzen und Leiden.

Manche von Ihnen haben vielleicht ein Kind geboren und kennen Geburtsschmerzen. Als mein Sohn auf die Welt kam, hatte ich natürlich heftige Schmerzen, und ich war mehr als froh, als sie vorbei waren und mein Sohn da war. Aber ich habe nicht gelitten. Mein kleiner Sohn musste diesen Weg gehen, um in die Welt zu kommen. So war es eben. Eine Geburt bereitet sinnvollen Schmerz in Reinform.

Bei seelischen Qualen ist es im Prinzip nicht anders. Wie Geburtswehen führen auch seelische Schmerzen weniger oder gar nicht zu Leiden, wenn man ihnen auf höherer Ebene einen Sinn beimisst. Und das sage ich nicht, um zu versprechen: »Erkenne den Sinn hinter dem Schmerz – dann leidest du weniger.« Sondern: »Wenn ein Sinn dahinter erkennbar wird, dann ist Schmerz ohne Leid möglich.«

Wenn das Kind groß wird und seine Wege woanders langgehen als die eigenen, kann das ein schmerzlicher Ablösungsprozess für die Eltern sein. Doch wir lieben unsere Kinder, und deshalb können wir im Idealfall die Trennungsschmerzen als sinnvoll und normal ansehen, weil sie im Zeichen des Wachstums des Kindes und unser selbst stehen. Wir lassen das Kind seine eigenen Gedanken, Wege und Ausdrucksformen finden, ohne es festzuhalten. Dann gehen wir sinnvoll mit seelischem Schmerz um. Wir leiden nicht. Der Sinn ist die Liebe.

Ich stehe an einer Weggabelung des Lebens und frage mich: Gehe ich links, gehe ich rechts, gehe ich schräg links oder geradeaus? An jedem Weg stehen Wegweiser mit Aufschriften. Das Bild ist vertraut, doch etwas ist anders als früher. Es gibt kein Stoppschild mehr, auf dem »Achtung Schmerz!« steht. Stattdessen sehe ich dort einfach nur den Namen dessen, was jetzt auf mich warten könnte. Alle Wege stehen mir offen. Ich muss mich nur noch entscheiden.

Für den Alltag

Um innerlich freier zu werden, können wir erforschen, wovor wir am meisten Angst im Leben haben. Es ist vermutlich das, was wir vermeiden. Und wir können herausfinden, welche existenzielle Angst dahinterliegt. Diese ist uns meist unbewusst. Wir können uns ihr jedoch durch Fragen nähern, die mitten in die Angst zielen. Das scheinbare Paradoxon ist dies: Angst wächst, wenn wir ihr ausweichen – sie schrumpft, wenn wir sie genau ansehen.

Die größte Angst

Was wäre das Schlimmste, was mir passieren könnte?
Blitzantwort:

....

Ich werde arbeitslos. Mein Partner trennt sich von mir. Mein Kind stirbt. Mein Partner geht fremd. Ich werde todkrank. Wir befinden uns im Krieg. Wir müssen aus unserer Heimat flüchten. Mein Geld reicht nicht, und ich muss mich verschulden.

Wenn das einträte, was wäre dann wiederum das Schlimmste?

....

Ich lande bei Hartz IV. Ich bin mutterseelenallein. Ich werde mein Leben lang untröstlich sein. Ich bin krank vor Eifersucht. Ich werde sterben. Ich habe Todesangst. Ich bin heimatlos. Ich bin abhängig von anderen.

- Wenn wir das fortführen, kommen wir irgendwann bei einem existenziellen Zustand an, der diesen Ängsten zugrunde liegt. Jetzt können wir erforschen, woher diese Angst stammt, was wir dann tun würden beziehungsweise in früheren Krisensituationen getan haben, wie wir uns fühlen würden, wer und was noch tragen würde. Wir können uns den Auslösern für diese tiefste Angst stellen. Wir können auch an ein Vertrauen anknüpfen, das nicht auf Kontrolle und funktionierenden Umständen basiert, sondern bei dem wir uns selbst und unseren Fähigkeiten vertrauen. Und wenn wir nichts mehr können, dann kann immer noch das Vertrauen in andere da sein. Und wenn auch das nicht trägt, mögen wir doch auf etwas Höheres vertrauen, das uns hält. All das können wir in der Vorstellung durchspielen. So wird die Angst nachlassen, weil sie nicht mehr diffus und unspezifisch ist. Wir müssen weniger vermeiden und können uns den Entwicklungsmöglichkeiten stellen, die schwierige Zeiten bieten.

Der Umgang mit vorausgeahnten Schmerzen bestimmt darüber, wie wir auf unserem Entwicklungsweg vorangehen. Die
folgende Vorstellung hilft, sich daran zu gewöhnen, dass wir
Schmerzen riskieren müssen, wenn wir geradeaus auf unserem Weg weitergehen wollen. Sie ist inspiriert von Phil Stutz
und Barry Michels, den Autoren des Buches *The Tools*.[58]

Durch den Schmerz gehen

Welche Situation hat mir seelische Schmerzen bereitet oder würde dies tun?

....

Mein Chef hat mich vor den Kollegen lächerlich gemacht, alle haben gelacht. Ich werde alt und gebrechlich werden. Ich war so wahnsinnig eifersüchtig auf diese Frau, als mein Freund erzählte, sie sei so wunderschön. Ich würde mich in Grund und Boden schämen, wenn ich vor all den Leuten sänge und es nicht gut ankäme. Ich stelle mir vor, ich gehe auf diesen Schmerz zu. Er ist eine dunkle Wolke. Jetzt bin ich mittendrin in dieser Schmerzwolke. Ich fühle den Schmerz, ich halte ihn aus, ich werde eins mit ihm, ich bin der Schmerz. Irgendwann klingt der Schmerz ab, und ich trete aus der Wolke auf der anderen Seite wieder aus. Ich spüre jetzt: Dadurch, dass ich durch den Schmerz gegangen bin, hat er seinen Schrecken verloren. Ich habe mich befreit.

- Wenn wir Schmerzen vermeiden wollen, gehen wir ständig Umwege in der Hoffnung, um die Schmerzen herumzukommen. Schmerzen gehören jedoch zum Leben dazu und treten zwangsläufig auf, wenn wir nicht stillstehen wollen. Indem wir uns an diesen Gedanken gewöhnen und ihn akzeptieren, leben wir nicht mehr in einer Vermeidungshaltung und gewinnen innere Freiheit.

Teil III:

Erfüllt

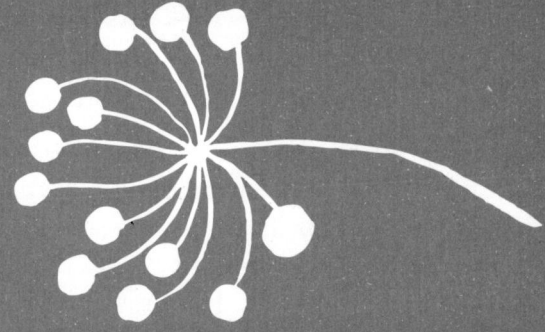

Jetzt geht es um das Lebensgefühl des Annehmens.
Keine starren Ziele verfolgen.
Wahrnehmen und annehmen, was ist.
Verbunden sein mit dem, was geschieht:
Es ist gut so, wie es ist.

8. Annehmen –
Ohne Plan erfüllter leben

In der Zeit, als andere ihr Spiegelbild anlachten und auf Studentenpartys begannen, nach dem Partner fürs Leben Ausschau zu halten, legte ich mich jeden Abend ins Bett, kreuzte die Arme vor der Brust und betete zu wem auch immer: »Ich würde so gern durchschlafen, bitte, heute Nacht!« Dann schaute ich aus dem Dachfenster in den Berliner Himmel, der in jeder Nacht anders schön war, und schlief todmüde ein. Nach anderthalb Stunden wachte ich auf und kratzte mir in einem Juckreizanfall eine halbe Stunde lang die Haut kaputt, behandelte die Wunden, wechselte mein Nachthemd und schlief wieder ein. Nach weiteren anderthalb Stunden war ich erneut wach, und die nächste Runde begann. So ging es weiter, bis das Himmelsquadrat im Dachfenster sich endlich grau, rötlich oder blau färbte.

Die Ärzte der Berliner Charité – vorneweg in der Erforschung der Neurodermitis – waren ratlos, ebenso wenig halfen verschiedenste alternative Heilmethoden oder psychosomatische Deutungen, mit denen Hobbypsychologen ohne wirkliches Wissen um die Komplexität eines Krankheitsgeschehens oft erstaunlich selbstsicher aufwarten. So gab ich nach einem Jahr endgültig auf, gegen diesen neuen, ungleich heftigeren Krankheitsschub anzukämpfen. Ich bemühte mich zwar weiter um eine Linderung und Heilung, aber in einer zunehmend friedlichen, loslassenden, annehmenden Haltung. Diese Einstellung entwickelte ich nicht von heute auf morgen. Es war ein jahrelanger Prozess, der mich mit über zwanzig auf einer neuen Bewusstseinsstufe ankommen ließ. Ich betrauerte in diesen Monaten die Versehrtheit und Hässlichkeit meiner Körperoberfläche. Ich verabschiedete wieder neu die Hoffnung, ich würde jemals schön aussehen. Ich ließ die Erwartung los, mich ohne Schmerzen bewegen oder lachen zu können. Ich akzeptierte, dass ich nicht mit voller Kraft würde studieren können. Ich erkannte endgültig, dass ich die Juckreizanfälle ertragen musste, statt vergeblich zu versuchen, sie zu verhindern. Ich haderte nicht mehr damit, dass ich überhaupt krank war.

Nach all den Monaten war ich sozusagen bei null angekommen. Ich betrachtete das Geschehen weitgehend gleichmütig. Ich hatte angenommen, was war. Nichts musste mehr anders sein. Und zugleich wäre ich für jede Besserung unendlich dankbar gewesen.

Nicht lange danach konnte ich jedoch zusehen, wie meine Haut Tag für Tag wieder lückenloser zu der Grenze zwischen Innen und Außen wurde, die sie normalerweise sein sollte.

Um eins vorweg zu sagen: Annehmen, wie es hier gemeint ist, hat nichts mit Passivität zu tun. Es sind nicht die Menschen gemeint, die zu passiv bleiben, um etwas an ihrer ungünstigen, einschränkenden, schädlichen oder gar gefährlichen Situation zu ändern. Nicht diejenigen, die endlich ins Handeln kommen müssten, die sich wehren, kämpfen, weggehen und sich nicht mit dem Zustand abfinden sollten, der ihnen oder anderen nicht guttut.

Angesprochen werden sollen Menschen, die planen und kontrollieren, egal ob es sinnvoll ist oder nicht; die hadern und sich als Opfer der Umstände fühlen und darüber vernachlässigen, das Leben als das zu nehmen, was es ist: voller Möglichkeiten, sich zu entwickeln, aber nicht mit allen Möglichkeiten, alles und jedes zu beeinflussen, wie man es gern hätte. Angesprochen sind auch die, die sich in einer ausweglosen

Situation befinden, wenn klar ist, dass man nichts mehr ändern kann. Ein geliebter Mensch stirbt gerade – dann ist Hadern und Kämpfen nicht mehr sinnvoll. Eine unheilbare Krankheit tritt ins Leben – dann braucht man seine Energie für den Weg, der vor einem liegt, und es ist nicht sinnvoll, sie in einem hoffnungslosen Kampf zu binden. Hier geht es jetzt nicht mehr nur darum, ungeliebte Seiten oder unbewusste Bereiche der eigenen Person anzunehmen – sondern es geht nun um das Annehmen des Lebens und dessen, was es für uns bereithält.

Annehmen ist ein vertrauensvolles Einwilligen in das Leben. Wir sind dann dankbar für das, was ist und was wir oft erst im Nachhinein als sinnvoll und als Geschenk erkennen können. Wir sind verbunden mit dem Fluss des Lebens. Annehmen bedeutet Loslassen des Plans und das Gegenteil von Kontrolle. Wir stehen nicht draußen wie Strategen unseres Lebens, sondern wir gehen mit dem, was ist.

Der islamische Mystiker Maulana Rumi, ein bedeutender Dichter und Philosoph des Mittelalters, schrieb einen Text, der als aktuelles Gedankenspiel aus einer fernen Zeit dienen mag. Er beschreibt einige Aspekte des Annehmens: Dankbarkeit, Gleichmut, Freude und die Idee des Sinns hinter dem vermeintlich Schwierigen: »Dieses Menschsein ist ein Gasthaus, jeden Morgen eine neue Ankunft. Eine Freude, eine Depression, eine Gemeinheit, eine plötzliche Erkenntnis kommen wie ein unerwarteter Besucher. Heiße alle willkommen und unterhalte sie! Sogar wenn's ein Haufen Sorgen sind, die in deinem Haus brutal die Möbel hinausfegen. Trotzdem, behandle jeden Gast ehrenvoll. Vielleicht putzt er dich heraus für eine neue Freude. Der dunkle Gedanke, die Scham, die Bösartigkeit, empfange sie an der Tür mit einem Lachen und lade sie ein. Sei dankbar für wer immer auch kommt, weil jeder gesandt wurde als Führer dessen, der von weiter her kommt.«[59]

In dieser Haltung sind wir in unserer Gesellschaft nicht geübt. In einer Gesellschaft, die auf selbstgesteuerte Erfolge, Kontrolle und Strategien setzt und die an die Wirksamkeit ausgetüftelter Pläne in jeder Lebenslage glaubt. Die werdenden Eltern etwa, um die es gleich gehen wird, haben den Kopf voller Pläne – und keinen Platz mehr dafür, sich zu öffnen für das, was gerade ist oder sein wird. Und das bei einem Akt, bei dem ein fester Plan unangebrachter nicht sein könnte.

Weniger Planung bedeutet mehr Verbundenheit

»Es kommen Eltern zu uns, die wollen die perfekte Geburt haben«, erzählt Marie-Louise. Wir sitzen mit Freunden beim Abendessen zusammen. Marie-Louise ist Gynäkologin auf der Geburtshilfestation eines anthroposophischen Krankenhauses im Norden Deutschlands. Sie ist eine zierliche Frau, die auf fast dreißig Jahre in der Entbindungshilfe zurückblickt. Viele der Eltern kommen zur Geburt ihres Kindes und wissen schon im Voraus, wie sie verlaufen soll. »Sie haben dann vorher zig Bücher gelesen und kennen alle neuesten Trends, und im Geburtsvorbereitungskurs stacheln sie sich noch gegenseitig an.« Das geht los bei der Wassergeburt – das Baby kommt in einer großen Badewanne zur Welt – und endet bei einer Lotusgeburt, deren Details ich Ihnen erspare und von deren Existenz ich bis zu diesem Abend keine Ahnung hatte.

Für Marie-Louise ist das alles selbstverständlich, aber sie weiß, wie absurd es für andere klingt. Inzwischen albern wir herum, stellen uns die groteskesten Szenarien vor und hören immer mehr erstaunliche Geschichten aus dem Kreißsaal.

»Die Väter filmen oder fotografieren und plazieren das Stativ dafür an geeigneter Stelle. Ihr wisst schon, wo«, hören wir noch. Aber dann wird Marie-Louise ernst, und ihre Beobachtung stimmt mich traurig.

»Je perfekter die Planung bei diesen Eltern ist, desto sicherer kann ich voraussagen, dass die Mutter im OP landet und ihr Kind mit einem Kaiserschnitt geholt werden muss. Diese Mütter sind dann viel zu verkrampft.«

»Naheliegend«, denke ich. Wie hätte ich bei der Geburt meines Sohnes noch auf meinen Körper und seine Signale achten können, wenn ich an einem Plan festgehalten hätte?

Und Marie-Louise fügt hinzu: »Das Wichtigste fehlt bei dieser perfekten Geburt: das Kind. Es wird darüber oft regelrecht vergessen. Zumindest von den Eltern.«

In unserer Runde wird es still. Wir denken an die eher »ungeordneten« Geburten unserer eigenen Kinder und sind irgendwie froh, dass wir vergleichsweise unbedarft an die Sache herangegangen sind.

Mitten in der Nacht schrecke ich aus einem wilden Lotusgeburt-Traum hoch und denke weiter über das nach, was Marie-Louise erzählt hat. Ich weiß: Ein Kind will keine perfekte Geburt. Ein Kind will zärtlich empfangen werden in dieser Welt, behütet, versorgt und erkannt von Beginn an mit seinen ersten Regungen, mit seinen existenziellen Bedürfnissen und mit seinem Wesen. Niemand weiß vorher, wie das Kind sein wird und was es braucht. Auch nicht durch sorgfältigste Planung und mit dem dicksten Stapel Geburtsvorbereitungsbücher.

Ich knipse das Licht an und kritzele einen Satz in mein Notizbuch: **Was wir perfekt planen – für uns selbst, für unser Leben und andere –, hat nichts mit dem zu tun, was in der Situation für uns selbst, unser Leben und andere am besten passt.**

In diesen kostbaren Stunden der Geburt ist weniger mehr. Weniger Planung, weniger Perfektionsanspruch. Mehr Wahrnehmung, mehr Kontakt, mehr Verbundenheit. Und um das bei solch besonderen und kostbaren Momenten ebenso zu tun wie bei allen anderen besonderen und kostbaren Momenten des Lebens, brauchen wir statt eines Plans das Gegenteil: ein Einüben des Annehmens. Dieses Einüben ist wichtig, geschieht aber selten freiwillig.

Erstens kommt es anders und zweitens, als man denkt

»Ich will wieder ein normales Knie haben«, sagt ein Klient. Wut und Verzweiflung quellen aus jedem von Joachims Worten, als er mir am Montag früh vor seinem Arbeitsbeginn gegenübersitzt. Sein Knie ist bei einem Skiunfall schwer verletzt worden. Seitdem hat er starke Schmerzen beim Laufen, und sein Knie verfügt nicht mehr über den vollen Bewegungsumfang. Er ist der sportliche Typ, der nicht aus Pflichtgefühl, sondern aus purer Freude fast täglich fünfzehn Kilometer im Wald lief und dreimal die Woche Fußball spielte, und er leidet unter dem Bewegungsmangel, der sich zwangsläufig eingestellt hat. Doch nachdem er zehn Meinungen von Ärzten und Alternativmedizinern eingeholt hat, weiß er, dass sein Knie nie mehr so werden wird wie vor dem Unfall.

Im Weiteren arbeiten wir daran, wie er seinen unerfüllbaren Wunsch nach einem normalen Knie loslassen kann. Um dadurch offen zu werden für das, was noch geht. Das kann er nämlich bisher gar nicht sehen. Das Loslassen ist harte Arbeit für ihn, denn Joachim ist es gewohnt, dass alles so läuft, wie er es will; und das hatte bislang ja auch ganz gut geklappt. Er hatte viel Glück und günstige Bedingungen in seinem Leben.

Und so ist er nicht geübt darin, Dinge zu akzeptieren, die nicht seinen Vorstellungen entsprechen. »›Geht nicht‹ gibt's nicht«, sagt er stets zu seinen Söhnen, ebenso wie: »Du musst es nur wirklich wollen, dann kannst du alles schaffen.«

Nun erfährt er zum ersten Mal am eigenen Körper, dass seine Weisheiten nicht immer greifen, die er aus seinem bisherigen Leben und aus Seminaren und Vorträgen von gewissen Motivationstrainern gewonnen hat. Er hadert lange, doch nach und nach verabschiedet er sich von seinem Idealbild des dynamisch-schwungvollen Mittvierzigers, Fußballers und Vorbild-Vaters. Es ist schwer für ihn. Zu Beginn unseres Coachings meint er noch, er gäbe eine jämmerliche Figur ab, wenn er langsam und humpelnd die Treppen hochliefe. Doch auch dieses quälende Bild lässt er schließlich los, bis er sich wertvoll fühlen kann auch ohne sportliche Leistung.

Joachim entdeckt, was hinter seinem Getriebensein und dem extremen Sportpensum auf ihn wartet: Mit einem Mal kann er seinen Söhnen viel ruhiger zuhören, ihnen geduldig bei ihren Mathe- und Englisch Hausaufgaben helfen und konzentriert auf seine Frau achten. Er rennt nicht mehr rastlos wie vorher durch die Gegend. Er entdeckt seine Vorliebe fürs Kochen. Seine Familie freut sich. Er hat die Realität akzeptiert und das Leben angenommen, wie es nun mal ist.

Annehmen heißt vertrauen

Ich sprach vor einiger Zeit mit Steven Wilkinson, einem Beteiligungsunternehmer und Unternehmensentwickler, den ich als weise bezeichnen möchte. Er stammt aus England und lebt nach 28 Jahren in Deutschland mit seiner Frau und seinen vier Kindern in Irland. In unserem Gespräch beschrieb er eindrücklich die Demut, die nach einer großen Lebenskrise in seinen Alltag trat und mit der er die Welt in ihrer Wechselbeziehung von Harmonie und Disharmonie in verschiedenen Formen begreifen kann: Immer sind die schlechten Zeiten schon dabei, alle Kräfte zu sammeln, die wieder zu guten Zeiten führen. Und immer bauen gute Zeiten durch ihre Güte schon die Kräfte auf, die zum Verfall und schließlich zu schlechten Zeiten führen. Steven meinte, wir verlassen uns viel zu sehr auf die angeblich günstigen Strömungen, die zu Harmonie führen. Denn darin liegen schon die Samenkörner für die nächste Disharmonie. **Uns fehlt das Vertrauen in den stetigen Wechsel von Harmonie und Disharmonie. Uns fehlt die Hingabe.** Wir haben einen linearen Blick auf Entwicklungen in unserem Leben und in der Welt, ganz anders, als die asiatische, eher »kreisförmige« Perspektive, die Phasen der Instabilität als notwendig sieht, um wieder stabil zu werden. Deshalb neigen wir auch dazu, jede positive Entwicklung linear weiter zu extrapolieren und zu denken, es könne und solle immer so weitergehen. Wir vertrauen nicht darauf, dass wieder ein neues Gleichgewicht kommen werde. Wir wollen kontrollieren und dem Trugschluss anhängen, wir könnten ohne Ende immer weiter wachsen.

Dabei hat dauerhaftes Wachstum zu den größten Schäden geführt, die wir in den letzten zwei Jahrhunderten produziert haben, und es basiert auf genau dieser Idee des linearen Wachstums. Auch wenn das hirnrissig ist und nirgends auf der Welt zu finden ist, mehr noch, der Natur zuwiderläuft. Jeder, der einen Apfelbaum pflanzt, weiß, dass ein immer größerer Baum nicht die immer besseren Äpfel hervorbringt. Wenn eine Pflanze zu groß wird, verändert sie die Bedingungen im Biotop, und es entsteht durch die Übergröße wieder eine Disharmonie. Die anderen Pflanzen sterben ab oder werden kleiner. Die positiven Einflüsse nehmen ab, und dann beginnt nach dem Wachsen das Schrumpfen, bis ein neues Gleichgewicht entsteht.

Daraus leitete Steven auch eine Idee für Unternehmen ab: Die großen unternehmerischen Chancen kommen immer dann, wenn alle in eine Ecke rennen und weiterwachsen wollen und man dann in die andere Ecke schaut. Und je mehr wir Exzesse vermeiden und bei uns sind, uns auf unseren Charakter und die Liebe konzentrieren, desto gewappneter sind wir, um uns den harmonischen wie disharmonischen Phasen gleichermaßen hinzugeben – bis wiederum das neueste Gleichgewicht entsteht.

Inzwischen fragt sich Steven jeden Tag neu: Wo kann ich heute etwas Gutes tun? Jeden Tag. Und genau aus diesem sehr umfassenden Verständnis von Entwicklungen heraus können wir einen Weg ableiten, auf dem wir uns hingeben an das, was ist, ohne uns aufzugeben.

Der offene Entwicklungsweg

Das zerstörte Knie. Der Tod naher Angehöriger. Der Partner, der sich von uns getrennt hat. Eine Krankheit, die sämtliche Kräfte aufzehrt. Alles Mögliche passiert ungewollt im Leben. Man kann darüber hadern, wüten, schimpfen, kämpfen, jammern. Und das kann auch erst einmal Teil des Prozesses sein. Doch letztlich ist das Ungewollte trotzdem da. Und immer dann ist es an der Zeit, unsere Vorstellungen, wie das Leben eigentlich laufen sollte, zu hinterfragen und sich hinzugeben an das Leben, wie es in Wirklichkeit läuft. Leicht gesagt, schwer getan. Sammeln wir erst einmal ein paar Argumente für das Annehmen.

Viele Menschen haben festgefügte Vorstellungen darüber, was sie haben wollen: ein Haus, einen Partner, einen Karriereschritt, eine Million … »Haben-Ziele« nenne ich diese Vorstellungen im Gegensatz zu »Sein-Zielen«. Haben-Ziele beschreiben einen zukünftigen Besitz und sind geboren aus einem aktuellen Mangel. »Ich habe zu wenig Geld. Ich will Millionär werden« – Sie wissen ja schon, ich bin keine Freundin solch fester Zielerreichungsstrategien, wenn es um ein sinnvoll und entwicklungsoffen gelebtes Leben geht. Natürlich wollen wir genug Geld zum Leben haben. Doch es ist nicht der Kern. »Hör auf, jemand werden zu wollen, sondern fange an, jemand zu sein«, hat der Finanzmentor Philipp J. Müller kürzlich gesagt. Es geht eben nicht darum, immer mehr Geld haben zu wollen, um sich das neueste Cabrio zu kaufen oder mehr zu haben als andere. **Wenn wir immer noch mehr bekommen wollen, haben wir eines nie, was Glücklichere haben: genug.** Wenn wir viel Geld besitzen, können wir uns vielmehr fragen, was wir damit tun wollen, um uns selbst zu verwirklichen und anderen zu helfen.

Sobald ein festes Haben-Ziel da ist, richtet sich der Blick vor allem darauf aus, und die ebenfalls wichtigen oder schönen Dinge am Wegesrand verblassen oder sind ganz ausgeblendet. Die Behauptungen von Motivationsgurus und Heilsverkündern geben zwar Hoffnung, stimmen aber meistens nicht, zum Beispiel der bereits zitierte Satz »Du kannst alles erreichen, wenn du es nur wirklich willst«. Es gibt äußere Begrenzungen, und das ist gut so. »›Geht nicht‹ gibt's nicht« ist natürlich ebenso ein illusionäres Statement: Ständig macht das Leben uns einen Strich durch unsere persönliche Rechnung, und auch das hat wohl einen höheren Sinn. Und überhaupt: Warum sollte es von vornherein so wichtig sein, alles zu erreichen, was man will?

Sobald wir uns wünschen, die Welt solle anders sein, als sie ist, ignorieren wir Entwicklungsanlässe und sind außerdem in einer ungewissen Zukunft statt im Hier und Jetzt. Wir sind dann nicht präsent. Die Welt wird nie die gewünschte sein. Das zu akzeptieren ist Arbeit. Es ist die ständige Arbeit des Annehmens. Und gerade bei Menschen, die dem Grundsatz anhängen »Du kannst alles bekommen, was du dir nur wirklich wünschst«, erfahre ich immer wieder, wie dieser Gedanke Entwicklung verhindert, wenn er nicht in seiner Tiefe verstanden wird, sondern mit einer »seelischen Konsumhaltung« nur dafür eingesetzt wird, sich seine Haben-Ziele zu erfüllen. Für mich ist Wünschen nur interessant und sinnvoll, wenn es im Sinne der eigenen Lebensaufgabe gemeint ist. Und mir sind viele der allenthalben geäußerten Wünsche zu losgelöst vom größeren Zusammenhang. Wünsche, die dazu dienen, es einzig sich selbst bessergehen zu lassen, vernachlässigen gemeinschaftliche Wünsche, Verantwortung für das Ganze, Rücksicht auf Benachteiligte und die Schäden, die wir in der Welt anrichten.

Also, fixieren wir uns nicht zu sehr auf unsere Wünsche und Ziele, sonst verpassen wir möglicherweise das viel Wichtigere für unsere Entwicklung: nämlich das, was das Leben uns sagen will und was für unsere Entwicklung wirklich sinnvoll wäre. Das Leben ist unendlich kreativ und ganz sicher nicht konsumorientiert. Das Leben interessiert sich nicht für das, was jemand haben will. Es kennt auch keine Aufteilung in Positives und Negatives. Es stößt unsere Entwicklung an. Es fordert uns mit Dingen heraus, auf die wir im Traum nicht gekommen wären und die wir lieber umschiffen würden.

Wenn wir uns dem öffnen, so lernen wir anzunehmen, was ist, und können uns weiterentwickeln, statt unseren selbstgesetzten Haben-Zielen nachzurennen. Wir können lernen und annehmen, dass wir nicht allmächtig sind und nicht alles zu erreichen vermögen, dass wir nicht unsterblich und nicht unverwundbar sind, dass wir nicht alles Leid der Welt verhindern können und dass wir nicht in einer gerechten Welt leben.

Was kann die Alternative zu den großen Wünschen sein? Wir können einen offenen Entwicklungsweg gehen, nur mit einem roten Faden und im Fluss mit dem, was das Leben uns anbietet, und dabei immer noch unser Eigenes verfolgen. Damit gehen wir »zweisträngig« voran: auf dem einen Strang anhand dessen, wo wir hinwollen – geleitet von Liebe und Freude. Wir merken, wobei wir eine tiefe Freude empfinden, und das kann ein Hinweis dafür sein, dass wir auf dem richtigen Weg sind. »Da, wo die Freude ist, geht es weiter« mag dabei ein Leitsatz sein, den ich für viel tauglicher als eigenen Kompass halte, als sich etwa von der Angst lenken zu lassen. Es kann auch eine Vorfreude sein, die uns leitet, oder ein Sehnen, das uns führt. »Sehnsuche« nennt Sabine Asgodom diese Bewegung in ihrem Buch *Deine Sehnsucht wird dich führen*.[60] Auf diesem Strang können wir uns fragen: Was ist mein wahres Selbst, und wie kann ich meine Lebensaufgabe verwirklichen? Darum wird es im Kapitel III/3 über die »Erfüllung« gehen.

Und auf dem parallelen Strang entwickeln wir uns anhand dessen, was das Leben uns anbietet. Auf diesem Strang können wir uns immer neu fragen: Was will das Leben mir sagen? Steht da eine Entwicklungsaufgabe an, auf die ich erst einmal kommen muss? Wir können uns bemühen, diese Impulse zu erkennen und ihnen zu antworten. Ein Satz mag uns dabei helfen: »Wenn der Tag nicht dein Freund war, dann war er dein Lehrer.« Sicher ist dieser Gedanke tröstlich am Abend eines Tages voller ungebetener Herausforderungen! Nehmen wir also, was kommt, statt uns zu wünschen, was kommen soll. Wiederum leicht gesagt, schwer getan. Was hilft uns dabei also noch?

Wir können die bereits erwähnten »Sein-Ziele« verfolgen. Bei Sein-Zielen geht es um eine Haltung, einen Gefühlszustand, ein So-Sein. »Wie will ich mich fühlen?« ist eine ganz andere Frage als »Was will ich haben, erreichen, bekommen?«. Der eine will vor allem Freude in seinem Leben empfinden. Ein anderer will sinnerfüllter leben, dankbarer oder gelassener sein. Bei Sein-Zielen ist die Ausgestaltung noch offen. Die Form, in der diese Ziele ins Leben treten, ist ungewiss – und oft viel besser als das, was wir uns vielleicht vorgestellt haben. Behalten wir also im Sinn: Das Leben ist die Kraft, die uns vor Herausforderungen stellt, um uns bei unserer inneren Entwicklung zu helfen. Und oft scheinen uns diese Herausforderungen zuerst nicht angenehm oder positiv. Joachim »brauchte« das verletzte Knie, um Geduld mit seinen Söhnen und innere Ruhe zu entwickeln und sich von einem im Grunde negativen Selbstbild zu verabschieden. Die schwierigen Dinge in unserem Leben sind der Widerstand, gegen den wir den Muskel unserer inneren Kraft stärken und der uns hilft, uns weiterzuentwickeln.

Doch es gibt noch etwas anderes außer den Wünschen und großen Zielen, mit denen wir uns selbst Scheuklappen anlegen, zum Beispiel das stereotype Hadern angesichts von Ungerechtigkeiten. Damit meine ich nicht, dass wir alle Missstände hinnehmen sollten; aber jedes Hadern ist eine Prüfung wert: Worin liegt der tiefste Grund für mich, gegen etwas zu kämpfen? Und bringt mich der Kampf dagegen eventuell von meinem Weg ab? Das wäre bei Sonja der Fall gewesen, hätte sie sich in einen Kampf gestürzt, von dessen Sinn sie nicht überzeugt war.

Hadern ist sinnlos, auch angesichts von Ungerechtigkeiten

Eine Kundin Sonjas hatte ihre Rechnung nicht bezahlt. Nachdem Sonja die erste Mahnung verschickt hatte, meldete sich bei ihr ein Rechtsanwalt als »Freund der Familie« der Kundin. Das Telefonat war kurz und bestand vor allem aus einer Drohung des Anrufers: »Wir finden einen Weg, um Ihre Forderungen in Frage zu stellen.« Sowie einer Unterstellung: »Sind Sie ganz sicher, dass Sie die Leistung so erbracht haben, wie Sie sie in Ihrer Rechnung ausweisen?«

Sonjas Puls raste, als sie den Hörer auflegte. Es gab drei weitere Drohanrufe. Ihr Mann tobte: »So was können die nicht mit uns machen. Die kriegt von uns einen Schuss vor den Bug!«

Sonja überlegte hin und her: Natürlich, sie war im Recht. Doch ob sie dieses Recht würde durchsetzen können, war weniger sicher. Sie überlegte: Sollte sie sich wegen einer nicht unerheblichen, aber vergleichsweise überschaubaren Summe auf einen vielleicht jahrelangen Rechtsstreit einlassen?

»Ich werde den Fall ruhen lassen«, sagte sie nach reiflicher Überlegung zu ihrem Mann. »Für mich ist ein Rechtsstreit nicht sinnvoll. Ich habe Wichtigeres zu tun.«

»Du darfst doch jetzt nicht klein beigeben! Du musst ihr zeigen, dass du im Recht bist und dass sie sich so was nicht erlauben kann!«

»Nein. Wenn ich den Kampf nicht annehme, kann auch keiner mit mir kämpfen.«

Sonja ist in anderen Situationen durchaus kämpferisch und scheut keine Konflikte. Dass sie hier nicht kämpft, ist eine bewusste Entscheidung, bei der sie innerlich frei genug ist für drei Dinge: Sie muss weder reflexhaft auf eine Kampfansage reagieren, noch muss sie für Gerechtigkeit an einer Stelle kämpfen, an der das für sie vergleichsweise nachrangig ist, noch bleibt sie aufgrund ihrer bewussten Entscheidung dabei mit dem Gefühl zurück, klein beizugeben.

Für jemand anders als Sonja dagegen könnte ein Kampf gerade sinnvoll sein, zum Beispiel wenn es darum geht, das Kämpfen zu lernen. Das kann man allerdings auch, ohne zu hadern. Man könnte sagen: »Okay, so ist die Lage nun mal – und ich entscheide mich dafür zu kämpfen, denn ich habe mein Leben lang Ungerechtigkeiten auf mir sitzenlassen. Für mich ist es ein Anlass, mich in Selbstbehauptung zu üben.«

Allzu oft jedoch ist angesichts von Ungerechtigkeiten ein anderes Motiv im Spiel: Man möchte Genugtuung und sich selbst und anderen beweisen, dass man das Recht auf seiner Seite hat – ist dies ein Motiv, dessen Umsetzung uns persönlich weiterbringt? Oder man möchte sich überlegen fühlen – wäre es da eigentlich nicht interessanter herauszufinden, warum man sich unterlegen fühlt, bloß weil jemand anders einen angreift? Man könnte sich doch auch frei von jeglicher Hierarchie fühlen.

Bevor wir uns in einen Streit um Recht und Unrecht begeben, sollten wir prüfen, was unsere innersten Motive dabei sind. **Wenn wir aus einer inneren Freiheit heraus handeln, dann müssen wir weder uns selbst noch dem Gegenüber etwas beweisen oder uns unterlegen fühlen.**

Mir scheint das Hadern angesichts einer (vermeintlichen) Ungerechtigkeit sehr verbreitet zu sein. Ein fünfzehnjähriger Junge schimpft: »Warum ist mein Mitschüler schlauer als ich und lernt alles viel schneller? Wie ungerecht!« Ein Mitarbeiter eines Einrichtungshauses fragt: »Warum wird mein Kollege befördert, obwohl ich besser, fleißiger und qualifizierter bin als er? Wie ungerecht!« Eine 35-Jährige hadert: »Warum habe ich Krebs und werde bald sterben, während für meine Nach-barin die Pickel auf ihrer Stirn das größte Problem ihres Le-bens sind? Wie ungerecht!«

Noch viel schwerer zu ertragen ist es, wenn es um grundsätz-liche Rechte der menschlichen Existenz geht – vielleicht sogar um das eigene Leben. Ist das »Annehmen« zum Beispiel bei Menschenrechtsverletzungen überhaupt eine Option? Kann man bei so etwas ohne Hadern auskommen? Solche »Was wäre wenn?«-Szenarien sind eine geeignete Möglichkeit, sich selbst zu prüfen: Wie würde ich in einer Extremsituation re-agieren? Auch wir könnten herausgefordert sein, trotz dra-matischer Ungerechtigkeit eine Situation extremer äußerer Unfreiheit annehmen zu müssen. Da stellt sich die Frage »Hadern oder annehmen?« noch ganz anders als in Sonjas Fall. Wenn wir uns in eine solche Situation gedanklich hinein-versetzen, erforschen wir damit unsere Fähigkeit zum An-nehmen.

Debra Milkes Fall, der mich im Jahr 2015 sehr beschäftigt hat, kann dafür hilfreich sein.

Wenn das Hadern aufhört, kann etwas Neues beginnen

Die deutschstämmige US-Amerikanerin Debra Milke wurde als junge Frau in den USA zu Unrecht für den Mord an ihrem vierjährigen Sohn verurteilt. Der Vorwurf lautete, sie habe 1989 zwei Männer zum Mord an ihrem Sohn angestiftet, um eine Versicherungssumme zu kassieren. Bei diesem Urteil spielte ein nachlässiger und voreingenommener Polizist eine wichtige Rolle, der schnell Ermittlungserfolge vorzeigen wollte, um seine Karriere zu beschleunigen. Wie auch immer es zu diesem Fehlurteil kam: Nach über zwei Jahrzehnten in einer US-Todeszelle im Staat Arizona wurde das Verfahren gegen die 51-Jährige 2015 endgültig eingestellt, nachdem sie im Jahr 2013 schon gegen Kaution freigelassen worden war.

Wie ist es wohl, den Tod des eigenen Sohnes zu betrauern und zugleich in einer Todeszelle zu leben, von den Mithäftlingen, den Wärtern, den Richtern, den Medien und der gesamten Öffentlichkeit als Kindsmörderin gesehen zu werden? Nur Debra Milke selbst und die Mörder wussten ganz sicher von ihrer Unschuld. Wie geht man damit um, aufgrund eines falschen Urteils alles zu verlieren? Sie besaß im Gefängnis nicht einmal eine normale Zahnbürste, so dass man ihr auch die letzte äußere Freiheit rauben konnte: sich das Leben zu nehmen.

Sie hätte über zwei Jahrzehnte lang hadern und darüber verbittert werden können: »Warum wurden die Aussagen des Polizisten nicht besser überprüft?« Oder: »Warum passiert ausgerechnet mir dieses Unrecht?« Gerade bei großen Schicksalsschlägen fragen sich Menschen: »Warum ich?« Viele kommen dann zu dem Schluss, dass sie entweder selbst schuld seien und eine Art »Strafe Gottes« für etwas ertragen müssten, was sie getan hätten – oder dass andere schuld seien. Hauptsache, es gibt einen Schuldigen.

Häufig geht es dabei auch um Alternativen, die längst nicht mehr zur Disposition stehen: »Hätte ich mich anders entschieden, wäre ich heute glücklicher«, »Hätte er sich damals nicht von mir getrennt, hätte ich heute eine Familie«, »Wäre ich doch nur beim Informatikstudium geblieben!«, oder: »Hätte ich nicht geraucht, wäre ich jetzt nicht lungenkrebskrank« … Doch die einseitige Verlegung auf die Schuldfrage verhindert das Annehmen und die Entwicklung. Man hängt im Konjunktiv fest. Das allerdings scheint oft leichter erträglich zu sein, weil man sich nicht hilflos ausgeliefert fühlt. Man möchte zumindest das Gefühl bewahren, weiter die Kontrolle zu haben.

Wer dagegen annimmt, was ist, fragt nicht ausschließlich: »Was ist die Ursache, wer ist schuld, wer hat die Verantwortung?«, sondern sagt: »Dumm gelaufen. Aber mein Leben ist so, wie es jetzt ist. Und ich kann nur das tun, was jetzt ansteht.« Damit sind eventuelle »Schuldige« nicht ihrer Verantwortung enthoben. Aber wenn wir das Schicksal annehmen, leben wir das, was ist, ohne uns in Schuldfragen festzugraben, ohne alles übelzunehmen oder »weghaben« zu wollen. Und tun dann, was zu tun ist – wir *lieben, was ist,* wie es auch im Titel eines Weltbestsellers von Byron Katie[61] heißt.

Dann geht es weiter. Und das kann bedeuten, für das eigene Recht zu kämpfen. Debra Milke tat beides. Sie stand durchgängig für ihre Unschuld ein und motivierte Menschen, so gut es ging, dazu, für eine Wiederaufnahme ihres Verfahrens zu kämpfen. Aber sie bemühte sich auch um Verstehen. Sie las viel. Sie beschäftigte sich mit Philosophie und Psychologie, um in einem größeren Zusammenhang zu verstehen, warum etwas so geschehen konnte, wie es ihr widerfahren war, und um einen Weg zu finden, nicht zu verbittern. Debra Milke konnte definitiv nicht kurzfristig etwas an ihrer Situation ändern. Unter extremst unfreien äußeren Bedingungen entwickelte sie eine innere Freiheit, bei der sie friedlich wurde und in einem gewissen Maß annahm, was sie vorerst nicht ändern konnte.

Und damit können wir noch einen Schritt weiter gehen zu einer anderen interessanten Fähigkeit im Zusammenhang mit dem Annehmen: sich hilfsbedürftig zeigen. Wir lassen dann alles los, was wir um uns herum aufgebaut haben an Wünschen, Hoffnungen, Erwartungen, Zielen und Vorstellungen, wie unser Leben laufen sollte. Wenn das alles wegfällt, was ist dann noch übrig? Das ganz Eigene. Und das können wir anderen zeigen.

Die eigene Hilfsbedürftigkeit zugeben

Vor vielen Jahren hatte ich einen echten Pechtag. Ich fuhr im Novemberregen mit zwei Papiertüten voller Essenseinkäufe am Fahrradlenker nach Hause, erschöpft von einem langen Tag voller kleiner Misserfolge. Mein kleiner Sohn jammerte vor mir im Fahrradsitz, und als ich über die Bodenbretter bei einer Baustelle fuhr, riss der Henkel einer Tüte. Melone, Kiwis und Käse rollten über den Gehsteig, die zweite Tüte fiel ab, und von der Straße bekamen wir eine Portion Spritzwasser ab. Und dann weiß ich heute noch, wie ich umschaltete. Ich wurde langsam und passiv. Ich stieg vom Fahrrad, streichelte meinem Sohn die Wange und tat sonst erst einmal nichts. Bis auf eins: zu zeigen, dass wir Hilfe brauchten. Das Geschehen verlangsamte sich. Und dann sammelte eine junge Frau die Lebensmittel für uns ein, schenkte mir eine Tüte und war dabei lieb und sanft und wünschte mir viel Glück. Sie bemerkte unsere Dankbarkeit. Und mit einem Mal waren mein Sohn und ich tatsächlich glücklich. Mitten im Regen standen wir durchnässt und müde an einer lauten Kreuzung und alberten herum.

Eine unbedeutende Alltagsbegebenheit? Nein, sie ist wichtig. Denn darin finden sich einige Aspekte, die man auf andere Situationen übertragen kann.

Erstens habe ich meine eigene Hilfsbedürftigkeit bemerkt. Das klingt banal, ist aber auf den zweiten Blick gar nicht so leicht. Ich musste dafür erst einmal annehmen, dass ich allein nicht weiterkomme. Da ist so viel Scham und Widerstand, wenn wir anerkennen müssen, dass wir etwas – erst recht so etwas Alltägliches wie die Einkäufe und das Kind nach Hause zu bringen – nicht recht bewältigen. Das wiederum geht – zweitens – nur, weil ich meinen üblichen Plan, »den Alltag allein hinzukriegen«, aufgegeben hatte. Und drittens habe ich mich mit meiner Hilfsbedürftigkeit gezeigt, ich habe sie in die Welt gegeben, und die junge Frau konnte sie nehmen. **Dann erst, wenn wir unsere Hilfsbedürftigkeit zeigen, können wir eintreten in einen Kreislauf des Gebens und Nehmens,** der aus dem Annehmen entsteht und vielleicht sogar ihr eigentliches Ziel ist. Menschen helfen gern. Ein wunderbarer Kreislauf, den wir da in Gang setzen können. Verbundenheit, Freude, Begegnung und Liebe folgen daraus.

Für den Alltag

Wenn wir uns von festen Zielen lösen, die wir erreichen wollen, können wir uns öffnen für passendere Entwicklungen, dafür, im Hier und Jetzt zu sein, und für die vielfältigeren Lösungen, die uns das Leben anbietet.

Vom Haben zum Sein

Bei meiner Arbeit, im Leben: Was will ich im Moment mehr als alles andere haben?

....

Ich wünsche mir eine tolle Frau an meiner Seite. Ich will 170 000 Euro im Jahr verdienen. Ich möchte gesund sein und meine Krebserkrankung los sein. Ich will endlich Erfolg haben.

Wenn das einträte: Wie würde es mein Leben verändern?

....

Ich müsste nicht mehr rastlos nach einer Frau suchen. Ich könnte mir endlich alles kaufen, was ich mir jetzt versagen muss. Ich müsste keine Angst mehr haben, dass die Krankheit sich verschlimmert. Ich hätte viel zu tun.

Wie fühle ich mich, wenn all das eingetreten ist?

....

Ich würde mich geliebt fühlen. Ich würde mich sicherer fühlen. Ich würde zur Ruhe kommen. Ich würde mich wichtig fühlen.

Wie kann ich dieses Gefühl auch losgelöst vom ursprünglichen Ziel erleben?

....

Ich kann mehr dafür tun, mich selbst zu lieben. Ich kann auch mit weniger Geld auskommen und mich sicher fühlen, zum Beispiel indem ich mehr auf meine Freunde und Hilfe von außen vertraue. Ich kann auch jetzt zur Ruhe kommen, sogar gerade, weil ich zurzeit krankgeschrieben bin. Ich kann mich auch ohne beruflichen Erfolg wichtig fühlen, zum Beispiel als Vater meiner drei Kinder.

- So können wir vom ursprünglichen Haben-Ziel zu einem Sein-Ziel kommen. Wir können nun bei allem, was wir tun, prüfen, ob und wann wir diesen Zustand erleben. Er wird uns viel häufiger in allen möglichen Situationen auffallen als zu der Zeit, da wir noch auf ein festes Haben-Ziel ausgerichtet waren. So finden wir ganz neue Wege, das zu leben, was wir uns im Herzen wünschen.

- Nicht alle unsere Wünsche erfüllen sich. So ist das Leben. Und manchmal erfüllen sich gerade die Wünsche nicht, an denen wir besonders festhalten. Wünsche und Ziele auch wieder loszulassen hilft dabei, der Realität zu begegnen. Es hilft uns, präsent zu sein und dadurch mehr Energie zur Verfügung zu haben, um den Wunsch möglicherweise doch zu verwirklichen – aber eben leichtfüßig und ohne an ihm festzukleben.

- Unsere Welt ist nicht die gewünschte Welt. Das bedeutet ständige Arbeit in unserem Leben. Manches können wir im Sinne unserer Wünsche verändern. Aber nicht alles. Sobald wir wünschen, dass die Welt anders sein soll, als sie ist, sind wir nicht im Hier und Jetzt und gehen Entwicklungschancen aus dem Weg.

Die folgende Übung kann dabei helfen, Krisen in einem größeren Zusammenhang mit ihrem Sinn zu verstehen. So können wir schwierige Zeiten leichter als Teil des Lebens annehmen, statt uns als Opfer der Umstände zu fühlen. Wir können aus Krisen lernen, ohne ihre Bedeutung kleinzureden und sie im Nachhinein als »dumm gelaufen« und »Pech« beiseitezufegen und zum Business as usual zurückzukehren. Es wäre eine verpasste Lernerfahrung.

Die Ganzheitserfahrung

Wann habe ich eine Ganzheitserfahrung gemacht: einen Moment erlebt, in dem ich vollkommen bei mir war, verbunden mit allem, in einer Erfahrung tiefen und umfassenden Verstehens und Allwissens, mit einem Gefühl der Verbindung mit dem ganzen Universum?
Blitzantwort:

....

Ich saß als Kind unter dem Apfelbaum im Garten meiner Großmutter, während ich über mir eine Amsel singen hörte. Ich schwamm gerade im Meer, ziemlich weit weg vom Strand, und plötzlich wusste ich, dass ich Teil eines Ganzen bin. Während meiner schweren Krankheit wusste und verstand ich mit einem Mal sehr umfassend, dass alles gut so ist, wie es ist.

- Viele Menschen haben eine solche mystische Ganzheitserfahrung erlebt. Wenn wir dieses Erleben in die Gegenwart holen, so dass wir genau das jetzt spüren, was wir damals erfahren hatten, können wir dies auch auf aktuelle schwierige Zeiten übertragen. Dann können wir den Sinn der jetzigen Situation mit dieser Gesamtschau oft leichter beantworten.

- Und das kann ähnlich auch ohne diese Ganzheitserfahrung gelingen, wenn wir eine schwierige Lage quasi »von oben« betrachten. Wenn wir das Geschehen in einem größeren Zusammenhang verstehen, so können wir Krisen sogar willkommen heißen und mehr aus diesen kostbaren Zeiten lernen.

Nirgendwo werden wir nachdrücklicher zur Weiterentwicklung angestoßen als in Liebesbeziehungen. Und da gibt es eine besondere Herausforderung: das Freilassen.

Denn die Liebe ist ein Kind der Freiheit.

Freilassen, statt besitzen zu wollen.

Bedingungslos geben, statt haben zu wollen.

Den anderen verstehen, statt ihn verändern zu wollen.

Doch was ist, wenn die geliebte Person woandershin will als man selbst?

9. Liebe – Wie wir freilassen

»Den Spiegel hier, ein Mars und noch die Kaugummis.« Im Zeitungsladen riecht es nach frisch gedruckten Tageszeitungen, und Kaffeeduft hängt über den Regalen mit Schokoriegeln.

»Alles klar.« Yusuf sitzt gemütlich wie immer hinter seiner Theke, drückt jetzt die Kasse auf und hat kein passendes Wechselgeld. Er verschwindet hinter einem Vorhang aus gelben und pinkfarbenen Plastikstreifen, und ich höre ihn im Hinterzimmer rumoren.

Ich bin allein im Laden, von der Straße dringen nur gedämpft Motorengeräusche hinein, und ich registriere erst jetzt die Musik aus dem Radio. Mariah Carey singt gerade »Without You«. Ich summe mit. Hört ja keiner. Und mir fällt ein, dass ich diesen Song schon als Sechzehnjährige, damals noch von einem anderen Interpreten, mitgesummt habe. Und ich schwärmte seinerzeit für einen Mitschüler.

Yusuf ist zurück und drückt mir das Wechselgeld in die Hand, wir witzeln über dies und das, dann bin ich wieder auf der Straße und singe weiter. Jetzt lauter. Aber was singe ich da eigentlich? »I can't live, if living is without you«. Na ja, ein bisschen übertrieben, aber jetzt denke ich über etwas nach: Jeder kennt den Song, er ist ein Superhit, und das liegt nicht nur an der Melodie. Der Text spricht wohl sehr vielen Menschen aus dem Herzen. Und es geht um Liebe. Damit ist er interessant für mich und für dieses Kapitel, an dem ich gerade schreibe. Zurück im Büro, suche ich bei Wikipedia nach dem Song.

»Ohne dich« in der Hölle

Peter Ham und Thomas Evans von der britischen Rockband »Badfinger« haben »Without You« geschrieben, der Song erschien 1970 auf ihrem Album »No Dice«. Zig Künstler haben den Song gecovert und musikalisch interpretiert. Die Versionen von Harry Nilsson Anfang der siebziger und Mariah Carey Mitte der neunziger Jahre wurden Superhits. Paul McCartney bezeichnete die Ballade mal als »the killer song of all time«. Ich lese den vollständigen Songtext im Internet, bei dem sich alles um die Kernaussage dreht: »Ich kann nicht ohne dich leben.« Mein Leben – davon abhängig, ob der geliebte Mensch da ist? Bei iTunes stoße ich auf endlos viele ähnliche Songtitel: »I Can't Live Without You«, »How Can I Live Without You?«, »Can't Live Without Your Love« und so weiter. Alles Songs, die den Schmerz der verlorenen Liebe und ein dann sinnloses Leben besingen. Sie beschwören das Bleiben und wollen dem anderen ein Versprechen abringen: »Promise Not To Leave Me«, »Don't Make Me Live Without You«, »Stay With Me«.

Musik erreicht und verstärkt unsere tiefsten Gefühle. Komponisten und Songwriter drücken darin ihre Gefühle aus. Mitsingende wie ich tun beides, sie lassen sich erreichen und erzählen diese Gefühle nach. Und viel, sehr viel dreht sich dabei um die Liebe. Ich glaube, Musik und Liebe passen gut zusammen. Meine Suchrecherche ergab, dass sich fast die meisten Songs um »Love« drehten. Nur über ein Schlagwort fanden sich mehr Titel: »World«. Songs über die Liebe interpretieren immer wieder neu das Sehnen, das uns alle verbindet in unserer Idee der großen Liebe. Wir sehnen uns nach dem Zusammensein in Liebe. Wir erleben Schmerzen, wenn wir sie vermissen. Dieses Sehnen ist wohl universell und verbindet uns alle.

Schmerz ist die Antriebsfeder für Künstler. Doch daneben fehlt mir etwas in vielen dieser Liebeserklärungen.

Was ist das für eine Idee von ausschließlicher Liebe, mit der wir aufwachsen, indem sie uns erzählt wird, besungen, fotografiert, verfilmt und erdichtet – und auf die wir zeitlebens hoffen? Bill Withers klingt da noch einigermaßen gefasst: »Ain't no sunshine, when she's gone«, Toni Braxton schluchzt: »Unbreak my heart, say you love me again, undo this hurt you caused«, und Alice Cooper schreit ins Mikro: »Hell is living without you.« Soll es wirklich nur diese eine große Liebe geben und daneben – nichts? Kein Sonnenschein, kein lebenswertes Leben, die Hölle?

Auch ich hatte früher diese Idee. Sie stand vollkommen unhinterfragt neben meiner Lebenserfahrung. Erst als ich mit zahlreichen romantisierten Vorstellungen über die Liebe aufgeräumt hatte, konnte ich beginnen, viel mehr Formen von Liebe zu verschiedensten Menschen wertzuschätzen und damit mein Leben ungleich reicher zu erleben.

Natürlich, Verliebtheit ist eine unvergleichliche Erfahrung. **In einer Verliebtheitsphase öffnet sich ein Fenster zur eigenen Essenz, zum Kern des eigenen Selbst.** Wir erhalten eine Idee von dem, was in uns wartet, und gehen über unser alltägliches Selbst hinaus. Deshalb ist die Erfahrung von Verliebtheit auch oft so existenziell, umwerfend, großartig, verrückt und wunderbar.

Doch zugleich sind wir, wenn wir im Außen nach diesem Zustand suchen – und ihn eventuell finden –, immer abhängig von äußeren guten Bedingungen, von dem einen idealen Menschen. Wir suchen rastlos, immer in Hoffnung, die sich mal erfüllt, mal aber auch nicht. Und dabei gibt es etwas, was uns besonders einengt: unser Anspruch, der oder die andere möge unsere Bedürfnisse erfüllen.

Merten und Katja sind frisch verliebt. Katja lässt sich von Merten ständig zeigen, dass sie der wichtigste Mensch in seinem Leben ist. Frisch verliebt tut er das gern. Katja ist überglücklich: Endlich hat sie ihre große Liebe gefunden, und sie will all ihre Zeit mit Merten verbringen. Sie schwelgt in der Zuversicht, dass sie mit ihm ihr Leben lang in diesem verschmolzenen Zustand bleiben wird. Sie hat das Gefühl, das ihr immer gefehlt hat: sich bedingungslos und rundum geliebt zu fühlen.

Nun wird Merten das ständige Zusammensein jedoch irgendwann zu viel, er will auch mal wieder was allein machen, ein Bier mit seinen Freunden trinken, Musik machen, lesen.

»Liebst du mich denn überhaupt noch?«, fragt sie, und es klingt bettelnd.

Merten sagt etwas widerwillig: »Ja, Schatz.«

Ja, er liebt Katja und zeigt ihr das auch, aber mit der Zeit wird das alles etwas weniger enthusiastisch. Katja merkt, dass er sich allmählich von ihr entfernt, und leidet, weil sie sich selbst gar nicht als so liebenswert empfindet. Deshalb war sie ja auch so glücklich, sich von Merten geliebt zu fühlen.

Bald bekommt Katja Angst, Merten zu verlieren. Sie macht ihm Vorwürfe, um Schuldgefühle in ihm zu wecken und ihn dadurch zu halten. Im nächsten Stadium mäkelt sie vor lauter Verzweiflung an ihm herum. Das geht immer so weiter, und nach anderthalb Jahren trennt sich Merten schließlich von ihr. Sie leidet kurze Zeit unter heftigen Verlassenheitsgefühlen. Dann lernt sie allerdings schnell ihren nächsten Traummann kennen …

Manchmal wollen wir unbedingt und sehr dringend etwas von einem anderen Menschen haben. »Sie soll mich bedingungslos lieben«, »Er soll mich retten und immer für mich sorgen«, »Er soll mir ständig zeigen, dass er mich liebt«, »Sie soll mir versprechen, dass sie immer für mich da sein wird«, »Ich will jederzeit der wichtigste Mensch in ihrem Leben sein«: Solche Ansprüche an den anderen können eine Beziehung überlasten. Wenn wir etwas unbedingt vom anderen haben wollen, so spielt häufig ein älterer Wunsch mit hinein, der in der Beziehungsrealität eigentlich gar nicht passt und den deshalb ein anderer nie erfüllen kann, der aber als so existenziell empfunden wird, dass man ihn um jeden Preis erfüllt bekommen möchte. Und das passiert natürlich nicht nur mit dem Partner, sondern ähnlich mit Vorgesetzten, Kollegen, Kindern, (Facebook-)Freunden und Wählern. Da heißt »Liebe« dann wahlweise »Lohnerhöhung«, »Wertschätzung«, »Brav sein«, »Gefällt mir« oder »Wählerstimme«. Kein Mensch kann diesen Wunsch wirklich erfüllen. Wir überfordern damit unsere Beziehungen. Wir machen uns abhängig. Wir werden unfrei.

Diese unerfüllbaren Wünsche nenne ich »bodenlose Bedürfnisse«. Das sind all die Bedürfnisse, die aus einem früheren Mangelgefühl stammen. Viele Menschen tragen heute noch frühe, äußerst schmerzhafte Erfahrungen des Getrenntseins, der Einsamkeit und eines Mangels an Liebe mit sich herum. Eine Lücke, ein Loch. Dieses Loch ist irgendwann in frühester Zeit, in Baby- oder Kinderzeiten entstanden. Deshalb kann es auch heute nicht wirklich gefüllt werden. Das Bedürfnis bleibt deshalb »bodenlos«. Meist ist es unbewusst und bricht erst auf, wenn eine Beziehung nicht mehr absolut erfüllend ist, oder in Trennungssituationen. Wenn jemand mit einem bodenlosen Bedürfnis nun nach einem Partner sucht, der dieses Loch füllen soll, so sind Verstrickungen naheliegend.

Dann überschattet dieser Anspruch – oft mit allen möglichen Mitteln durchgesetzt – die Beziehung, und einst Liebende geraten in einen Kampf um Versprechen, Zuwendungen und ständige Liebesbeweise. Katja trotzt Merten Liebesbekundungen ab, die er nur noch halbherzig geben kann. Wenn solche bodenlose Bedürfnisse in einer Liebesbeziehung die Hauptrolle übernehmen, ersticken sie die Liebe: Wir können uns nicht mehr gegenseitig erkennen und das Miteinander leben, für das wir eigentlich zusammengekommen sind. Der andere merkt, dass er nie genug geben können wird, erlebt sich wie Merten als unzulänglich, fühlt sich überfordert, schuldig, wird ungeduldig, hilflos oder wütend – je nach Charakter –, verausgabt sich und zieht sich schließlich ganz zurück.

Liebe ist ein Kind der Freiheit

Die Grundannahme hinter der beschriebenen Einstellung ist: »Ich bin ein Mangelwesen. Ich muss mir eine zweite Hälfte suchen, die den anderen Teil meiner selbst verkörpert, die mir gibt, was ich mir nicht selbst geben kann oder was ich als Mangel nicht ertragen kann. Zusammen sind wir ein Ganzes, jeder allein nicht.« Aber wie kommen wir überhaupt auf diese Idee, wir sollten vom andern etwas bekommen, um dadurch ganz zu werden?
Der Konsumgedanke unserer Gesellschaft prägt unsere Idee des Hinzufügens, um ganz zu werden. Er prägt ebenso die Idee, man sollte bekommen, was man haben will. Auch in zwischenmenschlichen Beziehungen. Auch in der Liebe. Dann möchten wir, dass andere Menschen, Partner, Partnerinnen, Chefs, Kollegen, Freunde, Eltern erfüllen, was wir

uns wünschen. Wir wollen Wertschätzung vom Vorgesetzten, die ewige Treue vom Partner, die selbstlose Sorge von den Eltern. Doch in Beziehungen funktioniert das »Habenwollen« nicht so, wie wir es woanders vielleicht gewohnt sind. Jedenfalls nicht auf Dauer und nicht in Beziehungen, die ohne Verstrickungen auskommen wollen.

Auch die Psychologie bestärkt uns in der Idee, vom anderen etwas zu bekommen. Ein oder zwei Generationen haben inzwischen den Grundsatz verinnerlicht: »Sorge dafür, dass deine Bedürfnisse befriedigt werden.« Warum eigentlich sollten unsere Bedürfnisse befriedigt werden? Das können wir ruhig mal hinterfragen. Unsere Großeltern kannten diese Idee noch gar nicht. Sie wussten oft nicht einmal, was eigene Bedürfnisse sind. Es ging darum, die Familie und die Kinder durchzubringen, den nächsten Bombenangriff zu überstehen, ein bisschen Normalität und Wohlstand aufzubauen. Es ging um Pflichterfüllung und den Beitrag zur Gemeinschaft. Heute lernen wir, dass es gut und wichtig ist, die eigenen Wünsche befriedigt zu bekommen. Diesem Credo kann ich jedoch immer weniger folgen. Denn es gibt Wünsche an den Partner, die werden sich nie erfüllen. Es gibt auch solche, die ein einziger Mensch einfach nicht zu erfüllen vermag. Und vielleicht sind ebendiese Wünsche, wenn wir sie loslassen können, auch irgendwann nicht mehr so wichtig. Denn es könnte dahinter etwas viel Besseres geben. Darum geht es in den beiden letzten Abschnitten dieses Kapitels. Hier können wir aber schon mal Anlauf nehmen.

Wir können uns unserer ungefüllten Löcher bewusst werden. Wir können die daraus entstandenen bodenlosen Bedürfnisse loslassen. Wir können überall, wo wir merken, dass wir anhaften, etwas haben wollen, etwas einfordern, auf etwas bestehen – loslassen. Wir können damit Beziehungen zu anderen Menschen freilassen. Wir würden damit den anderen befreien. Die Liebe könnte wieder das werden, was sie im Grunde immer war: ein Kind der Freiheit. Dieses Loslassen funktioniert. Und es lohnt sich.

Wer nichts »müssen muss«, wer keine Erwartungen spürt, kann sich frei in jede Richtung wenden. Warum sollte er sich abwenden, wenn er den anderen doch eigentlich liebt oder geliebt hat? Ich glaube, die beste Art, gemeinsam weiterzugehen, ist, den anderen freizulassen. Aber das gilt natürlich nur, wenn das Freilassen absichtslos geschieht und man nicht quasi gezwungenermaßen den anderen lässt, um ihn zu halten. Wenn wir dem Partner die Freiheit lassen, kann er sich dem anderen aus freien Stücken in Liebe zuwenden und freiwillig voller Freude geben. **Ein Teil des Wesens von Liebe ist nun mal das Geben, nicht das Nehmen.**

Der US-amerikanische Paarberater Gary Chapman hat für dieses Geben einen interessanten Ansatz entwickelt. Um den Partner beziehungsweise die Partnerin zu erreichen, müssen wir die Sprache der Liebe herausfinden und sprechen lernen, die das Gegenüber spricht. Diese fünf »Sprachen« und ihre »Dialekte« sind: Lob und Anerkennung, Zweisamkeit – ungeteilte Zeit nur für den anderen –, Geschenke, die von Herzen kommen, Hilfsbereitschaft und Zärtlichkeit sowie sexuelles Begehren.[62] Dann können wir den anderen wirklich erreichen und unsere Liebe vermitteln. Ich finde Gary Chapmans Ansatz sehr wertvoll – mit einem »Wenn«: Die Sprache der Liebe zu erlernen und mit ihr Liebe zu geben ist sinnvoll, wenn dies in einem Feld des Freilassens stattfindet. Wenn es mit der Absicht geschieht, zu halten oder etwas zurückzubekommen, verliert es seinen Sinn.

Einem anderen Menschen voller Freude und in Freiheit das zu geben, was er sich wünscht – aber nicht einfordert oder haben muss –, ist eines der größten Geschenke, auch für den Gebenden. Liebe wird mehr, wenn wir sie schenken, nicht weniger. Darauf kommen wir noch zu sprechen. Zuvor möchte ich erst einmal die namenlosen Formen von Liebe ans Licht holen, die meist so im Verborgenen liegen, dass man sie gar nicht sieht. Auch deshalb, weil sie keinen Namen haben.

Eine namenlose Liebe

Während der Studentenzeit gab es einen Mann namens Micha in meinem Leben. War ich in ihn verliebt? Meine Hinwendung zu Micha war – wie jede tief berührende Zuneigung zu einem anderen Menschen – einzigartig, und bis heute habe ich keinen Namen für sie. Weil es keinen gibt. »Normale Verliebtheit« war das zwischen uns schon mal nicht. Micha war nämlich schon verliebt. Nur nicht in mich. Bis über beide Ohren verknallt in eine anmutige Amerikanerin, trällerte er ständig vor sich hin und zeigte auch sonst alle Anzeichen einer der unzähligen Arten von Verliebtheit, die in seinem Fall nun mal nicht mir galt. Komisch, ich war weder eifersüchtig noch geknickt. Er arbeitete damals im Voralpenland am Innenausbau für eine Villa. Eine Zeitlang schlich ich in meiner Berliner Wohnung um meine Schreibtischschublade herum, in der das schöne Briefpapier wartete. Dann schrieb ich ihm. Ich wollte ihn besuchen.

Es war ein milder Herbstsamstag, und wir wanderten in den goldfarbenen Buchenwäldern. Am Nachmittag lagen wir auf der frisch gezimmerten Holzterrasse im würzigen Geruch der Fichtenplanken beieinander, und die tiefstehende Sonne wärmte unsere Gesichter. Er legte seinen Arm um mich, und ich wollte mich nicht bewegen, damit es nicht aufhörte. Die halbe Nacht lang betrachtete ich dann aus meinem Schlafsack in einem der leeren Zimmer den bayrischen Sternenhimmel, die andere Hälfte der Nacht schlief ich tief und glücklich.

Am nächsten Tag sang er mit seiner schönen Micha-Stimme noch ein wenig zur Gitarre, und es war ein Abschied auf unbestimmte Zeit, denn er ging nach New York zu seiner anmutigen Amerikanerin. Am Bahnhof umarmte er mich fest und lange mit seinen Tischlerarmen, und ich war Ulrike im Glück. E-Mails waren damals gerade erst im Kommen. Also schrieben wir uns Briefe mit Erzählungen, Gedichten, Bildern, Zeitungsausschnitten und einzelnen Gedanken auf Kärtchen. Am Postschalter überreichte ich die dicken Pappumschläge wie einen Schatz und sah ein paar Wochen später einen ähnlich dicken Brief im Stapel des Postboten, den ich dafür jedes Mal hätte küssen können. New York–Berlin–New York–Berlin.

Was für ein Glück, dass sich diese namenlose Form von Liebe als das entfalten konnte, was sie war. Ein einziges Mal erzählte ich einer Bekannten von Micha – und erhielt eine Diagnose von ihr: »Du bist halt verliebt.« Mir war unbehaglich, das passte nicht. Heute weiß ich, warum sie diese Diagnose stellte. Sie konnte nicht einordnen, was ich ihr da erzählt hatte. Um sich selbst zu beruhigen, hatte sie rasch eine Schublade gezogen. Heute habe ich immer noch keinen Namen für meine Form der Zuneigung zu Micha. Ich kann sie nur wortreich umschreiben, um sie existieren zu lassen. Das entspricht ihrer Kostbarkeit. Andererseits zeigt sich darin auch ein Mangel unserer Sprache.

Ich empfinde es als unendlich kostbar, wenn sich eine Beziehung so entwickeln darf, wie es ihr entspricht. Wenn sich Menschen alle Zeit der Welt lassen können, staunend wahrzunehmen, wie sich die Facetten des anderen, wie sich die Form der Beziehung, wie sich das Zusammensein nach und nach entfaltet. Es gibt keine Eile. Jede Liebe ist so einzigartig wie die etwa siebeneinhalb Milliarden Menschen auf der Erde.

Doch wir beschreiben die unendliche Vielfalt der Zuneigung im Deutschen mit nur einem einzigen Wort: »Liebe«. Das ist wenig bei unserer Sprache mit einem ansonsten riesigen Wortschatz. Also behelfen wir uns. Wir ordnen die Liebe in ein paar Kategorien ein wie Partnerliebe, Elternliebe, Freundesliebe oder nutzen Adjektive, um die kindliche von der erwachsenen, die platonische von der sexuellen und die besitzergreifende von der selbstlosen Liebe zu unterscheiden. Die alten Griechen prägen unsere abendländische Auffassung von Liebe mit einer Dreiteilung: *Eros* als sinnlich-erotische, geschlechtliche, leidenschaftliche Liebe, *Philia* als verstehende Freundesliebe und *Agape* als selbstlose und fördernde Nächstenliebe. Damit können wir das Wesen verschiedener Liebesformen zwar näher ergründen, aber immer noch frage ich mich: Was wir in Worte fassen können, erleben wir bewusst; nehmen wir einer Liebe durch solch verallgemeinernde Einordnungen eventuell die Freiheit, sich so zu entfalten, wie es ihr eigentlich entsprechen würde? Und ist unsere Wahrnehmung von Beziehungen dadurch möglicherweise eingeschränkt?

Schon die Verliebtheit kann ja unendlich viele verschiedene Erscheinungsformen annehmen: von vollkommen durchgedreht, euphorisch oder manisch über getrieben, voller Angst und Selbstzweifel bis hin zu einer stillen, schüchternen, sanften oder langsamen Art, verliebt zu sein. Hätten wir, sagen wir, siebzig verschiedene Wörter für diverse Arten der Liebe, könnten wir siebzig Formen von Liebe differenzieren und beschreiben, und in unseren Herzen wären wir reicher. Aber das ist nur ein Gedankenspiel. Die Wörter haben wir nicht, und ich bin bei Micha ohne einen passenden Begriff ausgekommen. Ich möchte auch weiterhin den Blick offen halten für die Vielfalt.

Und für das Erleben der Vielfalt hilft es, wenn wir möglichst viele Mythen über die Liebe herausfinden – und entzaubern. An wohl keinen anderen Begriff knüpfen sich so viele Erwartungen und Hoffnungen: Die Liebe sollte romantisch, immerwährend, ausschließlich, treu, stets erfüllend, leidenschaftlich, bedingungslos und so weiter sein. Und daneben steht die Realität. Der Alltag fordert manchmal alle Kraft und Aufmerksamkeit, der Partner verliebt sich in eine andere Frau, eine Eigenschaft am anderen bringt einen auf die Palme, der eine will spät schlafen gehen, die andere früh. Und was ist mit all den Formen von Beziehungen, die in diese Vorstellungen, die wir uns von Liebe machen, nicht passen? Sie liegen im Schatten der großen Liebe, und das erschwert zusätzlich zum Sprachproblem, sie zu sehen. Ich glaube inzwischen, gerade der Mythos der großen Liebe, das Bild, das wir uns von ihr machen, hält uns oft davon ab, Liebe in all ihren Formen, auch die große Liebe, zu finden und zu erleben.

Der Mythos »große Liebe« verstellt uns den Blick auf die Liebe

Ella hat zurzeit keinen Partner. »Zurzeit« kann man eigentlich nicht sagen, eher ist sie dauerhaft solo. Sie sucht nach der großen Liebe und findet sie nicht. Mal ist sie ein halbes Jahr liiert, ein anderes Mal anderthalb Jahre, und wieder war es nicht »der Richtige«. Vor zwei Jahren dachte sie, sie hätte endlich doch ihre große Liebe gefunden, aber es blieb bei der heimlichen Affäre, denn der Mann wollte sich dann doch nicht von seiner Frau trennen. Kurz danach stieg ein anderer Mann sozusagen direkt aus den Heftseiten eines Männermodemagazins in ihr Bett, das für ein paar Wochen heftig wogte. Aber schnell hegten die beiden eher platonische Gefühle füreinander, und sie ordneten das, was sie zusammen erlebten, nicht als die große Liebe ein. Ihre Wege trennten sich. Und so ging es weiter in Ellas Beziehungsleben.

Psychologisch Versierte mögen nun womöglich die Diagnose »Angst vor Nähe« stellen: Ella scheue zurück vor dem Sicheinlassen und vor wachsender Nähe, weil sie schwierige Erfahrungen in frühen Beziehungen gemacht habe. Nun suche sie unbewusst einen Vorwand, um die aktivierten Erinnerungen zu umgehen. Doch solche Deutungen kommen oft viel zu schnell. Nicht jede, die immer weiter sucht, hat ein Näheproblem. Und nicht jeder, der keine traditionelle Beziehung will oder wie Ella besonders wählerisch ist, hat gleich Bindungsangst. Die Soziologin Eva Illouz fordert in ihrem Buch *Warum Liebe weh tut*, man solle aufhören, die modernen Liebenden mit solchen Diagnosen und Rezepten für ein gesundes und schmerzfreies Liebesleben zu traktieren.[63]

Auch Ella ist geprägt von dem, was wir alle lesen, sehen und hören: in Romanen, Filmen, Erzählungen und Songs. Wir werden ständig mit der (zumindest potenziell) erfüllten Variante der großen Liebe berieselt: eindeutig, romantisch, exklusiv, leidenschaftlich, erfüllt. Perfekt. Doch das ist erst einmal der Wunschtraum der Menschen. Schriftsteller, Drehbuchautoren, Regisseure, Erzähler und Songtexter projizieren ihre Träume in ihre Kunst oder manchmal sogar in ihren Rat. Ja: Auch sogenannte Ratgeber projizieren ihre Träume in ihren Rat. Wer innerlich nicht aufgeräumt hat mit seinen unbewussten Wünschen, Vorstellungen, Zielen und Träumen, wird seine Klienten und andere ihm Anvertraute damit unbewusst oder sogar bewusst beeinflussen.

Ich bin aufgewachsen mit Ideen von der »Liebe auf den ersten Blick« und habe gelernt, eine Liebe beginne mit Verliebtheit. Wir erwarten heiße Leidenschaft und lesen Begriffe wie »Seelenpartnerschaft«, »Dualseele« und »Seelenverwandtschaft« im Netz und in den einschlägigen Publikationen. Und es ist vollkommen gleich, ob es einen Seelenpartner oder eine Zwillingsseele nun für unser Leben gibt oder nicht: Die Vorstellungen davon schweben in unserer inneren Bilderwelt herum, je nachdem, womit wir aufgewachsen sind und was wir im Lauf unseres Lebens an Liebesidealen entwickelt haben, und sie verstellen den Blick auf all das, was in dieses Ideal nicht passt. Besonders wohl zu Beginn.

Manche Leute wie Ella prüfen bei jeder Begegnung, ob dieser Mensch nun die große Liebe ist. Doch wie sollte man das gleich erkennen können, wenn unser Blick auf andere wie gesagt oft so vernebelt von unbewussten Übertragungen und Projektionen ist? Nicht jede Liebe, die sich später als wichtig herausstellt, beginnt mit einem Paukenschlag. Es gibt tiefe und lebenslange Liebesbeziehungen, die waren zuerst reichlich unspektakulär, fast alltäglich und ohne große Erwartungen. Vielleicht hätte sich die eine oder andere vorzeitig aufgegebene Liebe auch erst nach Jahren der Beziehung als solche offenbart, wenn beide ihr die Zeit gelassen hätten, sich zu entfalten.

Und was ist, wenn eine große Liebe sich in einer Form zeigt, die nicht zu den romantischen Vorstellungen passt, weil sie sich vor allem körperlich ausdrückt, was in unserer Gesellschaft mit dem Wort »Sex« auf etwas reduziert wird, das der tiefgreifenden Bedeutung als Ausdruck von Liebe nicht gerecht wird? Manch einer ist auch einfach nicht reif genug, eine große Liebe zu leben. Oder es sprechen äußere Umstände dagegen, mit der großen Liebe zusammenzuleben, etwa wenn jemand sich dafür nicht von seinen Kindern trennen will – ein sehr ernstzunehmender Grund, gerade für den Partner, der nach einer Trennung die größere Distanz zu seinen Kindern hätte. Es kann auch sein, dass eine Liebe unentschieden beginnt, weil ungünstige Lebensumstände oder Ängste hineinspielen. Die Liebe zu meinem Mann entwickelte sich anfangs stockend, monatelang in Sprüngen vor und zurück, es gab eine halbjährige Pause nach der anfänglichen Begeisterung, und erst ein Jahr später waren wir mit einem Mal klar füreinander entschieden.

Zusammengefasst lässt sich sagen: **Es ist aus meiner Sicht eines der größten Geschenke im Leben, einer großen Liebe zu begegnen, doch der Anspruch, sie zu erleben, ebenso wie der Anspruch, sie dauerhaft aufrechterhalten zu können, ist zu hoch.** Wir sollten einfach dankbar dafür sein, wenn wir eine solche Begegnung erleben dürfen, gleich, ob sie einen Tag, ein paar Jahre oder länger währt.

Es ist beim Thema »Liebe« wie bei den anderen Themen, mit denen wir uns bisher beschäftigt haben: Würden wir nicht nur die eine perfekte Idealvorstellung im Kopf haben und verfolgen, dann könnten wir den Blick und unsere Wahrnehmung weiten für das, was gerade ist. Vielleicht geht es auf unserem Entwicklungsweg zurzeit gar nicht darum, die große Liebe zu erleben. Und was ist mit anderen wertvollen Beziehungen, die sich nie zu der großen Liebe auswachsen würden? Könnten wir sie sehen und genügend würdigen? Und selbst die Beziehungen, bei denen wir nur an einzelne, uns nahe Personen denken, sind nicht alles, wobei ein Geben und Erhalten von Liebe geschieht. Auch jenseits einer partnerschaftlichen Beziehung gibt es noch viel mehr, selbst in den alltäglichsten Begegnungen. Es geht im Folgenden also um eine universelle Form der Liebe.

Weltliebe, eine Liebe zu allem

Ich liebe meinen Mann. Ich liebe unseren Sohn. Ich liebe die großen Kinder und unsere Enkeltochter. Ich liebe auch meine beste Freundin, selbst wenn ich sie manchmal wochenlang nicht spreche oder sehe. Und ich liebe meinen besten Freund. Ich liebe andere Freundinnen und Freunde, auch viele Kolleginnen und Kollegen, mit denen ich freundschaftlich und weit über Arbeitsthemen hinaus verbunden bin. Ich liebe meine Freundin, die ich nur einmal im Jahr sehe – wenn wir Glück haben –, und jedes Mal merken wir, dass keine von der anderen erwartet hat, sie hätte sich eher melden sollen. Oder Micha, der Tischler in New York: Ich habe ihn in zwanzig Jahren einmal wiedergetroffen. Wir saßen im Spätsommer in einem Parkcafé unter alten Kastanien und schipperten mit seiner kleinen Tochter im Ruderkahn über den See.
Und so geht es weiter: Liebe ist in jedem Kontakt mit meinen Klienten und Seminarteilnehmenden präsent, und ich denke beim Schreiben dieser Zeilen in Liebe ebenso an Sie, die Sie

dieses Buch lesen werden. Liebe ist in jedem Lächeln, das ich mir am Morgen mit dem Jogger im Park zuwerfe. Sie ist in jedem Halten eines Regenschirms, während jemand sich im ICE kurz vor dem Bahnhof seine Jacke anzieht. Sie ist in der Begegnung mit dem Buchfink am See, der im Geäst sitzen bleibt, statt wegzufliegen. Sie ist im Bremsen eines Autofahrers, der mir an dem Seitensträßchen den Vortritt als Fußgängerin lässt und dabei lächelt, weil es ihm Freude macht, freundlich zu mir zu sein. Wir können die Liebe auf andere Menschen, auf Tiere, die Welt übertragen. Bis wir in einer allumfassenden, weltumarmenden Liebe zu allen und allem ankommen, die nicht ausgrenzt und die allen Menschen und Lebewesen Freude, Dankbarkeit, Mitgefühl, Verstehen, Vergeben und Freundlichkeit entgegenbringt. Das ist Weltliebe. Und in unseren Herzen hätte viel mehr dieser Weltliebe Platz. Wenn wir ihr den Raum gäben. Auch im Alltag, in jedem Moment. **Liebe wird ja nicht weniger, sondern mehr, wenn wir sie auf immer mehr Menschen und schließlich auf die ganze Welt ausdehnen.** Sparsamkeit oder Geiz passen nun wirklich nicht zu Liebe, denn sie ist allumfassend. Liebe ist Geben, sie ist selbstlos, sie ist Freude, sie ist Lassen. Liebe ist die universelle Macht, die wir sind und die uns zugleich umgibt, alles umschließt und ein erfüllt gelebtes Leben durchwebt. Wir sind Liebe.

Ich sehe in Gedanken unseren ehemaligen Nachbarn vor mir, der mit 103 Jahren starb. Er lieh sich manchmal unsere Bohrmaschine aus, wir plauderten, er scherzte mit unserem Sohn, und bis zuletzt sahen wir ihn auf dem Fahrrad mit seinem Stoffbeutel am Lenker immer lachbereit zum Einkaufen oder zu einem seiner vielen Besuche fahren. Er bremste dabei ziemlich oft und stieg von seinem Fahrradsattel ab, denn an jeder Ecke traf er jemanden, den er begrüßte, mit dem er ein paar Worte wechselte oder einen Witz machte. Man sah ihn in angeregte Gespräche vertieft. Oft hatte er Besuch von älteren Damen und Herren. Er reiste viel, um seine in ganz Europa verstreuten Freunde zu besuchen. England, Frankreich, Italien, Schweden. Sein Gesicht war mit Lachfalten überzogen. Ich glaube, er lebte eine Weltliebe.

Wenn ich dieses Gefühl der weltumarmenden Liebe deutlich wahrnehme, kann ich es zu allem und jedem mitnehmen. So wie an jenem Abend vor ein paar Wochen. Ich gehe zu unserem türkischen Lebensmittelladen, weil ich noch Gemüse und Obst kaufen will. Wir kennen uns seit Jahren; der Inhaber ist ein lieber und lustiger Mann. Doch heute ist er kurz angebunden und schaut ernst drein. Vielleicht hat er Sorgen, denke ich mir. Ich stehe nur ein paar Sekunden länger an der Kasse, als ich müsste, und bin einfach da, fühle mich mit ihm verbunden. Nun atmet er ein wenig auf, ich merke es deutlich. Er lächelt plötzlich, und während er meine Einkäufe in zwei orangefarbene Knistertüten packt, legt er ein Süßgebäck aus Pistazien und Honig mit dazu. »Türkische Spezialität«, sagt er mit dem Stolz, den ich sonst von ihm kenne, und er lacht. War etwas von meiner »Weltliebe-Stimmung« bei ihm angekommen und hat seinen Impuls ausgelöst, mir das Gebäck zu schenken? Hat er gespürt, dass ich ihn so annehme, wie er gerade ist – momentan ernster als sonst?

Menschen mit Weltliebe erkennen sich oft gegenseitig, lächeln sich wissend an, und es spielt noch nicht mal eine Rolle, ob sie sich schon jemals vorher gesehen haben oder nicht. Es ist diese Freude, das Lachen in die Welt hinein, das ich mit Weltliebe meine. Und dazu gehört noch ein weiterer Aspekt.

Wie wäre es, vom anderen nichts zu erwarten, erst recht nichts, was dieser nicht geben will oder kann? Das Zusammensein nicht an Bedingungen zu knüpfen? Wie wäre eine Liebe, die konsequent gibt, ohne das Nehmen gegenzurechnen, die lässt, statt zu wollen? Und wie wäre es, den anderen nicht festzuhalten und sicher »haben« zu wollen?

Wir könnten innerlich so frei sein, dass wir auch den Partner freilassen können. Und dieses Freilassen ist tiefgreifender, als ihm nur seine kleinen Freiheiten des Alltags zu gönnen. Es geht hier um ein inneres Freilassen der ganzen Person, bei dem wir unseren Fokus darauf richten, voller Freude aus dem Gefühl der Freiheit heraus zu geben und voller Dankbarkeit zu nehmen, was kommt. In einer Grundstimmung, die auch Ungleichgewichte im Geben und Nehmen toleriert. Wir könnten uns verabschieden von all den Vorstellungen, wie etwas sein »sollte«, um all das wahrnehmen zu können, was sich jenseits unserer Vorstellungen und Erwartungen zeigt.

Wenn wir in Liebe freilassen, müssen wir auch in Liebe die Entfernung oder die Trennung riskieren. Ganz gleich, ob es um eine Partnerbeziehung geht, eine Freundschaft, die Liebe zum eigenen Kind, zu den Eltern, zu Menschen, mit denen man arbeitet – zu wem auch immer. **Es geht um ein Freilassen, das den anderen sich entwickeln lässt, in welche Richtung auch immer, und ihn dabei mit allen Kräften unterstützt, voller Freude daran, diese Entwicklung mitzuerleben.** Und wenn der Weg nicht mehr – oder nicht ununterbrochen – der gemeinsame Weg ist, dann soll auch das gut so sein. Der Leitspruch des Freilassens könnte sein: »Es ist so, wie es ist«, nicht resigniert, frustriert oder bitter gesagt, sondern weiterhin in Liebe.

Auch dazu fällt mir ein Song ein. Es ist einer der eher seltenen, die das Freilassen besingen. Er ist von Adele, und er klingt fast genau wie das Gegenteil von »I can't live, if living is without you« von Mariah Carey. Adele singt wehmütig und sanft ihren Song »Someone Like You«: Es geht um eine frühere Beziehung, und sie lässt den anderen frei, indem sie ihn – und sich – beruhigt, etwa: »Es ist nicht so schlimm. Ich werde schon jemanden wie dich finden. Ich wünsche nichts, aber dir wünsche ich nur das Beste.« Man hört, dass es für sie schmerzlich ist. Doch das gehört zu einem solchen Verlust und ist kein Grund, den anderen damit zu behelligen. Dieses Freilassen zu leben ist eine Herausforderung. Nicht nur nach einer Trennung, sondern ebenso innerhalb einer bestehenden Beziehung. Mit meinem Mann gab es auch solche Zeiten, in denen das Freilassen besonders wichtig war.

Wir sind seit zwanzig Jahren zusammen, haben einen Sohn, mein Mann hat zwei weitere Kinder, und es gibt eine kleine Enkeltochter. Und selbst wenn Kinder stark binden, selbst wenn wir uns lieben – auch bei uns stand bei der einen oder anderen krisenhaften Entwicklung zur Disposition, ob wir zusammenbleiben. Nicht als Drohung oder zur Erpressung, nicht aus Gleichgültigkeit, sondern mit der Frage, ob unser beider Entwicklung das Zusammensein noch guttut. Es ist sinnvoll, die Frage einer Trennung so grundsätzlich zu stellen – mit aller Angst, mit allem vorweggenommenen Schmerz. Es lässt frei, und es übt im Freilassen. Dies nicht nur zu denken, sondern auch zu fühlen ist eine beständige Arbeit, in deren Verlauf man immer neue Aspekte des Festhaltens entdecken wird. Freilassen ist Arbeit, egal welche Form die Beziehung hat.

Mich interessiert bei freilassender Liebe überhaupt nicht die äußere Form: Manche leben siebzig Jahre lang mit ihrem

Partner zusammen. Wieder andere haben keinen Partner und leben Liebe in Freundschaften und Bekanntschaften. Ich kenne auch Menschen, die sind einsam, aber nicht verbittert und leben Liebe im Geiste, etwa durch bestimmte Meditationsformen. Lebenslange Treue oder offene Beziehung, ständige Partnerwechsel, Single mit sporadischen Affären, One-Night-Stands, Beziehungen mit oder ohne Sex – die äußere Form spielt für mich keine Rolle. Sie hängt von der jeweiligen Beziehung, von eigenen Vorlieben, von der lebensgeschichtlichen Prägung, von den Wertvorstellungen und Lebensbedingungen ab. Zwei Männer in Russland etwa werden ihre Liebe füreinander tragischerweise nicht unbehindert leben können, und auch in vielen anderen Ländern ist es nicht weit her mit der Toleranz gegenüber den zahlreichen Formen von Liebe. Wir haben hier Glück, weil wir damit einigermaßen frei umgehen.

Bei freilassender Liebe ist die Liebe ein Geschenk, ein Kind der Freiheit. Einigermaßen »vollständige« Menschen, die keine zweite Hälfte brauchen, begegnen einander. Dankbar für den Augenblick, den sie mit dem anderen erleben können. Dankbar für das, was der andere gibt – und seien es nur Lernaufgaben, die nicht angenehm sind: Wenn wir uns ärgern, haben wir etwas gefunden, womit wir noch nicht im Reinen sind. Wenn wir uns über den anderen freuen und dankbar sind, mit ihm oder ihr zu sein, müssen wir den anderen nicht verändern nach unserem Willen, sondern ihn willkommen heißen mit allem, was kommt. Und dieses Freilassen hat ja einen Sinn.

Vor dreißig Jahren saß ich mit dem jungen Mann, der bald mein erster fester Freund werden sollte, in einem Café, und wir redeten. Er fragte mir Löcher in den Bauch, und ich war seltsam tief angerührt. Auf diese an mir interessierte Art so intensiv gefragt zu werden, kannte ich bis dahin nicht. Und dann verstand ich, was mich so sehr berührte: Ich fühlte, dass er mich erkannte. Es folgten sieben Jahre, die auf diesem Erkennen basierten. Nun, was hilft bei einem solchen Erkennen?

In diesem Buch geht es darum, was wir gewinnen, wenn wir unsere ungeliebten Seiten annehmen. Dann werden wir ganz im Sinne von vollständig. Und das wiederum ist die Voraussetzung für das Erkennen, das ich hier meine. Erst mit dieser gewonnenen Ganzheit können wir auch andere Menschen ganz erkennen. Wenn wir bei uns selbst nichts mehr ablehnen, verdrängen und bekämpfen, können wir ebenso bei anderen all ihre Seiten – geliebte wie ungeliebte – sehen und da sein lassen. Wir sehen andere in ihrer Einzigartigkeit. Wir erfahren das Wesen anderer immer umfassender, indem wir sie verstehen statt verändern wollen. Wir werden akzeptierender. Andere Menschen merken das, und im besten Fall fühlen sie sich erkannt, angenommen und geliebt. Sie blühen auf. Jeder Mensch wohl blüht auf, wenn er bemerkt, dass er mit sich selbst ganz gesehen wird. In den Momenten großer Nähe sagen die beiden Hauptdarsteller in dem Spielfilm »Avatar« von James Cameron »Ich sehe dich« zueinander statt »Ich liebe dich«, und es ist klar, dass sie nicht das optische Sehen meinen.

Aber Erkennen ist noch mehr. Ich glaube, wir können im anderen auch das sehen, was bei ihm noch gar nicht entfaltet ist.

Das Potenzial, die Entwicklungsmöglichkeiten in der Zukunft. Wir erkennen es entweder, weil wir insgesamt oder in einem Bereich weiter in unserer persönlichen Entwicklung sind und mehr sehen können als das Gegenüber, bei dem dieses noch wenig entwickelt ist. Und dann ist das Erkennen wiederum eine Voraussetzung für etwas Weiteres.

Hier bin ich bei dem angekommen, was aus meiner Sicht der tiefste Sinn von Liebe, gleich welcher Form, ist: **sich entwickeln und andere bei ihrer Entwicklung liebevoll begleiten und fördern.** Wir nehmen zum einen das, was vom anderen kommt, für uns selbst als Entwicklungsanlass. Zugleich unterstützen wir ihn in seiner Entwicklung: Wir erkennen möglichst viel von dem, wo der andere hinwill, und fördern dies. Oft bedeutet dieses Fördern einfach, den anderen freizulassen. Wir lassen den anderen sich entwickeln – in welche Richtung auch immer er oder sie will – und erleben das in Freude mit. Es ist ein Geschenk, diese Entwicklung zu begleiten. Der andere merkt das und ist beflügelt. Umgekehrt geschieht dies genauso. Auch das ist ein Geschenk!

Während ich dieses Kapitel über die freilassende Liebe schreibe, hüpft eine Freude in meinem Herzen. Gerade gestern noch fand ich einen Brief im Briefkasten mit einem New Yorker Poststempel. Ich erkannte gleich die schwungvolle, große Schrift. Es war ein Gruß von Micha zum neuen Jahr, mit einem Foto. Seine Frau (die Anmutige von damals) hat einen Arm um ihn gelegt, er wiederum hält seine Tochter umschlungen, die fröhlich lacht und mit zwei Fingern das Victory-Zeichen macht. Die immer namenlos gebliebene Beziehung besteht über den Atlantik hinweg – nun seit bald dreißig Jahren.

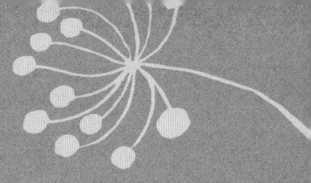

Für den Alltag

In Liebe freizulassen ist keine leichte Übung. Das folgende Gedankenspiel hilft, mehr über das Wesen einer Liebe herauszufinden und sie intensiver und zugleich »freilassender« zu leben.

Wenn morgen mein letzter Tag wäre

Der wichtigste Mensch in meinem Leben: Was würde ich mit ihm noch erleben wollen, wenn morgen mein letzter Tag wäre?

....

Reden. Seine Hand halten. Mit ihm sein, das Zusammensein genießen. Reden über das, was war und was wir gemeinsam erlebt haben. Große Gefühle teilen: lachen und weinen. Nähe und Verbundenheit erleben.

◊ Das Zusammensein mit einem geliebten Menschen kann morgen schon zu Ende sein. Denn wir wissen nicht, wann wir sterben müssen. Über den Tod nachzudenken hilft uns beim Leben. Denn erst die Begrenztheit macht das Leben und unsere Beziehungen wertvoll.

Es ist schon auffällig: Wenn die Lebenszeit knapp wird, geht es nicht mehr darum, vom anderen etwas haben zu wollen: Anerkennung, Versprechen, Geschenke. Dann geht es nur noch darum, mit dem anderen zu sein. Wir lassen los. Wir lassen frei, denn wir werden den anderen ohnehin nicht behalten können. Haben oder Sein: Uns bleibt nicht nur an unserem letzten Tag die Wahl. Entscheiden wir uns für das Sein, so erleben wir Erfüllung, Tiefe und Verbundenheit.

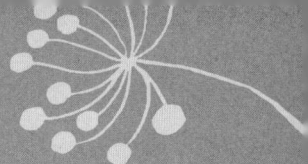

Zu diesem intensiven Zusammensein gehört auch am letzten Tag, uns um die Entwicklung des anderen zu bemühen – und dabei darauf zu achten, was eigene und was des anderen Entwicklungswünsche sind.

Entwicklung fördern

Wie kann ich die Entwicklung desjenigen fördern, den ich liebe? Was braucht er wirklich?

....

Ich kann ihn mehr freilassen und nicht so an ihm dranhängen, auch wenn mir das schrecklich schwerfällt. Ich kann ihm mehr helfen bei seinem Schritt in die Selbständigkeit. Ich fördere ihn in seinem künstlerischen Ausdruck, auch wenn ich dann selbst daran erinnert werde, dass ich meine Leidenschaft vernachlässige.

- Prüfen wir immer unsere eigenen Gefühle und Motive, wenn wir den anderen fördern, und ob wir wirklich wollen, dass der andere sich weiterentwickelt mit allen Konsequenzen für uns selbst. Es besteht ja stets die Möglichkeit, dass dann auch für uns neue Entwicklungen angezeigt sind.

Erfüllt leben.

Vom Wesentlichen aus.

Immer weniger eingeschränkt von Hemmnissen.

Offen für alles, was im Leben kommt.

Jenseits der Unterscheidung zwischen Gut und Schlecht, Hell und Dunkel.

Im folgenden Kapitel geht es um eine Vision, kein Ziel.

Eine Idee von Erfüllung.

10. Erfüllung –
Wohin wir weitergehen können

Was ich hier noch sagen will, geht über die persönliche Erfüllung hinaus. Es betrifft unseren Platz in der Welt. Es geht um den Sinn unseres Lebens. In einem sinnvoll geführten Leben ist Erfüllung in allem, was wir tun und wie wir sind. Ich gebe in diesem Kapitel kein Versprechen, ich stelle keine Methode vor, ich habe keinen Plan. Nur eine Idee.

Bisher ging es darum, wie innere Freiheit in uns wachsen kann, wenn wir uns selbst mit unseren ungeliebten Seiten annehmen können. Wie wir gerade ohne Verdrängung und Vermeidung immer freier und »eigen-sinniger« unser Eigenes leben können. Es ging auch darum, dass das Leben Wege nimmt, die wir nicht immer verstehen und gewollt haben, die wir dennoch mitgehen können und müssen. Wie wir uns weiterentwickeln, indem wir dieses Leben annehmen, auch wenn es gerade nicht schön, beglückend und hell, sondern abgründig, schmerzvoll und dunkel ist. Diese persönliche Entwicklung brauchen wir. Letztlich für ein Leben – wie wenig perfekt es auch sein mag –, in dem es nichts zu bereuen gibt.

Ich möchte in diesem Schlusskapitel in größerem Bogen über ein erfülltes Leben nachdenken. Wir – die wir hoffentlich noch etwas Zeit haben – sind in der glücklichen Lage, Ideen unseres Lebens zu entwickeln, in dem wir einerseits persönlich erfüllt leben und zugleich in ein größeres Ganzes eingebunden in der Welt wirken. Sinnvoll gelebtes Leben ist erfüllt. Dazu gehören für mich vier Fragen: **Was ist mein wahres Selbst? Wozu bin ich hier? Wie denke ich andere mit? Wie kann ich mein Wesentliches leben?**

Es sind die großen Fragen des Lebens. Wer hilft uns, diese Fragen zu beantworten? Immer weniger unsere gesellschaftlichen Institutionen. Philosophie und Religion verlieren ihre zentrale Position als Sinnstifter, und die Psychologie kann diese Funktion nur zu einem recht kleinen Teil übernehmen. Die konventionellen Psychotherapien etwa, in denen Sinnfragen eigentlich zentral sein müssten, sind an der Symptomlinderung und Problembehebung orientiert. Sinnfragen spielen in der Psychotherapie – zumindest offiziell – keine Rolle. Wenn die Symptome abklingen, ist Schluss. Dann, wenn die Auseinandersetzung mit dem Wesentlichen gerade beginnen könnte.

Wohl noch seltener bietet das Arbeitsumfeld Raum für diese Fragen. Welcher Arbeitgeber fragt schon in seinen Mitarbeitergesprächen vorrangig danach, was für die Mitarbeiter das Wesentliche im Leben ist und wie sie es verwirklichen können? Mit allen Konsequenzen für ihn selbst als Arbeitgeber? Nun, einen kenne ich gut, der genau diese Fragen immer nachdrücklicher und ausschließlicher mindestens einmal im Jahr seinen Mitarbeitern stellt: Mike Fischer, ein mittelständischer Ausnahmeunternehmer aus Gera.

Und bei unseren Kindern? In der Schule, wo diese Fragen spätestens auftauchen sollten, gibt es gerade mal ein bescheidenes Fach, Ethik, das auf recht verlorenem Posten steht und von den meisten Schülern als »uncool« bewertet wird. Ebenso gerät der Religionsunterricht an den Rand in einer gesamtgesellschaftlichen, einseitigen Leistungsorientierung, die längst immer mehr bis in die Schulen vorverlagert ist. Am ehesten finden diese Fragen noch in der Familie ihren Platz, falls dort so günstige Bedingungen herrschen, dass Eltern und Kinder über solche Themen gemeinsam nachdenken.

Später im Leben sind manchmal Bücher, manchmal einzelne

Vordenker und heutzutage das Internet die wichtigsten Anlaufstellen. Jeder sucht sich seine persönlichen Antworten. Die spirituelle Dimension mit der Suche nach dem Sinn bleibt uns selbst überlassen. Ein Nachdenken darüber kann wohl gar nicht oft genug stattfinden. So auch hier.

Wir brauchen ein wachsendes Bewusstsein über den Sinn und unsere Bedeutung im Ganzen dieser Welt und darüber, wie wir unser Wesentliches leben können. Dieses Bewusstsein kann wachsen, wenn wir uns auf die Suche nach unserem wahren Selbst begeben.

Die Essenz, unser wahres Selbst

Wahres Selbst, Wesenskern, gefühlte Seele, spirituelle Identität, Essenz – die verschiedenen Begriffe von Psychologen, Theologen und Philosophen beschreiben ungefähr das Gleiche. Es geht um das ganz Eigene jedes Menschen, das sich im Laufe des Lebens immer weiter entfaltet, das eigene Potenzial zum Ausdruck bringt und uns einzigartig macht. Es ist unsere wahre, von äußeren Einflüssen unabhängige Natur, unsere Essenz, mit Hilfe derer wir die Bedeutung unseres Lebens in guten wie in schlechten Zeiten kennen. Es ist unsere spirituelle Identität, die uns ermöglicht, unsere eigene Berufung, Mission oder Aufgabe zu erfüllen.

Wir können immer mehr in Kontakt mit dieser Essenz kommen. Wir können uns fragen, wer wir waren, bevor uns erzählt wurde, wer wir sein sollen. Wir können uns für diese Suche nach innen wenden und dem eigenen Inneren zuhören und zugleich in die Auseinandersetzung gehen mit dem, was von außen kommt. Zu diesem Zweck brauchen wir ein Bewusstsein dafür, was uns den Weg zu unserer Essenz ver stellt – darum ging es im ersten Teil dieses Buches. Und auch wenn ich weiß, dass dies als Versprechen missverstanden werden könnte, so will ich doch eine Skizze dessen anlegen, was ein Leben aus der Essenz sein kann – möglicherweise eine Orientierung, wie gesagt eine Idee.

Wenn wir aus der Essenz leben, erleben wir uns als richtig, stimmig, ganz und authentisch. Dann richten wir uns nicht mehr danach, wie wir mal sein zu sollen oder was wir tun zu sollen meinten. Wir orientieren uns nicht an Erfolgs- oder Glücksregeln und auch nicht an dem, was andere tun. So spielen auch Vorbilder immer weniger eine Rolle, denn wir merken, dass der eigene Weg doch immer ein anderer sein wird als der von jemand anders. Wir können immer mehr das Wichtige tun und das Unwichtige sein lassen. Was wir in uns als Wesentliches finden, mit allen Seiten unser selbst, ist unser Kompass.

Wir werden so auch immer durchlässiger und sichtbarer für andere. Wenn es nichts mehr zu verstecken gibt, zeigen wir uns einfach, wie wir sind. Das ist gelebte Präsenz, und dafür brauchen wir keine Technik mehr. Unser Wesen vermittelt sich dann immer unabhängiger von der Form, jenseits von angelernten Präsentations-, Führungs- und Kommunikationstechniken.

Das Wesen eines Menschen, das sich mit voller Kraft zeigt, ist machtvoll und beeindruckend. Und dabei stellen wir uns nicht über andere. Genauso wenig, wie wir uns selbst für unsere vormals ungeliebten Seiten verurteilen, tun wir das bei anderen. Wir können uns selbst wie auch andere in umfassender Liebe respektvoll würdigen.

Kommen wir immer mehr in Kontakt mit unserer Essenz, schließt sich wie von selbst die Frage an: »Wozu bin ich hier auf dieser Welt?« Es ist eines unserer zentralen Bedürfnisse, die Frage nach dem »Wozu« zu beantworten – zumindest für einen Großteil der Menschen, für die existenzielle Grundbedürfnisse nach körperlichem Versorgtsein, Sicherheit und sozialer Einbindung erfüllt sind. Der US-amerikanische Psychologe Abraham Maslow[64] etwa hat in seiner berühmten Pyramide das Bedürfnis nach Selbstverwirklichung, also nach der vollen Entwicklung des eigenen Potenzials, auf der obersten Entwicklungsstufe angeordnet. Der österreichische Psychiater und Holocaust-Überlebende Viktor E. Frankl stellte das Streben nach Sinn im Leben grundsätzlich als menschlichen Hauptantrieb in den Mittelpunkt seiner Theorie und entwickelte die sinnorientierte Logotherapie und Existenzanalyse, die in Österreich zu den wichtigen Psychotherapieformen zählt.[65] Und für den Schweizer Psychotherapeuten Willem Lammers[66] ist in seiner Arbeit die Frage zentral: »Was ist deine Lebensaufgabe, und was hindert dich, sie zu leben?« Willem Lammers geht von folgenden Gedanken aus: Wir kommen mit einer Aufgabe auf die Welt. Das kann etwas sein, was man lernen, lehren, herausfinden, suchen, erleben muss. Wenn wir sie verwirklichen, leben wir aus unserer Essenz. Diese Aufgabe ist am Anfang meist nicht ganz klar. Sie entwickelt sich erst in Auseinandersetzung mit dem eigenen Körper und seinen Begrenzungen, mit der Ursprungsfamilie und mit der Gesellschaft. Im Laufe des Lebens kann durch die Auseinandersetzung mit dem, was auf einen zukommt, diese Aufgabe immer klarer werden. Gerade in der Zeit nach dem fünfzigsten Lebensjahr, wenn die große Arbeit geleistet ist und die Verpflichtungen in der Gesellschaft abnehmen, fragen Menschen, wie es weitergeht. Dann kann nach der Pflicht die Kür wichtiger werden. Man kann sich aus einer aktiven Rolle mehr zurückziehen und sich auf die eigene Aufgabe konzentrieren.

Den Sinn im eigenen Dasein und den Kontakt zur eigenen Essenz zu finden ist tatsächlich ein Prozess, der das ganze Leben begleitet. Und schließlich können wir nur dann Großes erreichen, wenn dies im Einklang mit unserer Lebensaufgabe, unserer Essenz steht.

Doch unser Umfeld macht uns die Suche nicht leicht. Wir reduzieren uns auf Körper und Psyche sowie deren Bedürfnisbefriedigung; unsere ganze Konsumgesellschaft ist überwiegend damit beschäftigt. Die Sinnfragen vegetieren am Rande dahin und gehen im Alltag unter. Sinnvoll zu leben ist auch oft überhaupt nicht angenehm im gewohnten Verständnis, sondern kann mit Schmerzen verbunden sein. Bei der persönlichen Entwicklung geht es nicht um Bedürfnisbefriedigung, Genuss und Komfort.

Und wieder einmal frage ich mich bei diesen Gedanken: Wie können »Wozu«-Fragen in unserem Alltag mehr Raum einnehmen, wenn sie doch so wichtig sind? Ein Zugang zu den »Wozu«-Fragen ist wiederum das Annehmen: Wenn wir innerlich immer freier und weniger damit beschäftigt sind, innere und äußere scheinbar negative Seiten zu bekämpfen, können wir uns verstärkt diesen Fragen widmen. Wir können Platz schaffen für die Auseinandersetzung mit den wirklich wichtigen Fragen.

Aber es soll hier nicht zu philosophisch werden. Die Frage nach dem »Wozu« meine ich vor allem pragmatisch, und sie ist für den Alltag gedacht. Ich mag das Ausprobieren im Tun. Es ist ein wunderbarer Weg, um herauszufinden und zu spüren, wozu wir hier sind. Sie müssen nicht unbedingt zwei Wochen ins Kloster gehen, um damit weiterzukommen. Wir können uns im alltäglichen Tun immer mal wieder fragen: »Ist das, was ich hier gerade tue, stimmig für mich? Ist das mein Weg? Fühlt er sich ›richtig‹ an? Was daran genau?«

Und genauso können wir andere fragen: »Wozu bist du hier auf dieser Welt?« Ich habe schon die unterschiedlichsten Antworten auf diese Frage gehört: »Liebe verströmen«, »In Resonanz mit anderen Menschen sein«, »Leer werden, um anderen diesen leeren Raum anzubieten«, »Im Geist immer klarer werden und diese Klarheit anderen Menschen zur Verfügung stellen«, »Voller Neugier Neues lernen«, »Meine Lehre der Welt schenken«, »Die Haltung des Spielens vermitteln« oder auch »Meine Eigenes leben und andere mit meinem Strahlen anstecken« und »Anderen Menschen Schwung und Mut geben«.

Manche Menschen geben ihre Antwort sofort. Entweder weil sie sie mit der Zeit gefunden haben. Oder weil sie die Antwort schon immer wussten. Ein Klient fiel mir bereits am Ende meiner Frage ins Wort: »Die Welt besser machen.« Andere trauen sich nicht, eine Antwort zu nennen. Ein Seminarteilnehmer zögerte: »Ich weiß nicht, ob das die richtige Antwort ist und ob sie groß genug ist.« Aber dann konnte er sagen, was er schon längst im Kopf gehabt hatte: »Meine Tochter beim Großwerden begleiten.« Ich selbst würde im Moment antworten: »Menschen mit meinen Büchern, Vorträgen und auf andere Weise zu ihrem ganz eigenen, kreativen, ›eigen-sinnigen‹ Weg inspirieren.« Dazu gehört bei mir der Gedanke: Je weiter ich mich entwickle, desto weiter und tiefer kann ich anderen die Möglichkeit geben, sich zu entwickeln.

Irgendwo in uns ist die Antwort, und wir können sie nach und nach freilegen. Zum Beispiel auch im Austausch mit dem Gegenüber.

Wir sind keine Einzelwesen. Es gibt immer ein »Du« – als »Gegenüber« oder als »Welt« gedacht. Unsere gesamte Identität entwickelt sich vor allem in Beziehung zu den Menschen, die uns umgeben. Ohne dieses Gegenüber können wir nicht sein, weder als Babys und Kinder noch als Erwachsene. Und erst im Austausch mit dem Du finden wir uns selbst als Menschen. So hat es der Religionsphilosoph Martin Buber formuliert.[67] Wir spiegeln uns im anderen, wir lernen uns kennen im bedächtigen und achtsamen Austausch mit dem Gegenüber, wir lernen die Liebe, wenn wir sie anderen schenken. Erst dann wird eine wirkliche Begegnung möglich; besonnene, tiefgehende Gespräche in einem echten Dialog können stattfinden.

Und im Austausch mit diesem »Du« können wir eben auch mehr über unser wahres Selbst und unseren persönlichen Sinn herausfinden. Wir merken etwa, wie wir anderen helfen können, womit wir sie besonders gut ansprechen, womit und wie wir sie inspirieren, ermutigen, voranbringen oder ihnen Schwung geben können.

Und wir können einen ganz neuen Zugang zum Innersten anderer Menschen finden. Das Wunderbare: Wenn wir im Kontakt mit unserer eigenen Essenz sind, sehen wir auch immer mehr das wahre Selbst des Gegenübers. Das ist für mich besonders erfüllend: Die äußere Hülle, das, was andere nach außen präsentieren, wird mit der Zeit nebensächlicher. Ich achte auf die Ausstrahlung, ich nehme das Wesen und die Eigenheiten wahr, und ich erkenne eine umfassende Schönheit in den Menschen. Was für ein Geschenk!

Und noch größer gedacht, kann dieses »Du« auch unser Wirken in der Welt meinen. Erfüllung ist eben mehr, als nur die persönliche Erfüllung zu suchen. Je freier wir innerlich sind, desto leichter können wir an die übrige Welt denken. Wir können eine Erfüllung finden, die auch die Verletzlichkeit unserer Umgebung, die begrenzten Ressourcen unserer Erde und die Folgen von Zerstörung, Gewalt und Achtlosigkeit mitdenkt. Wir denken dann in größeren Zusammenhängen und tragen Sorge für Menschlichkeit und einen achtsamen Umgang mit der Erde.

»Weltdenken« nenne ich das: ein Denken, das den Respekt vor anderen Menschen und Lebewesen, vor der Welt als Ganzes mit einbezieht. Wenn wir weltdenken, sind wir hinaus über eine ichbezogene Haltung, bei der wir bedacht sind auf den eigenen Vorteil, auf persönliches Glück und persönlichen Erfolg. Das ist eine neue Entwicklungsstufe: Wir beginnen, offener und weiter zu denken, schließen andere mit ein und sehen das große Ganze.

Das Wesentliche leben

George Clooney sprach im Interview mit dem *Stern*[68] anlässlich der Berlinale-Filmfestspiele im Februar 2016 über seine berufliche Entwicklung: Zuerst galt es für ihn als Schauspieler, überhaupt einen Job zu bekommen und Aufträge zu ergattern. Später konnte er sich seine Rollen selbst auswählen und ist heute bekanntlich einer der erfolgreichsten Hollywoodstars. Dann stellte er sich die wichtige Frage und zog seine Schlüsse: »Wie kann ich noch teilhaben an unserer Gesellschaft außerhalb des Kinos? – Also habe ich mich engagiert.«

Genau das meine ich: Vielleicht haben wir gerade eine neue Entwicklungsstufe erreicht, vielleicht auch nicht – und dann ist da dieser Moment, in dem wir forschen können: »Was ist da noch mehr?« George Clooney blieb nicht bei seinem persönlichen Erfolg stehen, sondern ging darüber hinaus. Er nutzt alles, was ihm zur Verfügung steht – etwa seinen Status als weltberühmter Schauspieler –, um in der Welt etwas zu bewirken. Er nutzt seinen Erfolg, um seine Stimme gegen Kriege und Menschenrechtsverletzungen zu erheben, er trifft sich mit Angela Merkel, um sie in der Flüchtlingsthematik zu unterstützen, er hat sich im Sudan, auf Haiti und im Wahlkampf für Barack Obama engagiert, um etwas beizutragen zu dieser Welt. Und dafür muss man nicht George Clooney heißen. Bei jedem Einkauf, bei jedem Wortwechsel und in jeder Frage an unser Kind kann sich unser Wesentliches ausdrücken.

Wie ist hier der Bezug zu unseren ungeliebten Seiten und dem Schmerzvollen im Leben? Je verbundener wir mit unserem wahren Selbst und unserem persönlichen Sinn sind, desto weniger leiden wir. Selbst wenn wir schwierige Zeiten durchmachen. Wie gesagt können wir Schmerzen als sinnvoll empfinden, und dann führen sie nicht zu hoffnungslosem Leiden. Wir wissen um den höheren Sinn und sind quasi eine Stufe weiter.

Und je mehr wir ungeliebte Seiten unser selbst und unseres Lebens annehmen und dadurch ganz werden, desto weniger sind wir gehindert, uns unserem Wesentlichen zu widmen und es zu leben. Wir brauchen dann keine geplanten Strategien und Handlungsmaximen. Wir tun das, was sich in uns verwirklichen will, und merken in dem Moment, dass es stimmt. Doch da sind wir noch nicht, jedenfalls nicht immer. Wir alle befinden uns irgendwo auf den unzähligen Stufen der Entwicklungsleiter und erklimmen sie mehr oder weniger schnell, im besten Fall in unserem eigenen Tempo, Sprosse um Sprosse. Wir alle sind auf dem Weg.

Auch wenn wir alle nicht bei der Idealversion sind, können wir doch eine Idee entwickeln, wo es hingehen kann. Dazu ist es mir noch einmal wichtig zu sagen: Es geht mir nicht darum, ein Ziel zu setzen oder ein Versprechen zu geben. Es geht mir lediglich um die Idee, die offen ist für Ihre persönliche Ausgestaltung – keine starren Ziele, keine optimierten Fähigkeiten und Gefühle. Kein optimiertes Selbst. Also, hier skizziere ich dennoch meine Idealversion eines erfüllten Lebens.

In einem erfüllten Leben sind wir in Kontakt mit unserem wahren Selbst, mit unserer Essenz. Es gibt nichts mehr, was uns hindert, unser Wesentliches zu leben und die eigene Lebensaufgabe zu verwirklichen. Wir leben sinnerfüllt und entsprechend unserem innersten Wesen.

Wir sind innerlich frei, nicht mehr gefangen in irgendetwas, was uns mal gehemmt und eingeschränkt hat – belastende Erinnerungen, ängstigende Vorstellungen, einschränkende innere Regeln. Wir leben ohne Angst vor der Zukunft und ohne in der Vergangenheit festzuhängen, weil wir im Augenblick präsent sind. Wir orientieren uns auch nicht mehr an anderen oder vergleichen uns. Konkurrenz, Geld, Anerkennung, Macht und Erfolg spielen nicht mehr die Rolle, die sie weithin in unserer Gesellschaft einnehmen.

Wir lehnen weder ungeliebte Seiten unserer selbst noch unseres Lebens ab, sondern nehmen sie an, wie sie sind. Wir sind im Fluss mit dem, was wir tun, und gehen darin auf.

Und dieses erfüllte Leben schließt das Verstehen, die Achtsamkeit und den Respekt gegenüber anderen mit ein. Erfüllung bedeutet dann nicht nur, Erfüllung für sich selbst zu finden, sondern zum Wohle aller und im Gefüge mit anderen Menschen und der Welt erfüllt zu leben.

Gefühle, die alles mit einschließen – wie Verstehen, Liebe, Freude und innerer Frieden –, herrschen vor. Wir finden ein Glück unabhängig von äußeren Umständen, jenseits eines bequemen, spaßvollen, nur hellen Glücks.

Es ist die zweite Art von Glück.

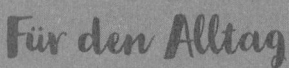

Für den Alltag

Anzukommen in einem erfüllten Leben, in der zweiten Art von Glück, heißt, dennoch weiterzugehen. Denn es hört nie auf, und das ist gut so. Es ist gut, dabei immer intensiver zu wissen, wer wir sind und welche Aufgabe wir hier in der Welt erfüllen wollen.

Die folgenden Fragen zur Lebensaufgabe lassen sich nicht unbedingt mit ein paar Minuten Nachdenken klären. Ich arbeite zwei Tage mit meinen Teilnehmern zum Thema »Was im Leben wirklich zählt« oder doch mindestens so einige Coachingstunden lang. Das Finden der eigenen Berufung, Lebensaufgabe, Mission ist ein Prozess. Doch wir sollten ihn für den Moment auch nicht zu hoch hängen. Sonst fangen wir gar nicht erst an zu suchen und schieben es auf, bis wir eine Woche Zeit im Kloster hätten, die wir uns dann doch nie nehmen …

Meine Lebensaufgabe

Was macht mir Freude – früher und heute?

....

Spielen. Draußen in der Natur sein. Mit meinem Kind zusammen sein. Anderen helfen. Kochen. Lange schlafen. Musik machen. Schreiben. Mit mir allein sein.

Was kann ich gut?

....

Wofür nehmen andere Menschen meine Hilfe in Anspruch?

....

Wozu bin ich hier auf dieser Welt?

....

Was hält mich zurück, meine Lebensaufgabe zu leben?

....

Was muss ich noch lernen, um meine Lebensaufgabe zu erfüllen?

....

- Freude ist übrigens hervorragend geeignet, um uns anzuzeigen, dass wir auf dem richtigen Weg sind: Da, wo die Freude ist, geht es weiter. Da, wo die Freude ist, sind wir bei uns. Da, wo die Freude ist, geben wir unser Eigenes in die Welt.

Mit diesen Ideen zur eigenen Lebensaufgabe lässt sich nun noch mehr darüber herausfinden, was wesentlich für unser Leben ist – und was nicht. Mit einem Perspektivwechsel in eine zukünftige Zeit, der dabei hilft, anders auf das eigene Leben zu blicken.

Das Wesentliche

Mein Leben neigt sich dem Ende zu. Ich sitze im Schaukelstuhl auf der Terrasse und blicke auf mein Leben zurück.

Was war wichtig?

....

Meine Kinder. Meine Frau/mein Mann. Meine Freunde. Meine Arbeit. Die Freude in der Natur.

Was war unwichtig?

....

Mein Erfolgsstreben. Ich habe zu viel Zeit in der Arbeit verbracht. Die Arbeit bei Firma X.

- Aus diesen Antworten lassen sich Schlüsse für unser Leben jetzt ziehen. Wenn wir immer mehr nur noch das für uns Wichtigste tun und das Unwichtige sein lassen, geben wir unserem Leben Sinn.

Dank

Dr. Willem Lammers hat im Laufe seiner über vierzigjährigen Suche nach einer einfachen und effektiven Methode seit 2005 ein hoch wirksames System für die persönliche Entwicklung erarbeitet: die Logosynthese. Ich habe von ihm nicht nur die Methode für meine Klienten und Teilnehmenden gelernt. Ich kann mich dank ihrer auch selbst in erstaunlich hohem Tempo weiterentwickeln und mein Eigenes noch unverstellter leben. Und ich habe gelernt, was weit über die Methode hinausgeht: Mein Denken über die Welt und meine Sicht auf die Menschen hat sich tiefgreifend verändert und ist noch umfassender, ganzheitlicher und verstehender geworden. Ich kann besonders gut von dir lernen, Willem – danke.

Mein Mann Jobst Scheuermann und unser Sohn haben mich schreiben lassen. Mein Mann hat trotz hoher Arbeitsbelastung mein Manuskript gelesen und mir mit seinem ganzheitlichen Denken weitergeholfen, mein Sohn hat mich mit seinen intuitiven Antworten des Öfteren beraten. Ich danke euch für eure Geduld, für unsere philosophischen Gespräche, auch über das Buchthema, und für euer beider Weisheit. Worüber ich schreibe, das lebt ihr, das leben wir gemeinsam. Danke.

Zwei weitere Menschen haben mein Buchmanuskript von Anfang bis Ende gelesen – und dabei auch noch die Zumutungen ausgehalten, die unfertige Textversionen mit sich bringen: Mein Speaker-Kollege Emanuel Koch, als Buchautor und Musiker mit Texten und kreativen Prozessen in besonderer Weise vertraut, hat mir mit seinen wie immer genialen Ideen zum Ganzen, zu Überflüssigem und zur Leserwirkung enorm geholfen. Sein Feedback im Stil von »Wat'n dat?«, »Hier bin ich raus« oder »Weg damit!« brachte mich oft gleichzeitig zum Lachen und Weinen. Es war die bestmögliche Unterstützung, die ich mir wünschen konnte. Danke!

Auch meiner Coach-Kollegin Kati Bond danke ich für ihr hilfreiches und kluges Feedback zum gesamten Manuskript, ebenso wie für ein Jahrzehnt kollegialen Austauschs und gegenseitiger Unterstützung bei unseren Intervisionstreffen.

Bei meiner Mutter konnte ich von klein auf ein vorbehaltloses Annehmen anderer Menschen mit allen ihren Seiten lernen; sie hat es mir vorgelebt. Sie urteilt nicht. Andere merken das und blühen auf. Meinem Vater danke ich für sein Da-Sein als Vater und Opa.

Im Sommer 2013 saß ich mit Oliver Gorus von der Agentur Gorus zusammen am Bodensee, und wir entwickelten das Konzept für dieses Buch. Wir haben wieder mal gemeinsam weitergedacht – konzentriert, fokussiert, neu. Danke, Oliver, für dein weites Denken, das meines so gut ergänzt und beflügelt.

Mein Dank gilt meinen Coaching-, Seminar- und Vortragsteilnehmenden, über die ich zum Teil hier geschrieben habe und die ich nicht namentlich erwähne, die jedoch zum Entstehen dieses Buches zentral beigetragen haben.

Und ich danke den vielen Menschen, denen ich mich kollegial, freundschaftlich und familiär im Zusammenhang mit diesem Buch verbunden fühle, für die Inspiration durch tiefgehende und beeindruckende Gespräche und durch gemeinsam Erlebtes. Einige möchte ich hier nennen: Ich danke von Herzen Christin Aannerud für unsere tiefgehenden Logosynthese-Prozesse »im Tausch« und ihre fokussierten Fragen und ähnlich Corinne Sutter; Sabine Asgodom für ihre Herzlichkeit und Klarheit; Karen Baumgart für die Begleitung seit vielen Jahren; Inge Bell für unsere tiefgehenden Gespräche und für ihren Eigensinn; Mike Fischer für sein leidenschaftliches Neu-Denken von Herzen; Stefanie Greilinger und Dr. Ulrich Bach mit Pia und Jakob für unsere Freundschaft und für ihren Sinn für das Genießen und die Natur sowie für den perfekten Ort der Inspiration fürs Schreiben; Dr. Monika Hein für ihre wunderbare Stimm(e)ung; Bettina M. Kreissl Lonfat für ihre Begleitung weit übers Programmieren hinaus; Lena Lucander von der Urania Berlin für viele Jahre der inspirierenden Unterstützung bei meinen Vorträgen; Dr. Sylvia Löhken für unsere Gespräche; Philipp J. Müller für das freigebige Teilen seines Wissens als Finanzmentor; Cemal Osmanovic für unsere Verbundenheit; Dr. Viola Schetula für unseren fruchtbaren Austausch; Gert Schilling und Angelika Wolpert für die Gespräche bei unseren (Halb-)Marathonläufen in den Berliner Wäldern; Susanne Triepel für ihre Mitarbeit in meinem Unternehmen und Steven Wilkinson für unser stundenlanges sonntägliches Gespräch voller Weisheit.

Silvia Vrablecova von der Verlagsgruppe Droemer Knaur hat von Beginn an mein Buchprojekt engagiert und kompetent unterstützt und mit ihrem guten Blick aufs Ganze maßgeblich zur jetzigen Form beigetragen. Danke für diese Begleitung, die so wichtig ist beim Schreiben. Ebenso danke ich Ralf Lay für sein wie beim vorherigen Buch wieder hervorragendes und beeindruckend gründliches Lektorat, das das Manuskript schließlich »ganz« gemacht hat, sowie allen anderen vom Knaur Verlag, die auch an diesem Buch mit so viel Elan mitgewirkt haben.

Und noch etwas: Mitten im Hochmittelalter äußerte Bernhard von Chartres eine Idee, die später viele andere aufgriffen: »Wir sind gleichsam Zwerge, die auf den Schultern von Riesen sitzen, um mehr und Entfernteres als diese sehen zu können – freilich nicht dank eigener scharfer Sehkraft oder Körpergröße, sondern weil die Größe der Riesen uns emporhebt.« Ich, Zwergin, habe von den Entwicklungsleistungen weiser Riesen aus verschiedensten Zeiten profitiert und füge meinen kleinen Teil hinzu. Und ich lebe auch noch unter extrem günstigen Bedingungen, die es mir ermöglichen, überhaupt ein Buch zu schreiben. Danke.

Anhang

Weitergehen

Vielleicht möchten Sie ein Stück Ihres Weges gemeinsam mit mir weitergehen? Ich würde mich sehr darüber freuen. Dafür gibt es verschiedene Möglichkeiten: Auf meiner Buch-Webseite finden Sie Informationen und Inspirationen wie zum Beispiel Dateien zum Herunterladen und Ausdrucken und eine Reihe von frei verfügbaren Videos mit tiefgehenden Gesprächen. Auch mit meinem Denkanstoß »Das Wesentliche leben« und meinen Live- und Online-Entwicklungsprogrammen können wir weiter kommunizieren. Wir können uns vernetzen auf meinen Social-Media-Profilen und mit dem Hashtag #innerlichfrei. Ich lade Sie ein, in Kontakt mit mir und mit dem Thema dieses Buches zu bleiben bei www.innerlich-frei. de.

Impulse »Für den Alltag«

Am Ende jedes Kapitels haben Sie im Buch Impulse zur Umsetzung gefunden. Sie können diese Impulse bei www.innerlich-frei.de herunterladen und ausdrucken – im DIN-A4-Format, ansprechend gestaltet und mit Platz zum »Schreibdenken«. Geben Sie dort einfach das Passwort »frei« ein.

Gespräche über Erfüllung und innere Freiheit

Auch die Gespräche zwischen mir und meinen Gesprächs-partnern – unter anderem mit denjenigen, von denen ich im folgenden Abschnitt »Eine Vision« erzähle – finden Sie als Videos bei www.innerlich-frei.de.

Denkanstoß »Das Wesentliche leben«

Einmal im Monat schreibe ich per E-Mail meinen Denkan-stoß, der an die Themen aus meinen Büchern anknüpft. Wir erstellen ihn immer auch als ansprechend gestaltete DIN-A4-Seite als PDF-Datei, damit Sie ihn in Ruhe lesen können. Sie können meinen Denkanstoß kostenlos per E-Mail abonnie-ren. Besuchen Sie dafür meine Website: www.ulrike-scheuermann.de oder melden Sie sich direkt an: http://eepurl.com/ZlwH1

Intensivtage und Seminare

Vielleicht möchten Sie noch intensiver einsteigen? Ich biete offene Seminare und Intensivtage an, zu denen Sie herzlich eingeladen sind. Sie finden alle Informationen, Termine und Buchungsmöglichkeiten unter: http://ulrike-scheuermann.eventbrite.com

Mitdenken und mitreden

Und wenn Sie mitreden wollen? Dann können Sie das sehr einfach tun, und zwar auf den bekannten Social-Media-Kanälen: Teilen Sie Ihre Gedanken mit anderen, kommentieren Sie, bloggen Sie – zum Beispiel bei Facebook, Twitter, Pinterest oder anderen sozialen Netzwerken, und markieren Sie Ihre Postings mit dem Hashtag #innerlichfrei. Innerhalb Ihres Netzwerks können Sie dann später im Suchfeld den Hashtag #innerlichfrei eingeben und finden darunter alle Beiträge zu diesem Buch und zum Thema »Innerlich frei«.

Ulrikes Social-Media-Profile

Vor allem bei Facebook und Twitter finden Sie meine aktuellen Gedanken. Verbinden Sie sich dort mit mir – ich freue mich auf Sie:
https://www.facebook.com/UScheuermann
https://twitter.com/U_Scheuermann

Kontakt

Wenn es etwas gibt, das Sie mir direkt mitteilen möchten, schreiben Sie mir gern per E-Mail, ich bin gespannt auf Ihre Nachricht:
innerlich-frei@ulrike-scheuermann.de

Danke.

Eine Vision: Die Gespräche

Ich habe eine Vision: In Kapitel III/3 »Erfüllung« habe ich geschrieben, dass wir mehr Weltdenken brauchen: mehr Respekt und Sorge für alle Menschen und für unsere Welt als Ganzes. Ich habe überlegt, wie ich über dieses Buch und meine Arbeit hinaus meinen Teil dazu beitragen kann. Wie wäre es, Menschen zu finden, die innerlich frei und erfüllt leben, und mit ihnen darüber zu sprechen? Berühmte, weniger Bekannte, Ältere, Jüngere. Mit ihnen in bedächtigen und inspirierten Gesprächen gemeinsam weiter zu denken. Und diese Gespräche als Videos im Internet zu veröffentlichen, so dass alle daran teilhaben können. Dazu habe ich hier den Anfang gemacht und Gespräche mit vier wunderbaren Menschen geführt, von denen ich gleich erzähle. Und es geht weiter, im Netz, mit Videos. Ich freue mich riesig darauf. Die Vision wächst. Wir sehen uns bei www.innerlich-frei.de.

Schon immer habe ich nach Menschen gesucht, die ganz leben, bei denen Schwieriges nichts Negatives ist und die sagen: »Auch dieses Unglück war ein Glück, denn ich habe daraus gelernt«; die ihr Leben mit allen Seiten leben; kurz: die »ganz« im Sinne von »vollständig« sind. Und das sind auch Menschen, die ihr Wesentliches leben, eigensinnig, erfüllt, innerlich frei. Sie ziehen uns wie von selbst an, weil sie im Fluss sind. Denken und Tun, Hinschauen und Handeln, innere Freiheit und Liebe, Dankbarkeit und Geben, Mitgefühl und Trauer, Verstehen und Klarheit gehen zusammen. Also, hier kommen die Gespräche.

Inge Bell: Hinschauen und handeln
im Einklang mit der inneren Stimme

Ich stehe in der Eingangstür zu meinen Büro-, Coaching- und Seminarräumen und beobachte, wie Inge Bell die Treppe zu mir in den vierten Stock hinaufsteigt. Sie hätte auch den Fahrstuhl nehmen können. Ihr gelber Wollmantel leuchtet. Bei mir angekommen, strahlt sie mich mit ihrem breitesten Lächeln an. Die tiefstehende Dezembersonne flutet den Flur, und das Eichenparkett reflektiert die Strahlen. An der Garderobe verstaut Inge ihren bunten Schal im Ärmel ihres Mantels, und dabei fällt mir auf, dass sie lächelt. »Als ob sie mit sich selbst lacht«, denke ich.

Als ich sie in einem Workshop kennenlernte, habe ich sofort gemerkt, dass Inge Bell erfüllt lebt und ihr Eigenes macht. Und das voller Freude. Deshalb habe ich sie um das Gespräch über Erfüllung gebeten. Inge Bell ist Expertin für Menschenrechte, erfolgreiche Geschäftsfrau und Trägerin des Bundesverdienstkreuzes am Bande. Die gebürtige Rumäniendeutsche engagiert sich seit Jahrzehnten gegen Menschenhandel und Zwangsprostitution, früher als TV-Journalistin, heute weltweit als Vortragsrednerin, Buchautorin und Forscherin.

Ihre Eltern flohen mit ihr aus dem siebenbürgischen Rumänien, als sie drei Jahre alt war. Angekommen in Deutschland, war sie das fremdartige Mädchen mit Akzent und Bestnoten, mit Spitzensöckchen und Lackschuhen, und die Münchner Jeansmädchen mobbten sie, die Außenseiterin. Dieser Start war ein Schlüssel für ihre innere Freiheit und für ihr heutiges erfülltes Leben: »Wem konnte ich denn vertrauen außer mir?« Inge weiß, dass diese harte Schule sie gründlich lehrte, ein Sensorium für ihr ganz Eigenes zu entwickeln. Die Fremdheit, das Ausgegrenztsein halfen ihr dabei, sich auf sich und ihre innere Stimme zu verlassen.

Und so ging es auch später weiter: Als Studentin brach sie gegen den Rat aller nach acht Semestern ihr Physikstudium ab – weil es sie nicht mehr erfüllte. Später arbeitete sie als Auslandsreporterin für den Bayerischen Rundfunk und für die gesamte ARD. Sie berichtete mit ihren Fernsehteams über und aus Osteuropa.

Während sie davon erzählt, strahlt sie: »Dabei war ich frei, unabhängig, nicht in einer festen Struktur eingebunden. Für meine Art eines erfüllten Lebens war das ideal.« Sie berichtete damals über organisierte Kriminalität, Menschenhandel und Cybercrime. Schnell und wendig, ohne wochenlang vorab große Kamerateams beantragen zu müssen. In vielem war sie damit Vorreiterin, auch als Frau: »Ich habe bei manchen Themen mit meiner Handkamera draufgehalten; war allein unterwegs als Videojournalistin, als VJ, bevor es dieses Wort überhaupt gab und bevor eine Frau so was machen konnte. Und das ging nicht, ohne anzuecken.« Es gab oft schlicht niemanden, an dem sie sich hätte orientieren können. Die Spur war noch nicht gelegt.

Sie hat dabei viel über ein erfülltes Leben gelernt: »Heute kann ich mich auf mich verlassen. Und wenn sich nichts in mir sträubt, wird es schon das Richtige sein.« Sie spürt ihre innere Stimme. Das ist keine Stimme, die von außen kommt und dann trügerisch wäre, sondern es ist eine innere Intuition. »Mittlerweile habe ich dieses Gespür und mache den Mund auf. Wenn etwas gegen meine Grundmotive – selbstbestimmt, unabhängig, aktiv sein – läuft, dann merke ich das, befrage mich selbst: ›Was ist da los?‹, und ziehe meine Schlüsse.«

Und der rote Faden, ihr Lebensthema? »Hinschauen und handeln«, antwortet sie sofort. »Zuerst einmal auf mich selbst bezogen. Und dann in der Außenwelt als Kämpferin gegen von mir empfundenes Unrecht. Im Kleinen wie im Großen.« Immer blickt sie dabei zuerst auf ihr eigenes Ich: »Ich frage mich erst einmal: ›Was macht mich aus? Was brauche ich? Was entspricht meinem eigenen Wesen?‹ Von dort aus ergibt sich alles andere von allein. Und das hat nichts mit Egozentrik oder Egoismus zu tun. Selbstbestimmtheit, Unabhängigkeit, Unbeirrtheit trotz Anecken, neue Felder entdecken und neue Wege spuren – wenn ich das achten kann, lebe ich erfüllt und kann erst recht viel nach außen geben. Ich bin dafür zutiefst dankbar – dem Leben und mir selbst gegenüber.«

Als wir uns verabschieden, gibt es noch einmal diesen besonderen Moment: Sie steht schon in der Tür und wendet sich zum Gehen. Und da ist es wieder: Inge lacht mit sich selbst. Inzwischen weiß ich, warum.

Willem Lammers: Einen Raum entstehen lassen, der ganz neu ist und ganz neu bleibt

Über vierzig Jahre lang hat er gesucht. Als Coach, Supervisor, Psychotherapeut und Ausbilder wollte er eine einfache und effektive Methode finden, um die sonst langwierigen therapeutischen Prozesse zu beschleunigen und die Auslöser für Traumatisierung und Blockaden zu lösen. Seit 2005 ist die von ihm entwickelte »Logosynthese«, ein System für persönliche Entwicklung, ausgereift, und er vermittelt sie in seiner Heimat, der Schweiz, und weltweit Coachs, Psychotherapeuten, Supervisoren und Beratern. Die Logosynthese (das Zusammenfügen mit Worten) ist ein umfassendes System für persönliche und spirituelle Entwicklung, das eine konkrete Methode enthält. Sie befreit mit Hilfe von drei präzise formulierten Sätzen blockierte Energie eines Menschen, die in belastenden Erinnerungen, Glaubenssätzen und Phantasien gebunden ist. Störende Muster im Denken, Fühlen und Verhalten werden so endgültig aufgelöst, so dass die frei gewordene Energie wieder für das Leben und die Aufgaben im Hier und Jetzt zur Verfügung steht.

Willem Lammers ist bei sich selbst und seiner Berufung angekommen. Und »ankommen« heißt für ihn, immer weiter zu gehen.

Er erzählt in unserem Gespräch davon, wie die äußeren, auf den ersten Blick ungünstigen Bedingungen dazu beigetragen haben, dass er eine besondere Fähigkeit entwickeln konnte, die heute Teil seiner Lebensaufgabe ist: »Ich bin körperlich immer ziemlich eingeschränkt gewesen. Während andere Kinder draußen gespielt haben, war ich im Haus, um die Pollenbelastung zu verringern, und das hat mir ermöglicht, die ganze Jugendbibliothek zu lesen. Aus der Not habe ich eine Tugend gemacht, auch wenn es mir nicht immer so viel Freude bereitete wie jetzt.«

Und schon spricht er über sein Verständnis von menschlicher Entwicklung. Er redet so, wie ich ihn auch sonst kenne, seit ich bei ihm lerne und mit ihm zusammenarbeite: Willem hat eine besondere Fähigkeit, umfassend und zugleich in schlichten Worten große Zusammenhänge zu vermitteln; ruhig, konzentriert und ohne große Gesten, auf gleicher Augenhöhe. »Unsere Entwicklung hört nie auf. Unsere Seele entwickelt sich in Richtung einer Erweiterung des Bewusstseins. Wir müssen mehrmals im Leben eine neue Identität entwickeln, die abgestimmt ist auf unser Potenzial. Da gibt es an jedem Tag Material für diese Entwicklung, und sie geschieht immer in Auseinandersetzung mit dem, was von außen auf uns zukommt. Daraus entsteht die Klärung, die wiederum für den nächsten Schritt hilft.«

Und dann erzählt er noch umfassender darüber, was für ihn menschliche Entwicklung ist: »Wir sind mehr als diese biologische Maschine, der Körper, wir sind auch mehr als der Geist, der seine Umgebung verarbeitet. **Wir sind Essenz. Und Essenz ist Teil eines größeren Bewusstseins, das über Zeit und Raum hinausgeht.** Diese Essenz projiziert einen Teil von sich in diese Welt zum Lernen und Entwickeln. Jeder Mensch ist ein Teil dieses größeren Ganzen. Und jeder Mensch hat einen Teil zur Entwicklung, den er aus diesem Großen in diese Welt mitnimmt. Dazu gibt es einen Körper, um sich in dieser Welt zu bewegen, er hat einen Geist zum Erfassen, eine soziale, kulturelle, natürliche Umgebung. Das sind die Bedingungen, innerhalb deren diese Aufgabe erfüllt wird. Wir müssen uns diese Welt erobern, mittragen, reflektieren und am Ende einfach sein können mit dem, was ist. Das ist die besondere Herausforderung: Unsere Kultur lehrt uns, unzufrieden zu sein mit dem, was ist. Wir müssen motiviert sein, Ziele erreichen, unseren Körper tunen, erfolgreich sein, unsere Bedürfnisse erfüllen. Diese Gesellschaft programmiert Menschen von sich weg. Es ist kein Raum für ein sinnvoll gelebtes Leben. Dann werden wir aber irgendwann atemlos, und wenn wir oben, bei unseren Zielen, angekommen sind – was haben wir dann? Es gibt wenig Raum für die Auseinandersetzung mit der Essenz und mit dem Suchen des Sinns. Doch echte Zufriedenheit hängt davon ab, ob wir in Kontakt mit unserer Aufgabe sind und ob wir auf dem Weg der Erfüllung dieser Aufgabe ein paar Schritte weiterkommen.«

Und was bedeutet es für ihn, aus seiner Essenz zu leben, frage ich ihn. Was ist seine Lebensaufgabe?

»Im Rückblick kann ich das Muster des Teppichs besser erkennen, weil er schon etwas fertiger gewoben ist. Ich habe immer die Welt von außen angeschaut, versucht, sie zu verstehen und mit dem Verstehen auch zu vereinfachen. Ich habe immer nach schlichten Modellen gesucht, wie ich die Menschen verstehen kann und wie man das, was Menschen machen wollen, vereinfachen kann. Ich war in meinem Leben in mehreren Situationen in Kontakt mit meiner Essenz. Das waren die Schicksalsmomente, in denen mir etwas Wichtiges gespiegelt wurde. Ich betrachte es als meine Aufgabe, so zu leben, dass ich aufräume, was diesem Bewusstsein im Wege steht. Wenn ich da dranbleibe und meine Strukturen, meine Funktionen, meine Auseinandersetzung hinterfrage, kann dadurch ein Raum entstehen, der ganz neu ist und ganz neu bleibt. Und das betrachte ich als etwas ganz Großes. Es ist nicht ›machbar‹ in dem Sinne, sondern ich kann nur aus dem Weg räumen, was mich daran hindert. Ich kann da sein, und jemand hat ein ganz großes Thema, und ich kann sagen: ›Das ist dein Thema, und ich kann dir hier den Raum bieten, um damit etwas zu tun.‹ Es ergibt sich bei mir heute eine Leichtigkeit im Umgang mit dem, was ist, auch im Umgang mit widrigen Bedingungen, die vor zehn, fünfzehn Jahren undenkbar war.«

Für andere entwirft er in unserem Gespräch eine Grundhaltung für persönliche Entwicklung: »Eine Gewohnheit des Reflektierens üben und das annehmen, was kommt. Gleichzeitig einen Weg finden, wie man es verarbeiten kann. Ob man das über Achtsamkeitstraining, Meditation, Logosynthese, Psychotherapie oder Coaching macht, spielt keine so große Rolle. Es geht vielmehr darum, immer wieder die Auseinandersetzung mit dem zu suchen, was uns passiert, und zu verstehen: Das, was mir passiert, ist eine Information für mein Lernen. Anstatt zu versuchen, das wegzuhexen mit irgendetwas.

Das Leben aus der Unzufriedenheit legt die Schuld immer außerhalb von uns selbst. Dann ist der Chef, der Stau auf der Straße, der Nachbar, die Fluggesellschaft oder der Partner schuld. Wir können stattdessen eine neue Haltung einüben: Wie kann ich antworten auf das, was mir passiert? Was will mir die Welt sagen? Wie kann ich das beantworten, was mir gezeigt wird? – Verändern? Oder die Welt nehmen, wie sie kommt? Ärger ist ein gutes Beispiel: Wann ärgert mich etwas? Immer dann, wenn ich die Phantasie habe, dass die Welt so sein sollte, wie ich sie gerne hätte. Wenn sich jemand über den Stau ärgert, dann gibt es eine Phantasie, die Straße würde mir gehören. Ist aber nicht so.«

Ich frage ihn dann noch zu seiner Berufung, also dem, was er in dieser Gesellschaft aus der Lebensaufgabe macht: »Weil der Sinn, die Bedeutung des Lebens in der konventionellen Psychotherapie kaum vorkommen – dort kommt jemand mit einem Symptom, und ein Profi hilft dabei, dieses Problem zu beheben –, deshalb habe ich die Logosynthese entwickelt, die es leicht macht, sich auch über Sinnfragen zu entwickeln, und ich helfe anderen dabei. Natürlich geht das nur zusammen damit, dass ich auch meinen eigenen Weg untersuche und meine eigene Mission kennenlerne. Logosynthese ist dabei mehr als eine Technik – sie macht nur Sinn im Kontext unserer Existenz in ihrer Ganzheit. Das ist meine Berufung. Für mich gibt es nur zwei wichtige Fragen: Wozu bist du hier auf dieser Welt, und was hindert dich daran, das zu leben? Und ich muss selber mit diesen Fragen immer weiter gehen.«

Was für ein erfüllender Weg, den er da eingeschlagen hat! Als ich unser Gespräch später für mein Buch Revue passieren lasse, wird mir noch deutlicher, wie sehr Willem das lebt, wovon er erzählt. Ich finde in der Videoaufnahme nichts, rein gar nichts, bei dem ich den Eindruck hätte, er sage oder tue etwas für die eigene Selbstdarstellung, für Anerkennung, für den beeindruckenden Auftritt. Er erzählt schlicht und ohne Schnörkel. Es geht ihm um die Sache, um persönliche Entwicklung, um die Entwicklung der Menschen.

Sabine Asgodom: Herz an Herz – in Resonanz zur Welt

München im September 2015. Ich trete mit anderen engagierten Rednern bei einem Event der von Sabine Asgodom gegründeten Initiative »Reden für Menschlichkeit« vor Publikum und Kamera. Es ist die Zeit der Willkommenseuphorie für Flüchtlinge aus den Kriegsgebieten im Nahen Osten. Der Saal ist voll. Nach meiner eigenen Rede höre ich entspannt den anderen zu. Mein Blick schweift über das Publikum und bleibt bei Sabine Asgodom hängen. Mir fällt auf, wie gebannt und begeistert sie zuhört. Sie klatscht, und ich höre ihr Lachen sogar über den Beifall der anderen hinweg. Sie bebt regelrecht vor Mitfreude. Und da verstehe ich, wie freigebig und ausgiebig sie andere Menschen wertschätzt. In dem Moment weiß ich, dass ich mit ihr über Erfüllung sprechen will.

Einige Wochen später sitzen wir in den gelben Ledersesseln der Urania Berlin zusammen. Und kaum haben wir begonnen zu reden, merke ich: Sabine sagt, was sie denkt, und sie lebt, was sie sagt. Da ist kein Spalt. Sie ist klar. Sie richtet sich nicht nach anderen, sondern nach sich selbst. Und sie hat damit viel erreicht und bewirkt: Sie zählt zu den bekanntesten Managementtrainerinnen, Rednerinnen und Coachs Deutschlands, hat über dreißig Bücher geschrieben und wurde für ihr berufliches und ehrenamtliches Engagement mit dem Bundesverdienstkreuz am Bande ausgezeichnet.

Unser Gespräch dreht sich um eine Erfüllung, die viel mit Menschen und viel mit Liebe zu tun hat: »Ich will mit den Menschen, die ich liebe, die Arbeit machen, die ich liebe«, sagt sie. »Und ich liebe 99 Prozent der Dinge, die ich lebe. Ich lebe mit dem Mann, den ich liebe. Ich liebe, was ich arbeite. Ich rede und schreibe über die Dinge, die ich liebe.«

Sie hat dabei großen Erfolg, weil sie offensichtlich mit einem guten Gespür für die Bedürfnisse der Menschen vorgeht. Und dann erzählt sie von einem Seminar mit 150 Teilnehmenden: »Einen Tag lang haben wir schwer gearbeitet - und hinterher waren wir beseelt. Ich habe diese 150 Menschen geliebt, und sie haben mich geliebt. Da war eine Grundübereinstimmung. Das ist für mich erfülltes Leben: wenn du das Gefühl hast, es gibt eine Resonanz zur Welt. Du gibst etwas in die Welt hinaus, und die Welt gibt das zurück. Es ergibt sich ein Gefühl ›Herz an Herz‹.«

Und Sabine weiß: Es könnte jemand noch so gut sein und wichtige Dinge sagen: Ohne Resonanz wäre das alles nicht erfüllend. So braucht sie die anderen als Spiegel für das Gefühl »Ja, ich habe sie erreicht«. »Ich bin abhängig von dieser Resonanz, ich brauche das immer wiederkehrende Gefühl von ›Du bist richtig‹. Ich brauche das Lächeln, das Nicken, das Klatschen.«

Ein Schlüsselerlebnis für ihre innere Freiheit und ein erfülltes Leben war für sie ein Erlebnis in großer Not: Als junge Reporterin war sie in Eritrea mitten im Kampfgebiet, als sie einen Luftangriff auf das Flüchtlingslager erlebte, in dem sie sich gerade aufhielt. Dort bekam sie vom Leben einen entscheidenden Hinweis: »Lebe dein Leben. Lebe jetzt, was du willst! Ich bin nie in Gefahr gekommen, etwas zu verschieben. Ich will frei sein und morgen sagen können: ›Ich ziehe um.‹ Ich komme aus einem Elternhaus, in dem es keine freien

Entscheidungen gab. Ich habe mich nach und nach davon entfernt und mir meine eigene Freiheit geschaffen.«

Und das ist für mich ein weiterer interessanter Punkt in unserem Gespräch: Sie hat aus den nicht nur angenehmen Erfahrungen mit einem herrischen Vater wunderbare Fähigkeiten
entwickelt: ihren großartigen Humor, ihre besondere Fähigkeit, in Resonanz mit anderen Menschen zu kommen, ein Gespür für das, was andere brauchen. Eine schwierige Aus-
gangslage wurde zur Basis ihrer heutigen Stärke.

Was sie anderen mit auf den Weg geben will? »Hör auf deine
Sehnsucht. Spüre, wonach du dich sehnst. Dann schau, ob du
es kriegen kannst. Die Sehnsucht sagt uns ziemlich genau, was
wir wollen. Aber wir hören nicht immer darauf.« Das ist auch
die Botschaft ihres neuen Buches, das 2016 erschienen ist.[69]

Und während wir noch zusammensitzen und miteinander reden, erlebe ich, was sie zu Beginn erzählt hat: Ich fühle die
Verbundenheit mit ihr. Wir sind in Resonanz zueinander,
jetzt, in diesem Gespräch.

Zum Abschied umarmen wir uns, Herz an Herz.

Mike Fischer: Frei sein, das zu tun, was ich gerade tun will

Mike Fischers Buch *Erfolg hat, wer Regeln bricht*[70] hat sich
seit Erscheinen im Jahr 2014 längst zu einem Bestseller für
leidenschaftliches Unternehmertum entwickelt. Mike Fischer
ist aber nicht in erster Linie Buchautor und Vortragsredner,
sondern vor allem unkonventioneller und passionierter Unternehmer und Ideenentwickler. Und ein preisgekrönter noch
dazu: Mehrmals wurde er als Top-Arbeitgeber ausgezeichnet,
seine Unternehmen zählen zu den innovativsten Deutsch-

lands, und er war nominiert für den »Großen Preis des Mittelstandes«. Aber noch die größten Erfolge wären für mich kein Grund gewesen, Mike zu einem Gespräch über Erfüllung einzuladen. Da ist mehr. Seine Bodenständigkeit und sein Leben aus vollem Herzen, die mich beeindrucken, seit ich ihn 2011 kennengelernt habe.

Er könnte auf seinem ziemlich hohen Siegertreppchen stehen und sich in Bewunderung sonnen. Aber das interessiert ihn nicht. So auch in unserem Gespräch. Kaum habe ich die ersten wertschätzenden Sätze zu ihm gesagt, fällt er mir ins Wort: »Nicht alles, was glänzt, ist Gold.« Das passt. Mike bleibt bei all seinen Erfolgen auf dem Boden. Er bleibt verbunden mit anderen Menschen. Er klopft seinen Mitarbeitern auf die Schulter, freut sich über seine Frau, bringt seinen Sohn zum Fußballtraining, redet mit seinem besten Freund und unterhält sich mit der Bäckerin. Und immer wieder nimmt er sich Zeit zum Nachdenken.

»Erfüllt leben heißt für mich, dass ich die Freiheit habe, mir die Zeit zu nehmen, über Erfüllung nachzudenken«, erzählt er. »Erst so kann ich die Dinge tun, die ich im Herzen fühle. Auch heute hinterfrage ich immer wieder neu, was ich tue: Ist das für mich erfüllend? Und ziehe dann die Konsequenzen.« Seine Formel für erfülltes Leben lautet: berufliches Glück plus privates Glück finden und leben. Denn ohne das eine ist das andere nichts, und nur mit beidem ist für ihn erfülltes Leben möglich.

Und dann blickt er zurück, denn er weiß, dass diese Freiheit, sich Zeit zu nehmen für das Nachdenken über die wichtigen Dinge, nicht schon immer einfach da war. Damals war er oft ein Gefangener, getrieben, im Hamsterrad: »Ich habe früher manchmal gedacht, ich sei der Einzige, der im Unternehmen bestimmte Dinge hinkriegt.« Davon wegzukommen war harte Arbeit. Heute delegiert er: »Andere in meinen Firmen können viele Dinge viel besser als ich.«

Und genau das ist diese besondere Haltung bei ihm: »Bei uns nimmt man mich als Chef nicht wichtig, und das ist gut so.« Wenn er durch seinen Betrieb geht, achtet niemand sonderlich auf ihn. Und daraus folgt seine Freiheit der Zeit: »Wenn mich heute jemand fragt: ›Kriege ich bei Ihnen einen Termin?‹, sage ich: ›Rufen Sie mich einfach an oder kommen Sie vorbei.‹ Dann sind sie alle ganz erstaunt. Ich sage: ›Nie wieder Terminplan, nie wieder Listen.‹ Auch in meinem Buch steht meine Handynummer. Wenn ich nicht erreichbar sein will, mache ich mein Handy einfach aus. Das ist eine Haltung, eine innere Freiheit.« Und diese Freiheit setzt er wiederum für andere Menschen ein: »Ich empfinde eine tiefe Begeisterung für die Dinge, die ich tue, und vor allem für die Menschen, mit denen ich arbeite.«

Gesagt, getan: Als er sich nach unserem Gespräch wieder auf den Weg macht, freut er sich schon auf sein nächstes erfüllendes Vorhaben. Er wird Weihnachtsgeschenke für seine Mitarbeiter kaufen.

Gerade habe ich die Texte über die vier Menschen fertiggeschrieben. Ich lese sie wieder und wieder. Denn ich habe die Ahnung, dass es einen gemeinsamen Nenner geben könnte. Und ja, jetzt tritt er immer deutlicher nach vorn: Mike Fischer nennt es »das, was mich im Herzen berührt«, Sabine Asgodom spricht von der »Resonanz zur Welt« und in einem ihrer Bücher von »Sehnsuche«. Inge Bell erzählt vom »Hinschauen und Hinhören auf die innere Stimme«. Und für Willem Lammers läuft alles darauf hinaus, das Bewusstsein der eigenen Essenz zu stärken, der spirituellen Identität, die uns ermöglicht, unsere eigene Lebensaufgabe zu leben.

Es ist das für sie Wesentliche, was die vier beschreiben. Es ist das Eigene. **Und es ist etwas ganz Großes.**

Die Gespräche mit diesen und weiteren Menschen finden Sie als Videos unter www.innerlich-frei.de.

Ich würde mich sehr freuen, wenn Sie sich dort inspirieren ließen. Und vielleicht haben Sie Lust, ebenfalls mit Menschen, die für Sie wichtig sind, über diese Themen zu reden?

Anmerkungen

1 M. C. Escher: Graphik und Zeichnungen, Taco 1989.

2 Siehe http://www.daserste.de/information/wissen-kultur/w-wie-wissen/sendung/entscheidung-100.html.

3 Hartmut Rosa: Beschleunigung und Entfremdung: Entwurf einer Kritischen Theorie spätmoderner Zeitlichkeit, Suhrkamp 2013.

4 Apotheken-Umschau 1/2008 und Sozioökonomisches Panel (SOEP) im Auftrag des DIW Berlin, durchgeführt von TNS Infratest Sozialforschung, 2012/13.

5 Hartmut Rosa: »Menschen brauchen Extrazeit«, Interview im Philosophie Magazin 2/2013, S. 56–59.

6 Giovanni Maio: »Wir brauchen eine Kultur der Angewiesenheit«, Interview in Psychologie Heute 8/2013, S. 60–63.

7 Vgl. Hartmut Rosa und Rahel Jaeggi: »Wir stehen alle unter Optimierungszwang«, in Spiegel Wissen. Einfach leben: Die Kunst, sich selbst zu finden 1/2013.

8 Diagnostic and Statistical Manual of Mental Disorders (DSM-5), 5. Auflage, American Psychiatric Association 2013.

9 Allen Frances: NORMAL: Gegen die Inflation psychiatrischer Diagnosen, Dumont 2014.

10 Eva-Maria Schnurr: »Ein unzeitgemäßes Gefühl«, in Spiegel Wissen. Abschied nehmen: Vom Umgang mit dem Sterben 4/2012, S. 34–37.

11 Gerd Glaeske: »Diese Arzneimittel sind nicht für Gesunde gedacht«, in Psychologie Heute 4/2016.

12 Diese Zahl bezieht sich auf das Jahr 2012; »AOK-Fehlzeitenreport 2013: Immer mehr Menschen nehmen Aufputschmittel«, in Wirtschaftswoche online 8/2013.

13 Die US-amerikanischen Psychologen Michael Anderson und Collin Green von der University of Oregon veröffentlichten 2001 im Journal Nature eine Studie, die zeigte, dass Menschen bewusst bereits Gespeichertes verdrängen können.

14 Svenja Flaßpöhler: Wir Genussarbeiter. Über Freiheit und Zwang in der Leistungsgesellschaft, DVA 2011.

15 David B. Agus: Leben ohne Krankheit, Piper 2013.

16 Vgl. www.statista.com.

17 Siehe http://www.nytimes.com/2013/05/14/opinion/my-medical-choice.html?smid=fb-share&_r=0.

18 Siehe http://www.spiegel.de/gesundheit/diagnose/brust-op-bei-angelina-jolie-viele-frauen-sind-besorgt-a-904556-druck.html.

19 Siehe http://www.deutschlandradiokultur.de/qualvolle-entscheidung-was-spaetabtreibungen-fuer-eltern.976.de.html?dram:article_id=318076.

20 Studie der Identity Foundation in Kooperation mit der Universität Hohenheim in Deutschland zu der Frage »Was denken Sie über das Sterben und den Tod?«, https://www.uni-hohenheim.de/news/tod-und-sterben-bleiben-ein-tabu-1.

21 Vgl. Ulrike Scheuermann: Wenn morgen mein letzter Tag wär. So finden Sie heraus, was im Leben wirklich zählt, Knaur 2013.

22 Rose Ausländer: Gelassen atmet der Tag. Gedichte, Fischer 1992.

23 Rainer Maria Rilke: Duineser Elegien, Insel 1974, S. 37.

24 Dieter Zapf und Melanie Holz: »On the positive and negative effects of emotion work in organizations«, in European Journal of Work and Organizational Psychology 15/1 (2006), S. 1–28, http://www.tandfonline.com/doi/abs/10.1080/13594320500412199.

25 Emanuel Koch: Und täglich grüßt dein Lebenstraum: Mutig handeln und das Unmögliche schaffen, Patmos 2015.

26 Harriett Brown: »Das Gefühl für den eigenen Wert«, in Psychologie Heute 9/2013.

27 Rosa/Jaeggi: »Wir stehen alle unter Optimierungszwang«, a. a. O.

28 Günter Scheich: Positives Denken macht krank?! – Vom Schwindel mit gefährlichen Erfolgsversprechen, Scheich 2013.

29 Miguel Farias: »Meditation ist nicht der Weg zum Glück«, Interview in Psychologie Heute 3/2016.

30 Carsten Wrosch und Gregory Evan Miller: »Depressive symptoms can be useful: Self-regulatory and emotional benefits of dysphoric

mood in adolescence«, in Journal of Personality and Social Psychology 96/2009, S. 1181–1190.

31 Anna Gielas: »Aufhören, bevor es zu spät ist«, in Psychologie Heute 6/2013, S. 20–24.

32 Tim Harford: Trial and Error: Warum nur Niederlagen zum Erfolg führen, Rowohlt 2012.

33 Philip E. Tetlock: Expert Political Judgment: How Good Is It? How Can We Know?, Princeton University Press 2005.

34 Nassim Nicholas Taleb: Der Schwarze Schwan: Die Macht höchst unwahrscheinlicher Ereignisse, dtv 2010.

35 Malcolm Gladwell: Überflieger. Warum manche Menschen erfolgreich sind – und andere nicht, Piper 2012.

36 Wilhelm Schmid: Unglücklich sein: Eine Ermutigung, Insel 2012.

37 Originalvideoaufnahme des Experiments von Solomon Asch (Englisch): https://www.youtube.com/watch?v=Jnb_39ZiEzg, mit deutscher Übersetzung: https://www.youtube.com/watch?v=11_xW-ZOjlMg.

38 Gregory Berns: Iconoclast: A Neuroscientist Reveals How to Think Differently, Harvard Business Press 2008.

39 Leon Festinger: »A Theory of Social Comparison Processes«, in Human Relations 7/1954, S. 117–140.

40 Befragung von www.marketagent.com unter knapp 4000 Deutschen, Österreichern und Schweizern 2011.

41 Repräsentative Umfrage des Marktforschungsinstitutes mafo.de unter 1036 deutschen Männern und Frauen, http://www.mafo.com/news/vor-allem-die-frauen-sind-unzufrieden-mit-ihrem-gewicht.

42 Jörg Zittlau: »Die ganze Wahrheit über das Lügen«, in Die Welt vom 13.5.2012, http://www.welt.de/gesundheit/psychologie/article106292192/Die-ganze-Wahrheit-ueber-das-Luegen.html.

43 Christian Wulff: Ganz oben – ganz unten, C. H. Beck 2014.

44 Michael Frese: »Fehler sind nicht falsch«, Interview in report psychologie, September 2014

45 Brené Brown: Die Gaben der Unvollkommenheit, Kamphausen 2012, und Verletzlichkeit macht stark: Wie wir unsere Schutzmechanismen aufgeben und innerlich reich werden, Kailash 2013.

46 Brené Brown: »Die Macht der Verletzlichkeit«, TEDx Houston, Juni 2010, http://www.ted.com/talks/brene_brown_on_vulnerability?language=de.

47 David Bohm: Der Dialog. Das offene Gespräch am Ende der Diskussionen, Klett-Cotta 2014.

48 »90 Prozent sind unbewusst. Gerhard Roth im Gespräch«, in Psychologie Heute 2/2012.

49 Gerhard Roth: Fühlen, Denken, Handeln: Wie das Gehirn unser Verhalten steuert, Suhrkamp 2001.

50 Ulrich Schnabel: »Der unbewusste Wille«, in Die Zeit vom 17.4.2008, http://www.zeit.de/2008/17/Freier-Wille.

51 Birte Englich und Madeleine Bernhardt: »Urteil mit Schlagseite«, in Spektrum der Wissenschaft vom 22.2.2012, http://www.spektrum.de/news/urteil-mit-schlagseite/1142596.

52 António Damásio: Selbst ist der Mensch: Körper, Geist und die Entstehung des menschlichen Bewusstseins, Pantheon 2013.

53 Maja Storch: Machen Sie doch, was Sie wollen! Wie ein Strudelwurm den Weg zu Zufriedenheit und Freiheit zeigt, Huber 2010.

54 Francine Shapiro: EMDR – Grundlagen und Praxis: Handbuch zur Behandlung traumatisierter Menschen, Junfermann 2012.

55 Bruce H. Lipton: Intelligente Zellen. Wie Erfahrungen unsere Gene steuern, Koha 2007.

56 Willem Lammers: Selbstcoaching mit Logosynthese: Blockaden auflösen, Krisen bewältigen, Kösel 2012.

57 Phil Stutz und Barry Michels: The Tools: Wie Sie wirklich Selbstvertrauen, Lebensfreude, Gelassenheit und innere Stärke gewinnen, Arkana 2012.

58 Ebenda.

59 Dieses Zitat kursiert in verschiedenen Variationen im Netz.

60 Sabine Asgodom: Deine Sehnsucht wird dich führen. Wie Menschen erreichen, wovon sie träumen, Kösel 2016.

61 Byron Katie: Lieben was ist. Wie vier Fragen Ihr Leben verändern können, Goldmann 2002.

62 Gary Chapman: Die fünf Sprachen der Liebe. Wie Kommunikation in der Ehe gelingt, Francke 2010.

63 Eva Illouz: Warum Liebe weh tut. Eine soziologische Erklärung, Suhrkamp 2012.

64 Abraham H. Maslow: Motivation und Persönlichkeit, Rowohlt 1981.

65 Viktor E. Frankl: Der Mensch vor der Frage nach dem Sinn: Eine Auswahl aus dem Gesamtwerk, Piper 1985.

66 Willem Lammers: Logosynthese – mit Worten heilen: Praxisbuch für Beratung, Coaching und Psychotherapie, VAK 2014.

67 Martin Buber: Ich und Du, Reclam 1995.

68 Matthias Schmidt: »Deutschland ist momentan ein Leuchtturm der Hoffnung«, Gespräch mit George Clooney, in Stern 8/2016.

69 Asgodom: Deine Sehnsucht wird dich führen, a. a. O.

70 Mike Fischer: Erfolg hat, wer Regeln bricht. Wie Leidenschaft zu Spitzenleistungen führt: Ein Ausnahmeunternehmer packt aus, Linde 2014.

Die Autorin

Ulrike Scheuermann vermittelt neue Wege, um innerlich frei, fokussiert und erfüllt zu leben – in ihren Büchern sowie in Live- und Online-Vorträgen, Coachings und Entwicklungsprogrammen. Unter dem Motto »Das Wesentliche leben« begleitet die bekannte Diplom-Psychologin und Bestsellerautorin Menschen seit über 20 Jahren bei ihrer persönlichen Entwicklung. Anfangs war sie in der Krisenberatung tätig. Seit zehn Jahren nutzt Ulrike Scheuermann dafür Logosynthese®, eine moderne Methode für persönliche und spirituelle Entwicklung, und bildet Selbstanwender und Fachleute darin aus. Sie lebt mit ihrer Familie in Berlin. www.ulrike-scheuermann.de

Als Leiterin der Akademie für Schreiben unterstützt sie Sachbuchautoren, Wissenschaftler und andere Berufstätige beim inspirierten und erfolgreichen Schreiben. www.akademie-fuer-schreiben.de

Ulrike Scheuermann

WENN MORGEN MEIN LETZTER TAG WÄR

So finden Sie heraus, was im Leben wirklich zählt

Was für ein Glück, dass wir nicht unsterblich sind. Denn das würde uns erst recht dazu verleiten, viel zu viele Stunden, Tage und Jahre zu vergeuden. Über den Tod nachzudenken, hilft uns beim Leben. Denn erst seine Begrenztheit macht das Leben wertvoll. Wir tun nicht mehr alles – sondern nur das, was für uns tatsächlich zählt. Und das ist der Schlüssel zu einem wirklich erfüllten Leben.

Die erfahrene Psychologin Ulrike Scheuermann inspiriert mit sieben existenziellen Perspektivwechseln zu einem Weg, der in die Tiefe und damit zum Wesentlichen führt.

KNAUR ✪
MENSSANA